제국주의시기 식민지인의
'정치참여' 비교

이 책은 2004년도 한국학술진흥재단의 지원에 의하여 연구되었음(KRF-2004-042-A00006)

제국주의시기 식민지인의 '정치참여' 비교

초판 1쇄 발행 2007년 10월 15일

지은이   변은진 외
펴낸이   윤관백
편 집   김은정
표 지   전돈효
펴낸곳   선인
인 쇄   선경그라픽스
제 본   과성제책

등록   제5-77호(1998.11.4)
주소   서울시 마포구 마포동 324-1 곶마루 B/D 1층
전화   02)718-6252 / 6257   팩스   02)718-6253
E-mail   sunin72@chol.com
Homepage   www.suninbook.com

정가   18,000원
ISBN   978-89-5933-094-2   93900

·저자와 협의에 의해 인지 생략.
·잘못된 책은 바꿔 드립니다.

제국주의시기 식민지인의 '정치참여' 비교

변은진 외

책을 내면서

21세기, 새로운 담론들이 쏟아져 나오고 있다. 그런데 우리의 연구는 20세기 담론을 벗어나지 못하고 있다. 왜 그럴까? 새로운 담론의 생산도 중요하지만, 그 담론의 알갱이를 하나하나 채워가는 것도 여전히 중요하기 때문이다. 우리의 연구는 새로운 담론을 생산하기 위한 연구가 아니고 '식민지성'이라는 기존 담론에 구체적인 내용을 채워나가기 위한 것이다.

우리 연구는 제국주의 국가의 식민지 통치방식과 지배정책을 비교 연구했던 『일본과 서구의 식민통치 비교』(선인, 2004)의 후속작업이라 할 수 있다. 먼저의 연구가 제국주의자들을 중심에 놓고 보았다면 이번 연구는 식민지인을 중심에 놓고 바라보았다. 특히 식민지 사회에서 가장 중요하게 취급되는 '저항과 협력'이라는 문제를 '정치참여'라는 창을 통해 들여다보았다.

우리 연구는 2002년도에 학술진흥재단에서 3년간 연구지원을 받음으로써 시작되었다. 당시 식민지와 관련된 문제들을 하나하나 해결해 나가 보자는 원대한 포부를 갖고 있었다. 원래의 계획은 먼저 식민지 통치방식과 지배정책을 비교하고, 다음으로는 이러한 식민통치에 대응했던 식민지인의 이데올로기와 운동을 비교하며, 마지막으로 이러한 식민지 경험이 해방된 각 민족사회에 어떤 유산으로 남았는가를 비교 연구하고자 했다. 이번 연구는 그 두 번째 단계에 해당되는 셈이다.

첫 번째 작업이 앞의 책으로 마무리되어 세상에 나오기까지에는 수많은 우여곡절이 있었다. 진행 도중에 우리 연구에 대한 지원 중단 결정이 내려졌던 것이다. 형식보다는 내용에 치중하여 공동연구를 진행하고 그 성과를 제출했던 중간보고서 때문이었다. 도저히 납득할 수 없는 몇 가지 문제가 지적되어 연구 지원은 중단되었으나, 우리는 계획된 연구를 포기할 수가 없었다. 물론 여러 곳에서 쏟아져오는 비난화살에 잠시 심리적 공황상태에 빠지기도 했었다. 하지만 그렇게 포기하기엔 너무 억울한 면도 있었고, 또 우리가 '언제부터 그렇게 경제적 지원까지 받으면서 여유롭게 연구를 했었나' 하는 오기도 작용했다.

우리는 푼돈을 모아 2003년 10월에 성신여대 앞 작은 건물 귀퉁이에 비교역사연구소를 마련했다. 그리고 거의 마무리 단계에 있던 첫 번째 연구결과를 책으로 발간하는 데 집중했다. 다행히 여러 미흡한 점에도 불구하고 문화관광부 우수학술도서로 선정되는 등 비교적 좋은 평판을 받았다. 이러한 과정에 비하면 두 번째 작업의 성과물인 이번 책은 순조롭게 나온 셈이다. 연구 지원도 조금 받을 수 있었고, 작으나마 우리의 공간에 모여 2년 가까이 토론하고 고민하는 과정도 가질 수 있었다. 그간의 성과를 이 한 권의 책으로 담아낼 수 있게 된 것은 앞으로 연구소를 중심으로 우리가 추구했던 연구를 지속해 갈 수 있는 디딤돌이 되리라 기대한다.

이 책이 나오기까지 많은 분들의 도움이 있었다. 먼저 바쁜 와중에도 좋은 책이 되도록 노력한 필자들과 관심을 갖고 격려를 해준 비교역사연구소 연구원들에게 경의를 표한다. 또 연구를 계속할 수 있도록 지원을 한 한국학술진흥재단, 어려울 때 간접 지원을 아끼지 않은 고려대 일본학연구센터와 동아시아문화교류연구소, 그리고 비교역사문화총서로 우리의 성과물을 계속 출판해 주고 있는 도서출판 선인의 여러 분들께도 고맙다는 말을 전하고 싶다.

2007년 9월
참여 연구자를 대표하여
비교역사연구소 소장 송규진 씀

차례

총론

식민지인의 '정치참여'가 갖는 이중성   변은진
  1. 연구의 배경 ___ 15
  2. 식민지인의 '정치참여'의 성격 ___ 19
  3. 책의 내용 ___ 30

제1부 서구제국주의 지배하 식민지인의 '정치참여'

1920년대 버마 민족운동과 정치참여   염운옥
  - 불교청년회와 버마인단체협의회를 중심으로 -
  1. 머리말 ___ 45
  2. 투쟁하는 불교와 불교청년회 ___ 51
  3. 버마인단체협의회의 활동과 양두체제의 도입 ___ 58
  4. 버마인단체협의회의 분열과 민족운동의 변모 ___ 62
  5. 맺음말 ___ 68

인도 민족운동과 정치참여   최재희
- 인도국민회의의 분열을 중심으로 -

1. 머리말 ___ 71
2. 인도국민회의의 등장과 의의 ___ 76
3. 민족운동의 대중적 확산과 국민회의의 변화 ___ 84
4. 무슬림연맹과 국민회의의 협력·분열 ___ 92
5. 맺음말 ___ 99

필리핀 독립청원운동의 미국관과 세계인식   최정수

1. 머리말 ___ 103
2. 독립청원운동의 역사적 배경 ___ 109
3. 독립청원운동의 실제 ___ 135
4. 맺음말 ___ 145

인민전선기 베트남 공산주의자들의 합법투쟁 　　　　　노영순
　1. 머리말 ___ 153
　2. 반제통일전선에서 민주전선으로 ___ 155
　3. 베트남 북부지역 민주전선의 전개양상 ___ 163
　4. 맺음말 ___ 185

제2부　일제지배하 조선인의 '정치참여'

일제시기 조선 자치운동의 논리 　　　　　이나미
　1. 머리말 ___ 191
　2. 자치 개념과 식민지 자치론 ___ 195
　3. 식민지 조선의 자치운동과 자치론 ___ 205
　4. 맺음말 ___ 224

일제시기 참정권청원운동의 논리　　　　　　　　　　　　　송규진

1. 머리말 ___ 227
2. 참정권청원운동의 흐름 ___ 231
3. '내지연장주의' ___ 236
4. 독립운동과 자치론 비판 ___ 246
5. 맺음말 ___ 255

조선 사회주의자들의 운동노선과 '합법공간' 진출(1929~1945)
　　　　　　　　　　　　　　　　　　　　　　　　최규진

1. 머리말 ___ 259
2. '계급 대 계급'노선과 합법공간 ___ 264
3. 인민전선노선의 수용과 합법공간 ___ 284
4. 맺음말 ___ 298

찾아보기 ___ 303

총론

변은진_식민지인의 '정치참여'가 갖는 이중성

식민지인의 '정치참여'가 갖는 이중성

변은진[*]

1. 연구의 배경

2차 세계대전이 종결되는 20세기 전반기까지 지구상의 수많은 나라들은 '식민지'라는 비정상적이면서도 지극히 일반적인 방식으로 '근대'를 경험했다. 전체 인류 역사를 놓고 보면 절대 다수의 이 식민지 경험은 매우 '보편적'인 근대의 한 형태라 할 수 있다. 그런데 근대 제국주의와 식민지 관계에서 다수의 이 경험은 배제된 채 흔히 몇몇 제국주의 국가가 겪어간 경로를 통해 '근대성'의 일반을 이해하는 경향이 있다. '식민지 근대'가 갖는 보편성의 본질과 실체에 접근하기 위해, 먼저 그 다양한 형태를 파악하고 상호 비교를 통해 특수성을 해명함으로써 식민지 근대의 내용을 일반화해야 할 필요가 있다. 이는 본 연구가 비교사적 방법을 취한다는 의미이기도 하다.

---

[*] 고려대학교 동아시아문화교류연구소 객원연구원

프랑스의 저명한 비교사가인 마르크 블로흐(Marc Bloch)는 역사적으로 유사성을 갖는다고 해서 반드시 '영향관계(influences)'를 의미하는 것이 아니며 이는 '인과관계(causes)'를 발견하는 데 오히려 더 유용하다고 했다. 비교사적 방법론은 원인을 탐구하는 작업으로서 의미가 있다는 것이다. 보편적인 현상에는 반드시 보편적인 원인이 있게 마련이지만, 비교사적 방법에서는 우선 그 '차이들(differences)'에 주목한다. 차이가 고유한 것이건 공통의 기원에서 갈라져 나온 결과이건 간에 먼저 이를 관찰하여 서로 다른 '고유성(originality, 독자성, 특수성)'을 밝히는 것을 목적으로 한다.[1] 유사성과 차이점은 비교가 이루어지기 위한 두 가지 조건이기도 하며, 이에 대한 파악을 통해 결국 보편성에 접근할 수 있다고 생각한다. 식민지 경험은 대다수 인류의 보편적 경험이었지만, 본 연구에서 몇 개 나라들을 비교하는 과정에서는 먼저 그 다양성에 주목했다. 이를 통해 식민지배를 받은 나라들 대부분이 제국주의에 대응하는 양식에서 유사성을 띠고 있으나 이와 동시에 나름대로 고유한 모습을 띠고 있었음을 확인할 수 있었다. 특히 일본의 식민지배를 받은 조선의 경험은 그 어느 나라와도 비교할 수 없을 정도로 '고유성'을 지녔다는 점도 확인되었다.

식민지배에 대한 피식민지인의 대응의 다양성을 파악하는 데 도움이 되고자 시작한 이 연구는 우리가 이보다 앞서 진행했던 제국주의의 식민통치 방식에 대한 비교 연구와도 밀접한 관련이 있다.[2] 앞의 연구에서는 영국 식민지인 인도, 프랑스 식민지인 베트남, 미국 식민지인 필리핀 등과 일본 식민지인 조선을 비교 검토하였다. 이를 통해

---

[1] Marc Bloch, "Toward a Comparative History of European Societies"(1926), in Lane and Riemersma, ed. Enterprise and Secular Change: readings in Economic history (1953), pp. 494-521 참조.

[2] 그 결과는 『일본과 서구의 식민통치 비교』(강만길 외, 선인, 2004) 참조.

다음을 알 수 있었다. 근대 제국주의국가에 의한 식민지배라는 본질적인 공통분모를 지니고 있었다 할지라도, 식민통치 방식은 식민지배국의 자본주의 및 민주주의 발전 정도나 그 역사적·문화적 전통의 차이에 따라 다양한 모습을 띠었다. 뿐만 아니라 이는 인종·종교·관습 등 피식민지 사회의 전통과 문화의 차이, 피식민지 사회를 둘러싸고 있는 국제적 환경의 차이, 비록 실패했다 하더라도 국민국가 형성 노력 및 근대화 추진 경험의 차이, 근대 이전 시기 식민지배국과 맺어온 관계의 차이 등에서도 많은 영향을 받았다. 그래서 식민지배 이데올로기와 유형에서도 종속주의, 동화주의, 자치주의 등 여러 방식이 존재했고, 같은 동화주의를 표방했다 하더라도 프랑스와 일본은 다른 모습을 띠었다. 특히 유럽사회와는 또 다른 역사과정을 거친 미국의 경우는 또다른 이념과 통치방식을 택했다. 일제는 "후발자본주의국가로 출발하여 서구제국주의국가들의 지원 속에서 정치·문화적 수준이 엇비슷한 주변국 조선을 강제로 식민지화하면서 제국주의국가로 성장"해 갔기 때문에 식민통치 과정에서 자신감이 부족했고, 이것이 현상적으로는 강한 폭력성과 무리한 동화정책으로 드러났다.[3]

　이러한 연구 결과를 바탕으로 이번에는 거꾸로 식민지인이 식민통치에 대응하는 방식을 비교함으로써 식민지 경험의 '유사성'과 '차이들', 조선의 식민지 경험이 갖는 '고유성'을 파악하고자 했다. 이를 통해 우리의 식민지 경험을 보다 객관적으로 이해할 수 있다고 판단했기 때문이며, 이것이 이 연구의 주요 목적이다. 제국주의와 식민지의 관계를 파악하는 데에는 여러 가지 접근방법이 존재하겠지만, 이 책에서는 식민지인의 대응을 '저항과 협력'의 양상과 성격을 비교함으로써 파악하려 한다. 그리고 이를 분석하기 위한 준거틀의 하나로 식

---

[3] 강만길 외, 23~24쪽.

민지인의 '정치참여', 즉 식민지인이 식민통치기구나 제도를 어떻게 파악하고 어떤 방식으로 대응했는가라는 문제를 설정하였다.

각국의 경험을 비교 검토함으로써 식민지 통치방식의 다양성, 보다 좁혀서 말한다면 '동화주의'의 스펙트럼에 내재한 편차가 식민지인의 '저항과 협력'의 스펙트럼에서도 상응하여 드러나는지를 파악하는 것은 이 연구의 실질적 목적이다. 결론부터 말한다면 앞에서도 언급했다시피 이 문제에 대해서는 '그렇다'라는 대답을 얻었다. 식민통치 방식에 식민지배국인 제국주의국가의 여러 조건이 큰 영향을 미쳤듯이 여기에 작용하는 식민지인의 대응 양태 역시 식민지 사회의 여러 조건에 크게 영향을 받을 수밖에 없었다는 의미이다. 일본제국주의와 서구제국주의의 성격이 다르고 식민통치 방식에서도 차이가 있었던 만큼, 이에 대한 식민지사회의 대응도 조선으로 대표되는 일본 식민지와 서구의 식민지는 다른 특성을 지니고 있었다. 식민지배 정책에 대응하는 방식은 각국의 주·객관 정세나 역량에 따라 다르고, 또 한 나라 안에서도 계급이나 사회집단에 따라 다를 수밖에 없다.

'정치참여'란 원래 기존 통치체제를 인정하고 그 구조 속에 들어가서 여러 작용을 하면서 변화를 이끌어내자는 것이지 그 체제를 당장 전복하자는 것이 아니다. 따라서 어떤 의미에서 보면 제국주의 협력사상으로 경도될 가능성을 처음부터 내포하고 있었던 것으로 볼 수 있다. 그래서 제국주의국가들은 이를 식민통치 협력자를 양산하는 수단으로 활용했다. 하지만 조선이나 대만을 제외한 여러 식민지에서는 그 사회적·역사적 조건에 따라 '정치참여'가 단순한 협력이 아닌 저항의 한 수단이나 방법이 되기도 했다. '식민지 사회'가 단순한 점령지나 속령·보호지 등과 달리 세계사적으로 특정한 시기에 수많은 인간들이 살아갔던 '생활공간'으로서 하나의 사회체제·정치체제를 이루고 있었다고 볼 때, 당장의 독립과 해방이 불가능한 상황에서 일정한 '참여'를 통해 지속적으로 그 사회를 변화시켜가면서 궁극적으로 독립된 사회와 국가로 나아가려는 시도가 등장했다. 다만 이러한 참여가 제국주의자들이 요구하는 협력 내지 순응과의 길항관계 속에서 어떻게 자리매김되고 귀결되는가 하는 점은 각각의 식민지가 처한 여러 가지 조건과 환경에 따라 달랐던 것이다. 역사적 사실(史實)에 대한 일정한 가치판단을 전제할 때, 일반적으로 이 '정치참여', 즉 '협력'과 '저항'은 '반민족 행위'로 평가되기도 하고 '민족운동'으로 평가되기도 한다.

그런데 일제 식민지인 조선사회에서는 당대의 현실공간 속에서, '참여(협력)를 통한 저항'은 다른 어느 식민지에서보다 쉽게 '협력=반민족'의 성격으로 전화해 간 측면이 있었다. 인도·버마·필리핀 등 서구제국주의 국가에 의해 식민지가 된 경우 그렇지 않은 세력도 존재했으나, 근대 이전까지 비교적 같은 문화권 안에서 엇비슷한 속도로 발전해 온 후발자본주의 국가인 일본의 식민지인 조선이나 대만에서는 '정치참여'를 통해 궁극적으로 민족운동에 기여한 세력은 없었다고 보여진다. 왜 그러했는지, 어떤 공통점과 차이가 있었는지 등을 파악하고자 하는 것이 본 연구를 진행하게 주요한 배경이다.

2. 식민지인의 '정치참여'의 성격

1) 식민지인의 '정치참여'의 의미

일반적으로 '저항'과 '협력'은 이분법적인 구도 속에서 접근되고 있다. 하지만 우리는 식민지인이 자신의 국가가 아닌 이민족이 주도하는 정치과정에 참여할 때 나타나는 복잡다기한 성격에 주목하여, '저항과 협력'에 대해 다양한 스펙트럼을 내재하고 있는 하나의 카테고리로 접근하였다. 그래야만 '협력'과 '저항'이 지니고 있는 이중적 성격을 제대로 파악할 수 있다고 생각한다. 왜냐하면 앞서 언급했다시피 많은 식민지 사회에서 명확히 양분하기 어려운 '저항과 협력'의 구체적 상황들이 존재했다는 점 때문이다. 식민지 조선의 경우와 달리 '협력을 통한 저항'들이 현실 속에서 수없이 존재했다는 의미이다.4 그리고 그것은 조선과는 매우 다른 식민지화 과정과 문화적 전통, 제국주의국가의 식민통치방식과 제도, 민족적 감정과 의식의 편차 등에서 총체적으로 기인하고 있다.

이처럼 제국주의에 대한 식민지인의 대응을 '저항이냐 협력이냐'의 틀로만 바라보는 것은 이 연구의 목적에 도달하는 데 그리 생산적이지 않다고 생각한다. 도식적인 이분법의 논리를 현명하게 피해 간다면 '저항과 협력', '협력과 저항'이라는 틀은 여러 식민지에서 민족운동의 변화과정이나 협력의 양태들을 통시적으로 비교 고찰할 때 일단은 유용한 분석도구가 될 수 있을 것이다. 예를 들어, 제국주의 권력이 통치의 편의를 위해 만든 정치기구에 식민지인이 참여함으로써 식민지 민족주의자들의 정치적 활동공간은 확대될 수도 있고, 나아가 이것이 어떻게 변모해 가느냐에 따라 '합법적' 공간 밖의 무장독립투쟁이나 사회주의·공산주의운동 등과 일정한 관계가 형성될 수도 있기 때문이다. 하지만 역으로 식민통치 방식이나 식민지 사회의 성격에 따라 이 '정치참여' 문제는 민족주의운동 자체를 협애하게 만들거나 민족운동전선을 분열시키거나 나아가 타협주의적 협력세력 내지 반민족적 세력으로 전화시킬 수도 있기 때문이다.

따라서 식민지인의 '저항과 협력'의 성격을 객관적으로 정리하고 평가하는 데 있어 그 성격을 가장 잘 드러내줄 수 있는 창구로서, 제

4_식민지 조선에서 '협력을 통한 저항'이 시도되거나 추진된 적이 전혀 없었다는 의미는 아니다. 조선에서는 그것이 저항으로 귀결된 경우가 없었다는 의미이다.

국주의국가가 원활한 식민통치를 위해 마련한 여러 장치들을 식민지인이 어떻게 인식하고 참여하고 활용하면서 대응해 갔는가 하는 점을 설정하였다. 여기에는 법과 제도, 각종 통치기구뿐만 아니라 문화적·이데올로기적 기재 등이 모두 포함된다. 이 책에서 사용하고 있는 '정치참여'라는 개념은 이를 집약한 것으로 이해했으면 한다.

식민지인의 '정치참여'를 광의의 측면에서 논할 경우 크게 두 가지 형태로 구분할 수 있다. 하나는 제국주의의 식민지배와 그로 인해 형성된 국가체제 및 사회구조 자체를 근본적으로 부정하고 그에 맞서 새로운 근대국가와 사회구조를 형성하려는 일련의 움직임, 즉 정치투쟁으로서의 민족해방운동이다. 다른 하나는 식민지배로 인해 형성된 국가체제 및 사회구조 자체를 당장 부정하지는 않고 그 현실을 인정하는 가운데 어떤 식으로건 참여의 형태를 띠는 경우이다.[5] 식민지배와 통치구조 자체를 부정하느냐 인정하느냐는 매우 본질적인 차이가 있기 때문에, 협의의 의미에서 '정치참여'를 논할 경우 후자의 의미로 좁혀 쓸 수도 있겠다.

그런데 협의의 의미로 '정치참여'를 해석할 때에도 다시 두 가지로 구분할 수 있다. 하나는 식민지 현실에 대한 인정을 넘어서서 그 구조를 움직여가는 주체로서 적극 참여하여 그 구조가 재생산되고 확대되는 방향으로 이끌어가는 경우, 즉 '참여'가 곧 '협력'이고 나아가 협력이 '반민족'이 되는 경우라 하겠다. 다른 하나는 앞서 언급했다시피

---

[5] 이 두 형태를 모두 식민지 '정치'에 포함시켜 이해하는 견해는 있어 왔다. 並木眞人은 '정치참가'라는 틀로서 식민지인의 정치행동을 민족운동과 협력적 양태, 두 가지로 구분한 바 있다(「植民地期朝鮮人の政治參加-解放後史との關聯において」, 『朝鮮史硏究會論文集』 31, 綠蔭書房, 1992). 김동명의 경우 다양한 조선인 정치세력이 일제를 상대로 한 '바게닝(bargaining)', 즉 상호작용 속에서 형성된 저항과 협력을 '정치운동'이라는 개념으로 포괄하고 있다(『지배와 저항, 그리고 협력』, 경인문화사, 2006).

시간적·공간적으로 식민지 현실을 인정하는 가운데 단계적으로 이를 '활용'하려는 일련의 움직임이 있다. 이 경우의 '참여'는 그 식민지 사회에 주어진 대내외적 상황이나 현실조건, 역사적·문화적 전통과 경험 등에 따라 궁극적으로 협력이 되기도 하고 저항이 되기도 했다. 저항으로 귀결되는 경우 우리는 이를 민족운동, 독립운동 선상에서 평가하고 있다. 이 책에서 주로 사용하고 있는 '정치참여' 개념에는 위의 두 경우가 모두 포함된다.6

한 가지 흥미로운 점은 조선을 제외한 여러 식민지 사회에서는 후자 의미에서의 '정치참여'가 협력보다는 저항, 즉 결과적으로 일정하게 그 사회의 민족운동과 독립에 기여한 것으로 평가되는 경우가 많다는 점이다. 식민지 조선의 경우에도 기존에 형성되어 있던 조선인 사회와 문화 속에 새로이 일본인 사회와 문화가 이식되면서 양자의 충돌과 갈등이 일어나는 경우가 많았고, 따라서 이른바 '문화정치' 이후 이를 조정 내지 타협, 혹은 더 나은 것을 선택하면서 '공존'해 가려는 '정치참여'의 시도들이 확대되어 갔다. 중앙뿐 아니라 지방사회에서까지 다양한 모습을 띠면서 전개되었는데, 구체적인 연구는 부족하나 여기에는 국가주의·민족주의·자유주의·민주주의·자치주의·동화주의 등 여러 이념의 스펙트럼이 내재되어 있었다고 생각된다. 하지만, 우리가 익히 알고 있다시피 식민지 조선에서의 '정치참여' 시도는 국민협회와 같은 전자의 움직임뿐만 아니라 '자치운동'과 같은 후자의 움직임도 당대와 후대를 불문하고 주로 '친일협력'으로 평가되

6_광의의 의미에서의 '정치참여'에 속하기는 하나 식민지에서 '저항과 협력'의 양상을 보다 풍부하게 이해하기 위해 가장 비타협적 민족해방운동으로 평가되는 사회주의·공산주의운동의 경우도 이 책에서는 다루었다. 다만 이 경우 협의의 의미에서 정치참여와도 밀접히 관련되어 있는 부분에 국한하였다. 사회주의자들이 '합법공간'이라는 영역에 대해 어떻게 사고하고 그 창출을 위해 노력했는가 등을 중심으로 검토하였다.

어왔다. 그리고 궁극적으로 이러한 움직임은 모두 '반민족'으로 귀착되었다. 이처럼 다른 식민지 사회와 달리 조선에서는 '협력을 통한 저항'이 거의 존재하지 않았다는 점이 매우 특징적이다. 또 저항에서 협력으로 전화해 간 세력이 많다는 점도 특징적이다.

이와 같이 '정치참여'를 통한 '저항과 협력'은 제국주의와 식민지 상호 간의 길항관계에 따라, 아니면 식민지인의 문화적 전통과 민족의식의 정도에 따라 매우 다른 뉘앙스를 지니고 있다. 이러한 차이는 '정치참여'의 범위와 방법에 따라, 주체가 누가 되었는가에 따라, 그 동기가 무엇이었는가에 따라, 사회주의세력 등 다른 운동세력에 대한 태도에 따라 나타났을 수도 있다. 또 제국주의국가와 식민지의 문화적·문명적 차이, 지리적 차이 등이 한 원인이 되었을 수도 있다. 제국주의 본국과 거리가 멀고 전혀 다른 인종인 경우 '정치참여'를 통해 '자치'나 '점진적 독립'으로 나아갈 수 있다는 희망의 폭이 더 컸을 수도 있다. 그러나 일본과 조선처럼 지리적으로 인접해 있고 같은 동아시아 국가로서 문명사적으로도 큰 차이가 없는 경우, '정치참여'는 곧바로 일본의 강점과 지배를 인정하고 그들과의 민족적 동화를 인정하는 것으로 받아들여져 자치나 독립보다는 오히려 영구 식민지로 될 가능성이 높다고 인식되었던 듯하다.

요컨대, 식민지에서의 '정치참여'는 그 사회적·역사적·문화적 조건에 따라 이중의 성격을 지녔다. 그것은 식민지배국인 제국주의국가의 지배형태나 통치방식의 차이, 이에 대항하는 식민지인의 저항과 그 내적 요건이나 역사성의 차이, 식민지 사회가 처한 국제적 환경이나 지리적 여건의 차이 등으로부터 영향을 받아 형성된 것으로 볼 수 있다.

2) 식민지인의 '정치참여'의 이해를 위하여

식민지에서의 참정권·의회 문제

　근대국가에서의 참정권은 일반적으로 선거권·피선거권·국민투표권·국민심사권·공무원과 배심원이 되는 권리 모두를 포함하나, 협의로는 선거권과 피선거권만을 말한다. 이는 국민이 '구체적인 정치의사의 최종 결정자라는 뜻'에서 국제법상에서도 국내법상으로도 같은 국적에는 같은 권리와 의무를 갖는다는 기본원칙에서 나온 것이다. 전제정치하에서는 일부 특권계층에게만 참정권이 부여되었으나, 18세기 말 미국의 독립과 프랑스혁명을 거치면서 선발자본주의 국가들은 일반 주민들에게 점차적으로 참정권을 확대하는 과정을 거쳤다. 그리고 1차 세계대전이 '민주주의'를 위한 전쟁으로 선전됨으로써 참정권의 확대는 하나의 대세로 굳어졌다. 그러나 식민지에서는 참정권이 거부되거나 제약됨으로써 식민지민의 저항을 야기하는 한 요인이 되기도 했다.

　제한적이라 하더라도 식민지에서의 참정권·의회를 고려하는 경우 크게 보면 두 가지 형태가 존재했다. 식민지에 별도의 '식민지의회'를 두는 방식과 본국 의회에 식민지인 대표자를 파견하는 방식이 있었다. 이 두 형태는 선택의 문제는 아니었고 상보적(相補的) 관계에 있었다고 볼 수 있다. 식민지 참정권 정책은 각 지역마다 그 정도, 범위, 시기 등을 달리해 전개되었다.

　영국의 예를 보더라도 자치령 같은 백인이주 식민지에는 본국과 같은 참정권이 부여되었고 이들은 독자적인 의회와 법률체계를 가진 준독립국과 마찬가지의 지위를 누렸다. 아일랜드는 1801년 영국에 완전히 병합된 이후 영국과 동일한 참정권 확대 과정을 거쳤다. 독자적인 의회를 가진 것이 아니라 영국의회에 대표자를 보내는 형식이었는데, 아일랜드인들은 이에 반발하여 지속적으로 자치의회를 요구했고 1921년에 이르러 형식적으로는 영국제국에 소속되었지만 실질적으로 독자의회를 구성할 수 있게 되었다. 이에 비해 인도인의 참정권은 완전히 부인되었으며 인도는 자체의 의회도 갖지 못했고 대표자를 영국의회에 보낼 수도 없었다. 1차 대전 이후의 반영(反英)운동으로 1920년대 말에야 제한적인 성격의 - 전국 단위의 의회가 아니라 지역 중심의 심의·자문 기구 - '대의기구'를 가지게 되었다. 프랑스 식민지인 알제리의 경우는 꽤 이른 시기부터 본국 의회에의 참가가 허용되었고 또 네덜란드 식민지인 인도네시아에서도 식민지의회가 생겨났다. 이처럼 1차 대전 후에는 아시아의 주요 식민지에서도 부분적으로 참정권을 인정받기 시작했다.

이러한 추세에도 불구하고, 식민지 동화주의를 표방하든 그렇지 않든 간에 식민지인에게 본국인 제국주의국가와 동일하게 정치적 제 권리를 부여한 경우는 한 군데도 없었다. 서구제국주의국가들의 지배를 받는 식민지에서 점차 수많은 식민지의회들이 생겨났지만 이것이 본국의 의회와 완전히 동일한 기능을 수행하는 것은 아니었다. 대체로 의회라기보다는 일종의 자문·협의를 통해 '이중의 효과'를 노리는 통치보조기구로 기능하는 경우가 더 많았다. 여기에 참가하는 식민지인은 '협력'의 성격을 띠든 '저항'의 성격을 띠든 말하자면 직접적인 '정치참여'를 했던 사람들로 볼 수 있다.

그런데 일본은 전쟁에 패망하는 그 순간까지 끝내 민의를 대표하는 의결권을 가진 입법의회를 조선에 허용하지 않았다. 구미제국의 식민지와 달리 식민지로 전락하기 전 수백 년 동안 조선은 정치·경제적으로 일본과 거의 대등한 입장에 있었고 게다가 조선인은 문화적 우월감을 가지고 있었다. 때문에 식민지로의 전락은 조선인의 자존심에 큰 상처를 주었고 독립이 보장되지 않는 참정권에 대해서는 강경하게 반대하는 입장을 가지고 있었다. 그래서 애초부터 조선에서는 참정권 논의 자체가 친일협력의 수단으로 여겨졌고, 일본 측에서도 끝까지 이를 좋지 않은 시선으로 바라보았다. 이렇게 볼 때 참정권 문제를 둘러싼 여러 형태의 정치운동은 서구 식민지와 조선에서는 처음부터 다른 방식과 내용으로 진행될 수밖에 없었다.

참정권·의회 문제는 제국주의국가의 입장에서 보면 식민통치에 대한 최소한의 정당성을 확보하고 식민지인의 동원을 용이하게 하기 위한 도구였다. 그러나 식민지인의 입장에서 볼 때 이 문제는 이보다 훨씬 복잡하고 '정치적'인 의미를 갖는다. 즉 식민세력을 인정한 위에서 적극적으로 참정권을 요구할 것인지, 제한적이나마 부여된 '권리'를 수용할 것인지, 협력세력을 양성하여 식민지배를 공고히 하기 위한 수단에 불과하므로 무조건 거부할 것인지 등의 문제를 둘러싸고 많은 논쟁이 전개되었고, 이 때문에 민족운동진영이 강화되기도 하고 분열되기도 했다. 따라서 참정권 문제는 제국주의국가의 식민정책을 파악하는 데 핵심적인 사안일 뿐 아니라, 식민지 민중의 '저항과 협력'을 이해하는 데에도 중심적인 위치를 차지한다. 또한 식민지에 독자적인 의회를 성립시키는 문제는 식민지 '자치' 문제와도 밀접한 관련을 가지고 있다.

이와 같이 참정권·의회 문제는 식민지 '정치참여'를 검토할 때 가장 대표적인 논점이라 하겠다. 따라서 의회정치의 선두주자인 제국주의 영국의 식민지들과 후발국가로 출발하여 끝내 파시즘국가의 선두에 섰던 일본의 식민지인 조선의 사례를 검토할 필요가 있다.

식민지 '자치' 문제

서구제국주의국가 내부에서의 인권 인식의 확대는 자연스럽게 식민지인을 어떤 식으로 인식하고 다스릴 것인가 하는 문제를 가져왔다. 이것은 식민지인을 자신과 같은 인간으로 취급할 것인지, 또는 그럴 가능성이 있는 존재인지, 아니면 그렇지 않은 완전히 다른 하등의 존재로 인식할 것인지의 문제이기도 했다. 이러한 논의는 구체적으로 식민지인에게 자신들과 같은 시민적 권리 즉 참정권을 부여할 것인가, 그것이 불가능하다면 어떠한 형식의 보조적 장치를 마련할 것인가 등의 문제로 귀결되었다. 식민지배국에서와 같은 인간으로 취급한다면 동일한 성격의 참정권을 부여해야 하지만 이는 제국주의-식민지 관계를 근본적으로 부정하는 것이 된다. 식민지인보다 문화적으로, 정신적으로 더 우월하다는 전제 속에서 출발한 것이 제국주의이기 때문에 '동일'함을 전제로 하는 행위를 처음부터 취하는 것은 논리적으로도 식민지배국에게 모순이 되었다.

그런데 제국주의국가 상호 간의 전쟁인 1차 세계대전이 유럽을 휩쓸고 그 결과 식민지 처리 문제가 생겨나면서 상황은 달라졌다. '민족자결'의 슬로건 아래 '식민지 자치' 문제가 본격화된 것이다. '자치'에 대한 논의는 원래 근대 식민지의 등장과 함께 있어왔다. 그러던 것이 1차 대전 이후 각 식민지가 처한 국내외적 환경 조건, 식민지 내부에서의 민족운동의 전개 상황 등을 둘러싸고 현격한 차이를 드러내면서 본격적으로 대두한 것이다.

처음에는 영국의 보호 아래 자치를 목표로 운동을 전개했으나 결국 성공하지 못하자 1930년대 이후 영국에 대한 저항운동으로 변화하는 버마의 경우, 그리고 이와는 정반대로 일본의 보호를 목표로 한 자치운동을 전개하다가 결국 철저한 협력세력(나아가 반민족세력)으로 전락해 버리는 식민지 조선의 사례만 보더라도 쉽게 알 수 있다. 식민지 조선에서 자치론을 주장한 인물들은 일제에 대한 반대보다는 일제 협력자로서 결국에는 독립운동에 반대하고 일제 식민논리의 적극적인 옹호자로서 일생을 마감하게 된다. 이에 반해 영국 식민체제하에서 활동했던 버마의 바마우(Ba Maw)와 아웅산(Aung San)은 버마 민족운동의 선봉이 된다. 이는 버마의 맥락에서 '정치에 참여한다'는 논리는 조선과는 다른 식으로 작용했음을 의미한다. 또한 이광수, 최린 등 조선의 엘리트들의 협력사상이 가지고 있는 사상적·논리적 한계와 현실적 무능함을 보여주기도 한다. 일반적으로 동화주의와 자치주의는 양립하는 논리라고 이해된다. 그럼에도 불구하고 조선 자치론자들은 결국 일본의 동화주의로 기울었던 것이다.

한편 필리핀의 경우, 문명동화를 바탕으로 자치화를 실현하려 했던 미국의 의도와 맞물려 필리핀 내에서도 독립청원운동을 통해 그 맥락에 부응하여 결국 자치화에 '성공'한 매우 독특한 사례라 할 수 있다. 이는 미국식 제국주의의 식민정책이 갖고 있는 특징을 잘 보여주는데, 식민지 조선의 경우 적어도 1920년대 이후에는 '독립청원'이라는 문제가 전체 민족운동진영에서 큰 의미를 가질 수 없었던 국내외적 환경에 있었던 점과 비교할 만하다.

이처럼 식민지 '자치' 문제는 20세기 전반기 양차 세계대전을 정점에 두고 제국주의국가와 식민지 사회 양쪽 모두에서 논의되고 추진되었다. 그리고 '자치' 문제를 둘러싼 스펙트럼은 매우 넓었는데, 이는 각 식민지 사회가 처한 국내외적 조건, 특히 영국·미국·일본 등 식민지배국의 국내외적 조건에 많은 영향을 받을 수밖에 없었다. 식민지 자치 문제를 둘러싼 이러한 상황의 차이는 우리가 '정치참여' 문제를 이해하는 데 많은 시사점을 제공해 준다.

식민지 사회주의운동과 '정치참여' 문제

식민지 사회 내에서 사회주의자나 공산주의자의 '합법 내지 공개' 투쟁은 넓은 의미든 좁은 의미든 '정치참여'를 통한 식민지인의 '저항과 협력'이라는 전체 주제와 관련하여 또 다른 이중의 성격을 갖고 있다. 즉 식민지배국이 허용한 범위에서, 그리고 그 체제 내에서 활동했다는 점에서는 '협력'의 카테고리에 속하지만,7 기본적으로 합법이나 공개 활동은 공산당 투쟁의 일환이자 전술이었다는 점에서는 저항의 범주에 들기 때문이다. 이와 관련하여 중요한 사실은 사회주의자들에게는 대중과의 접점을 만들고 이를 중심으로 활동공간을 넓히는 것은 지상의 과제였다는 점이다. 이 때문에 국제공산주의운동에서 흔히 이야기되듯 식민지배국인 제국주의국가의 정치주체와의 관련성에서만 '협력'이 더 강조되기보다는, 대중과의 접점과 활동공간 확보라는 아래로의 목적을 달성할 수 있다면 체제 내 '협력'은 운동 진작의 방법이자 전술의 문제로서 위상이 달라지기도 한다.

 이를 이해하기 위해, 일반적으로 공산주의운동에서 가장 넓은 통일전선의 범위를 설정했던 시기, 그래서 '우경화'로까지 평가되기도 하는 시기인 1935년 이후 인민전선기에 '합법공간'에 대해 식민지 사회주의자들이 어떻게 인식하고 행동했는지에 대해 베트남과 조선의 사례를 검토하였다. 이 역시 양국이 처한 조건에 따라 큰 차이를 드러냈다. 베트남과 조선의 공산주의자들 모두 국제 공산주의운동과 코민테른 노선에 영향을 받으면서 운동이 진전되는 면에서 방향성은 같았다고 볼 수 있다. 또 엄혹한 식민치하에서 활동해야 했던 까닭에 활동양태도 비슷하게 나타나고 있다. 그러나 아마 이를 제외하면 모든 것이 달랐다고 가정해도 될 만큼 각각의 특수성을 지니고 있었다. 대표적으로 본다면, 베트남 공산주의자들은 식민지배국인 프랑스에 인민전선정부가 들어서는 등 상황이 변화해감으로 인해 반제통일전선에서 민주전선으로 전환하고 프랑스 인민전선정부에 협력했다. 당시 프

7_특히 프랑스 인민전선 정부하 베트남 공산주의들의 활동에서 이러한 성격은 재론의 여지가 없을 것이다.

랑스와 정반대 상황에 처해 있던 일본의 식민지인 조선에서는 인민전선노선 자체를 전면 수용하여 적용하기는 어려워서 매우 제한적인 수용 형태를 보였다. 그 연유를 파악하기 위해서는 다음과 같은 몇 가지 물음이 더 필요할 것이다. 일제하 조선의 공산주의자들과 프랑스 치하 베트남 공산주의자들이 처하고 있었던 내외적 환경은 어떠했는가, 그리고 그들의 고민 내지 논의에는 어떤 것들이 담겨 있었는가, '합법공간'을 둘러싼 여러 활동에서 양국 공산주의자들이 보여준 공통점과 차이점은 무엇인가, 그리고 이 차이는 무엇에서 기원했는가 등등에 대한 검토가 필요하다.

이처럼 사회주의운동에서 '합법공간' 진출 등을 둘러싼 '정치참여'를 논의할 때에도 '저항과 협력'이라는 카테고리는 여전히 유용한 측면이 있다. 물론 사회주의나 공산주의계의 민족해방운동에서 순전히 전술적 의미로 '협력'이 시도되는 경우나 통일전선운동의 일환으로 추진하는 경우, 앞서 언급했던 '협력을 통한 저항'이라는 카테고리와 근본적으로는 다른 각도에서 봐야 함은 분명하다. 하지만 일정한 연관성하에서 검토해 볼 여지는 있다고 보여진다.

3. 책의 내용

이 책은 크게 두 부분으로 구성되어 있다. 제1부에서는 영국・미국・프랑스와 같은 서구제국주의국가의 식민지였던 버마・인도・필리핀・베트남의 사례를 수록하였다. 제2부에서는 일본제국주의 지배하 식민지 조선에서 '정치참여'를 둘러싸고 전개된 몇 가지 사례를 수록하였다. 각 부분에는 식민지 '정치참여'와 일정한 관계 속에서 검토해 볼 필요가 있는 공산주의계열의 인민전선운동 사례도 포함하였다. 아래에서는 각 부별로 각각의 논문에서 다루고 있는 핵심내용을 소개하고자 한다.

제1부 : 서구제국주의 지배하 식민지인의 '정치참여'

식민지에서 '자치'와 '정치참여'가 이루어지는 방식은 식민지배국의 정치체제와 식민지배정책의 양상에 따라 상이하게 전개되었다. 식민지의회 자체가 존재하지 않았던 프랑스 지배하의 식민지 베트남이나 일제강점기 조선의 경우에는, 정치참여의 확대나 자치의 약속과 같은 식민통치자의 프로그램에 피식민지인이 반응하고 이를 통해 그들의 정치적 역량이 강화되거나 축소되는 과정을 찾아보기 힘들다. 즉 식민지배국의 자치화 프로그램이 별로 고려되지 않거나 부재한 상태에서 자치에서 독립으로 전화해 가는 노선을 상정하기는 힘들었다고도 볼 수 있다. 그러나 베트남이나 조선의 경우와 달리 미국의 식민지인 필리핀과 영국의 식민지인 인도나 버마에서는 '자치의 도입'이라는 식민권력의 기획이 식민지인의 민족운동에 긍정적이든 부정적이든 많은 영향을 주었다는 점을 고려해야만 한다.

먼저 영국 식민지였던 버마의 민족주의운동과 '정치참여' 문제를 검토한 염운옥의 글에서는 '자치의 도입'이라는 변수가 버마인의 저항과 협력에 어떻게 작용했는가에 대해 '불교청년회(Young Men's Buddhist Association)'와 '버마인단체협의회(General Council of Burmese Association)'라는 두 민족운동 단체를 통해 살펴보았다. 이 두 단체는 근대적인 대중정치조직으로서, 근대의 정치공동체로서 버마 '국민'을 형성하는 데 중요한 계기로 작용했다. 이 단체들은 1920년대 영국의 식민정책 전환과 양보에 의해 도입된 '양두체제'하에서 '정치참여'의 문제를 고민했다. 양두체제의 도입으로 식민지 버마인에게 열려진 정치참여의 공간은 매우 제한적이었다. 두 단체의 목표는 처음에는 버마인의 정치의식이 성숙해 있음을 영국에게 보여주어 '자치'를 획득하는 것이었다. 그러나 영국이 허용할 수 있는 자치의 제한적 성격이 드러나자, 결과적으로 버마인단체협의회는 입법참사회(Legislative Council) 참여파와 비참여파로 분열되었다. 참여파는 양두체제에 참여함으로써 영국으로부터 정치적 양보를 받아내 버마인의 이해를 대변하여 보다 '합리적'인 식민정부를 구성하려 했다. 이에 반대한 비참여파는 이후 1930년 '타킨당'을 결성하여 자치가 아닌 비타협적인 민족해방운동을 전개하면서 농촌지역으로 들어가 대중운동의 조직화에 집중하였다.

버마인단체협의회의 분열 이후 1930년대 버마의 민족해방운동은 타킨당세력이 주도하게 되었다. 1920년대 버마 민족주의운동은 영국이 만들어 놓은 식민지 국가기구의 틀을 유지하는 속에서 자치를 추구하는 운동이었다면, 1930년대에는 자치가 아닌 완전한 독립을 주장하는 목소리로 나아가면서 민족주의자들이 사회주의·공산주의 사상을 수용하고 반제국주의와 반자본주의 사상으로 무장해 갔다. 즉 '정치참여'를 둘러싼 버마 민족운동의 경험은 오히려 비타협적인 반영독립운동세력을 형성하는 계기로 작용했던 것이다. 1920년대에 식민지 조선의 민족주의운동 내에서 '자치' 문제를 둘러싸고 타협파와 비타협파로 나뉘었다가 1930년대 들어 비타협적 세력조차 끝내 전혀 정치세력화 하지 못하고 소멸되어갔던 경험에 비추어 보면 차이를 보인다.

한편, 버마와 같은 영국 식민지였던 인도에서는 일찍이 협력기구로 출발했던 인도국민회의(Indian National Congress)가 '자치'를 요구하는 구심점이 되었다가 결국 저항의 기구로 전환해 가면서 인도독립운동을 주도해 갔다. 그러나 1차 대전 이후 영국이 전쟁 동원의 대가로 인도인에게 자치를 허용하겠다던 기존의 약속을 어기면서 국민회의는 분열되었고, 자치에 대한 희망을 거둔 그룹은 간디를 중심으로 완전한 독립을 목표로 식민지의회 참가 거부와 비폭력 저항운동을 전개했다. 이런 점에서 보면 버마와 마찬가지로 1920년대 이후 인도에서도 비타협적인 민족주의세력이 독립운동의 중심에 자리잡고 있었다. 인도민족해방운동의 경우 다른 식민지와는 달리 오히려 사회주의세력의 성장이 미약한 특징을 지니고 있어서, 1930년대 이후에도 계속 국민회의를 중심으로 한 비타협적 민족주의세력이 인도독립운동의 구심점으로 작용했다. 이 점은 1930년대에 버마독립운동의 강력한 구심점으로 등장한 타킨당이 이후 사회주의사상을 받아들여 버마민족해방운동의 새로운 주체로 되어간 점과는 차이가 있다.

인도독립운동의 사례는 식민지사회의 내부 모순 및 갈등과 민족해방운동의 연관성을 잘 보여준다. 여기에는 식민지배국인 영국의 역할이 컸다. 예를 들어, 영국은 분할통치를 위해 무슬림의 정치세력화를 배후에서 조장했으며, 결국 이것이 힌두교와 무슬림 엘리트 간의 대립을 거쳐 대중에게로 확산되어 인도-파키스탄의 분단과 오늘날까지 이어지는 비극으로 연결되었다.[8]

따라서 인도의 사례를 다룬 최재희의 글에서는 힌두와 무슬림 간의 '종교갈등'으로 대표되는 인도 내부의 모순, 이와 관련된 식민지배국 영국의 정책을 연관지우면서, 인도국민회의를 중심으로 인도의 민족해방운동을 살펴보았다. 인도 민족해방운동의 특징은 인도국민회의의 특징에서 잘 드러난다. 인도국민회의는 내부의 모순이나 갈등을 딛고 인도의 정체성을 자각하고(Indian) 특정 정파나 지역, 종교가 아닌 인도 전체를 지향하며(National), 폭력이 아니라 의회제도와 민주주의를 지향하는(Congress) 운동이었다. 인도국민회의의 이러한 운동은 식민지배국인 영국의 정치체제를 인도에서 구현할 것을 목표로 하는 것이었고, 따라서 이는 전형적인 정치참여를 통한 민족해방운동의 사례라 할 수 있다.

---

[8] 이러한 관점에 반박하는 연구도 있다. 예를 들어 H. L. Singh의 『Problems and Policies of the British in India 1885-1898』(Bombay, 1963) 등을 들 수 있다.

인도의 민족해방운동이 이러한 형태로 발전할 수 있었던 배경에는 세계 최초로 의회주의를 확립하고 개인의 권리와 자유를 기반으로 한 민주주의를 발전시키고 있던, 그리고 식민지배를 '자치와 민주주의를 위한 훈련'이라는 식으로 강변해야 했던 영국과의 관계가 전제되어 있었다. 인도국민회의의 민족운동에는 국민회의에 대한 영국의 태도와 더불어 영국이 설치한 유명무실한 정치참여기구인 입법참사회와의 관계 설정이 중요한 변수로 자리하고 있었다. 이러한 방식의 식민지 '정치참여'와 의회주의 편향의 인도 민족운동은 다른 식민지 사회경험에 비추어 보면 중요한 차이를 낳았다. 그 대표적인 것으로서 인도에서는 사회주의계열의 민족해방운동이 상대적으로 미미했다는 점을 들 수 있다.

정치참여를 배경으로 한 인도 민족해방운동 과정에서의 여러 갈등과 위와 같은 관계 설정은 의회제도와 자유주의체제가 현실로 크게 부각되지 않았던 일제하 조선의 민족해방운동과 대비된다. 같은 제국주의국가라 하더라도 일본은 민주주의와 의회제도와는 거리가 먼 폭력주의와 파시즘체제를 바탕으로 하고 있었다. 이것은 그대로 식민지 조선에 투영되었다. 일본은 늘 조선인의 정치참여에 대한 불안감을 전제하고 있었고, 때문에 어떠한 정치참여적 행위도 조선인 민족사회와 민족해방운동을 분열시키려는 회유책으로만 연결시켰다. 마찬가지로 조선인 사회 일반에서도 정치참여적 행위에 대해서는 반대하고 비난하는 목소리가 높았다. 이에 반해 인도의 경우, 상당수의 민족운동 지도자들이 의회제도의 점차적 확대와 발전, 그리고 협력을 통해 영국으로부터의 자치 확보와 나아가 독립을 쟁취할 수 있다고 확신하고 있었다. 그러나 그 희망이 좌절되고 영국의 기만이 증명됨으로 인해 이들은 강력한 저항운동을 전개하게 되었다. 그리고 이 운동 역시 국민회의를 매개로 하는 '정치참여' 방식을 통해 전개해 나갔다. 정치참여를 배경으로 한 인도의 민족해방운동은 내부 모순과의 관계, 식민지배국 영국과의 관계와 얽혀 인도만의 독특한 민족해방운동 공간을 형성했다.

다음으로 제국주의국가 미국의 식민지였던 필리핀의 경험은 결과적으로 '자치화'에 '성공'한 드문 사례이다. 최정수의 글은 필리핀인들이 벌였던 독립청원운동이 미국에 의해 주어진 대내외적 조건을 적극적으로 활용한 결과였다고 파악하고 있다. 미국 역시 필리핀 지배를 '자치화 훈련', '문명동화' 라는 식으로 합리화하고 있었고, 실상 식민지배에 대한 이러한 생각과 주장 면에서는 미국이 영국보다 더 적극적이었다. 결론부터 말하자면 필리핀인의 독립청원운동이 '독립'이라는 성과를 얻을 수 있었던 것은, '미국의 필리핀 자치화 전략'도 작용했겠지만 아울러 미국식 정치시스템을 적극적으로 수용하려 했던 필리핀 지배층 지식인들의 의지가 맞물렸기 때문이었다. 즉 '필리핀인의 미국 이용하기' 측면을 간과해서는 안 된다는 것이다. 이를 증명하기 위해 이 글에서는 다음 두 가지 사실에 주목하고 있다.

첫째, 필리핀 지식인들이 법치주의와 자유주의에 대해 이해하고 있었다는 점이다. 이들은 유럽 유학과 필리핀 대학에서 서양 법치주의를 학습했으며, 이를 구현하기 위해 스페인 통치하에서 이미 자유주의운동을 벌인 경험이 있었다. 특히 스페인과의 투쟁 속에서 필리핀인들은 이미 미국헌법과 공화국을 모델로 한 독립국가 설계도를 마련했었다. 미서전쟁 후 벌였던 무장독립투쟁이 실패로 돌아가고 미국이 필리핀의 자치화를 약속하자, 필리핀인들이 이를 기꺼이 받아들이고 협력체제를 갖추었던 이유도 여기에 있었다.

둘째, 필리핀이 미국의 독립 추진 일정에 대해 오히려 제동을 걸었다는 사실이다. 이들은 미국으로부터의 독립이 자칫하면 다른 열강의 속국으로 전락케 할 수도 있다고 보았다. 당시의 국제정황을 보아 경제적 자립과 군사적 안보 없는 독립은 유해할 수 있다는 판단이 있었던 것이다. 따라서 필리핀인들은 독립의 전제조건으로 미국으로부터 이를 보장받으려고 했다. 이와 같은 점들은 '자치화 훈련을 시켜 독립시킨다'는 미국의 필리핀 전략 속에 묻혀버리기 쉬운 필리핀인들의 주체적 움직임을 보여주는 것으로서, 필리핀인의 독립청원운동에는 역으로 미국 이용하기 전략이 게재되어 있었던 것이다.

마지막으로 노영순의 글은 식민지배국의 정치적 성격이 큰 변화를 겪는 프랑스인민전선정부 시기(1936~1939)에 식민지 베트남 공산주의자들의 대응을 '정치참여'의 관점에서 다룬 연구이다. 이 시기 베트남 공산주의자들은 '합법활동(공개활동)'을 당의 주요 활동영역으로 삼았다. 당시 합법활동의 전략목표는 식민정부로부터 민주적인 권리를 얻어낸다는 데에 있었다. 그리고 이를 달성하기 위해 '선거를 통해 식민통치기구에 참여하기'를 비롯하여 '민주권 청원운동' 등 다양한 평화적 방법을 동원했다. 이 활동들의 주체는 대체로 북부에서는 『르 트라바이』집단과 그 후속집단들, 그리고 남부에서는 『라뤼뜨』집단이었다. 이 집단들은 민족주의자와 스탈린주의자·트로츠키주의자 등 공산주의자, 그리고 다양한 민족주의적 성향의 석방 정치범들, 심지어 사회당이나 공산당 같은 프랑스의 급진정당 소속원 등으로 구성되었다.

인민전선기 베트남 공산주의자들이 합법활동을 할 수 있었던 배경에는 1935년 코민테른 7차 대회에서 채택한 디미트로프 노선과 1936년 프랑스인민전선정부의 등장이 있었다. 베트남 공산주의자들에게 '주어진' 합법공간은 식민정부에 '협력'하여 자신들의 활동반경을 넓히는 기회일 뿐만 아니라, 대중과의 접점을 마련하는 계기로 활용되었다. 때문에 프랑스인민전선기에 베트남 공산주의자들의 위신과 신용은 배가되었으며 대중운동 역시 그 어느 때보다 활발히 전개되었다. 그러나 이후 그 대가는 적지 않게 치를 수밖에 없었다. 정치참여를 통한 합법운동의 운명을 프랑스인민전선정부에 맡김으로써 생사를 같이 할 수밖에 없었던 것이다. 배신과 탄압으로 결국 베트남 공산주의자들은 분열했고 급기야 대다수는 감옥에 들어가 이제까지의 활동은 무효화되었다.

이와 같이 기존 식민지배국과는 상당히 다른 성격을 가지고 있었던 프랑스인민전선정부하에서 행해진 베트남 공산주의자들의 합법활동, 즉 '협력을 통한 정치참여'는 일반적으로 식민지인이 식민지배국에 협력하는 것과는 다른 성격을 갖는다. 프랑스인민전선정부와 그 정책에 지지를 표명하고 식민정부가 허용한 형식을 이용하여 정치에 참여했다는 점에서 이 시기 베트남 공산주의자들의 활동은 분명 '협력'의 범주에 속한다. 하지만 베트남 공산주의자들은 프랑스 식민정권과 관계에서의 '협력'이 투쟁의 일환이라는 점을 보여주어야 했으며, 식민지 역사상 매우 특수한 이 시기에 '저항과 협력' 사이에서 균형을 세심하게 유지해야 했다. 이 글에서는 그럼에도 불구하고 베트남 공산주의자들이 프랑스를 상대로 '저항을 위한 협력'이라는 전략적 목적을 충분히 달성하지 못했던 이유를 밝히고 있다.

제2부 : 일제지배하 조선인의 '정치참여'

일본은 제국주의국가로의 형성 과정에서 시기적·지역적으로, 그리고 정치적·경제적·문화적으로 서구와는 다른 길을 걸었고, 이는 일제의 식민지 조선에 대한 통치방식이나 이에 대한 조선인의 대응에도 투영되어 나타났다. 일제시기 정치적 행위의 논리는 크게 독립운동론, 참정권론, 자치론으로 구분할 수 있다.[9] 그리고 일반적으로

9_ 일제지배하에서 신채호는 조선의 정치운동가를 '내정독립운동자, 참정권론자, 자치론자'로 분류한 바 있다(안병직 편, 『신채호』, 한길사, 1983, 201~204쪽).

1920~1930년대 식민지 조선사회에 등장했던 대표적인 '정치참여'로 서 '자치운동'과 '참정권 청원운동'을 꼽는다. 단순화시켜 말하자면, 참정권 청원운동은 조선인도 일본의회에 참여할 수 있는 선거권과 피 선거권을 달라고 하는 것이며, 자치론은 조선에 독자적인 식민지의회 를 설치하여 내정 문제는 조선인에게 맡길 것을 주장하는 것이다. 넓 은 의미에서 보면 자치권은 참정권에 속할 수도 있으나, 그 근본원리 에서는 서로 반대되는 개념이기도 하다. 그런데 이 운동들은 처음 출 발부터 민족주의나 사회주의를 막론하고 당대 조선사회 내에서 민족 해방운동 내지 사회운동 세력으로부터 맹공격을 받을 정도로 '타협 적'이고 '친일적'인 것으로 평가되었다.

조선의 자치운동을 검토한 이나미의 연구는 기왕의 자치운동 연구 에서 상대적으로 소홀히 다룬 자치운동의 '논리'에 주목함으로써, 왜 조선의 경우 자치운동이 다른 식민지와 달리 독립운동으로 가지 못하 고 제국주의 협력운동이 되었는가를 밝히고자 했다. 이를 위해 이 글 에서는 기왕의 연구들이 따로 분리시켜 개별적으로 연구하거나 때로 는 혼동해 왔던 독립·자치·참정이라는 개념을 구분하고 그 관계를 검토하고자 했다. 즉 '독립-자치-참정'이라는 스펙트럼 내에서 '자치' 가 어떻게 위치 지워지는지를 보았으며 시간적으로 어떻게 변화되어 갔는가에 주목하였다.

또한 이 글에서는 다른 식민지, 특히 인도의 경우와 어떻게 다른가 를 봄으로써 조선의 자치운동은 협력운동이었다는 점을 결론지었다. 인도의 자치 개념은 조선의 자치 개념이 아닌 독립 개념과 같은 위상 을 갖는 것이었으며 조선에서는 타협운동이었던 점과 달리 저항운동 이었고 결국 독립 요구로 나아갔다. 반면 조선의 경우 자치는 독립과 전혀 다른 개념으로 독립을 포기한 것으로 간주되어 많은 비판을 받 았다. 무엇보다도 다른 식민지에서는 자치 요구를 통해 더 격렬한 독립운동으로 강화시켜갔다면, 조선에서는 당시 거세게 일어나고 있는 항일독립운동의 기운을 오히려 약화시키고 민족운동전선을 분열시키는 역할을 했으며 궁극적으로는 일제에 대한 동화운동으로까지 나아갔다.

참정권 청원운동에 대해 검토한 송규진의 글 역시 이 운동의 논리에 주목했다. 그 이유는, 기왕의 연구에서 밝히고 있다시피 국민협회로 대표되는 참정권 청원운동처럼 일제하 조선사회에서 지속적으로 전개된 운동도 많지 않았음에도 불구하고, 또 이 운동이 당시 총독부의 정책과 반드시 일치한 것은 아니었음에도 불구하고 왜 처음부터 끝까지 당시 대다수 조선인에게 거부되었는지, 그리고 일제의 동화주의 논리에 충실했음에도 불구하고 왜 일제 측으로부터 한 번도 제대로 받아들여지지 않았는지, 그렇다면 이 운동이 당시 조선사회에서 갖는 역사적 의미는 무엇인지 등을 파악하기 위해서이다.

일제하 참정권운동세력은 '한국병합'을 세계 대세와 인류 발전의 요구에 부응하는 것으로 높이 평가했으며, '신일본주의'를 통해 새로운 일본제국의 신민으로서의 의무와 권리를 주장함으로써 조선인의 민권 신장이 이루어지고 조선민족이 문명국민이 될 수 있다고 보았다. 그런데 '무단통치'하의 식민지 현실은 이들의 생각과는 달랐다. 따라서 일제가 표방하는 논리와 현실의 불일치를 일제의 논리와 입장에서 비판하기도 했다. 이는 문화수준이 비슷한 상태에서 식민지로 전락한 조선과 같은 식민지에서만 나올 수 있는 주장이었다. 동화주의 식민지배는 논리적으로 보면 참정권 청원운동세력의 주장처럼 정치적인 면에서 일본과 동일한 참정권을 부여해야만 했다. 하지만 일제의 입장에서는 현실적으로 많은 어려움이 있었고 이러한 논리적 모순을 은폐하기 위해 조선총독부가 자주 거론했던 것이 조선인의 민도(民度)가 대단히 저급하다는 것이었다. 기본적으로 참정권 문제는 일시적으로 조선인을 회유하는 수단으로 이용되었을 뿐, 일제 말 전시체제 하에서 일본제국의회 귀족원에 일부 친일적 조선인이 들어간 것을 제외하고는 실제 조선인이 일본정치에 참여할 수단은 전혀 없었다.

또한 일제하 참정권 청원운동세력은 독립운동세력과 자치운동세력에 대해 극단적으로 비난했다. 일제의 통치체제를 전면 부인하는 독립운동은 그들이 염원하는 동화로의 길을 가로막는 것이었다. 그래서 독립운동은 오히려 조선인에게 피해를 가져오게 하는 폭거에 지나지 않는다고 비난했다. 자치론에 대해서는 크게 두 세력으로 구분하여 비난했다. 일시적 방편으로 자치를 주장하는 세력은 기본적으로 독립을 지향하고 있다면서 독립운동세력과 같이 비난했으며, '속령자치'를 주장하는 세력에 대해서는 조선의 여건상 전혀 이루어질 수 없는 것으로 평가했다.

끝으로, 1930년대 이후 식민지 조선 사회주의자들의 '합법공간' 진출 문제를 다룬 최규진의 글은 동일한 시기에 앞의 제1부에서 검토한 프랑스인민전선정부하 베트남 공산주의자들의 모습과 비교 검토해 본다면 매우 흥미로울 것이다. 같은 식민지국가라 하더라도 프랑스 지배를 받았던 베트남과 일본의 지배를 받았던 조선의 상황은 달랐다. 1930년대 중반이 되어 프랑스는 인민전선정부가 들어서 식민지 베트남에 '우호적'인 정책을 펼쳤다. 그러나 일제는 더욱더 '파시즘' 체제를 강화하며 혹독한 탄압을 퍼부었다. 똑같이 코민테른의 영향을 받은 베트남 사회주의자와 조선의 사회주의자라 하더라도 실천방식은 그들의 주·객관 조건에 따라 차이가 있었다.

'전쟁과 혁명의 시대'인 1930년대에 들어서 조선 사회주의자들은 혹독한 비합법 상황을 맞이했다. 전향을 거부한 조선 사회주의자에게 저항 말고는 달리 길이 없었다. 사회주의자들은 일제의 엄청난 탄압을 받으며 공산당재건운동과 혁명적 노동조합·농민조합운동 같은 비합법운동에 운명을 걸 수밖에 없었다. 그럼에도 진공이 아닌 현실에서 운동을 해야 했던 조선 사회주의자들은 어떻게든 대중에게 자신의 영향력을 미치려 했다. 계급에 뿌리내리려 했던 사회주의자들로서는 여러 수단을 써서 대중과 만나고 그들에게 '대중적 비밀사업'을 하는 노력을 게을리 할 수 없었다. 때문에 1930년대 식민지 조선의 사회주의자들은 비합법 상황에서도 대중과 관계를 맺기 위해 끊임없이 '합법공간'을 모색하려 했다.

코민테른 7차 대회의 영향을 받은 1930년대 중반부터 조선 사회주의자들은 급변한 국제정세와 새로운 이론에 발맞추어 일부 변화를 꾀하기도 했다. 그들은 합법공간을 더욱 폭넓게 활용해야 하며, 민족주의자와 연대해야 한다고 주장했다. 이것은 국제공산주의운동의 방침 전환과 맥락을 같이 하는 것이었다. 그러나 앞서 살펴본 프랑스 지배하 베트남 상황과는 크게 달랐던 일제 식민지하에서, 조선 공산주의자들이 구체적인 활동과정에서 인민전선전술에 따라 합법공간을 풍부하게 활용하기는 어려웠다.

제1부
서구제국주의 지배하 식민지인의 '정치참여'

염운옥_1920년대 버마 민족운동과 정치참여
- 불교청년회와 버마인단체협의회를 중심으로 -

최재희_인도 민족운동과 정치참여
- 인도국민회의의 분열을 중심으로 -

최정수_필리핀 독립청원운동의 미국관과 세계인식

노영순_인민전선기 베트남 공산주의자들의 합법투쟁

1920년대 버마 민족운동과 정치참여
- 불교청년회와 버마인단체협의회를 중심으로 -

염 운 옥[*]

1. 머리말

조지 오웰(George Orwell)의 『버마의 나날들(Burmese Days)』[1]은 러 저드 키플링(Rudyard Kipling)의 『킴(Kim)』, E. M. 포스터(Forster)의 『인도로 가는 길(A Passage to India)』과 함께 영제국을 다룬 문학 중 가장 많이 읽히고 인용되는 작품 중 하나이다.[2] 버마[3]의 영국인클럽을 중심으로 벌어지는 영국인 산림 관리인 플로리와 서구 문명의 추종자

---

[*] 한양대학교 비교역사문화연구소 전임연구원

[1] 한국어로는 『제국은 없다』(박경서 역, 서지원, 2002)라는 제목으로 번역되어 있다.

[2] Stephen L. Keck, "Text and Context: Another Look at Burmese Days," *SOAS Bulletin of Burma Research*, Vol. 3, No. 1(Spring 2005) pp. 27-40; Frederick Cooper and Ann Laura Stoler eds., *Tensions of Empire: Colonial Cultures in a Bourgeois World* (Berkeley: University of California Press, 1997).

[3] 1948년 영국의 식민지배에서 독립한 버마는 1989년 국명을 미얀마로 개칭했기 때문에 국가명 버마는 더 이상 존재하지 않는다. 버마는 개칭 이전의 국가명과 민족명을 모두 지칭하는 용어이다. 특별한 언급이 없는 한 본 논문에서 다루는 식민지 시기 민족주의 운동은 버마인의 민족주의로 한정한다.

인 인도인 의사 베라스와미, 식민지 권력에 기생하는 버마인 우포싱 간의 우정과 반목, 갈등을 통해 식민지 사회의 다양한 인간상을 묘사하고 있는 『버마의 나날들』은 오웰의 자전적 경험이 바탕이 된 소설이다. 1922년 11월 26일 영령 인도의 버마주(州) 랭군에 도착한 오웰은 제국 경찰로서 근무를 시작한다.4 1922년부터 1927년까지 버마에서 보낸 5년간은 오웰에게 인생의 전환점을 제공한다. 식민지 경찰의 임무를 수행하면서 오웰은 영국 제국주의의 추악한 실체를 가까이서 목격하고 제국주의에 환멸을 느끼게 된다. 버마에서의 경험은 정치의식을 자각하는 계기가 되었고, 버마를 떠날 때 오웰은 제국주의에 대한 비판자이자 사회주의자가 되어 있었다. '버마의 나날들'은 『동물농장(*Animal Farm*)』과 『1984년(*Nineteen Eighty Four*)』과 같은 빼어난 정치소설의 작가 조지 오웰을 낳은 출발점이었던 셈이다.5

이 글에서 다루는 시기는 바로 오웰이 식민지 경찰로 부임했던

4_조지 오웰의 본명은 에릭 아서 블레어(Eric Arthur Blair)이다. 오웰의 아버지 웜즐러 블레어(Walmesley Blair)는 영국 식민지 역사상 가장 사악한 행위인 아편 밀매를 담당하는 아편국에서 근무했던 인물로 오웰의 집안은 대대로 식민지와 관련된 일에 종사했다. 오웰은 뱅골에서 태어나 여섯 살 때 본국으로 건너가 명문 사립학교 이튼을 졸업했으나 주류 엘리트 사회에 동화되지 못하고 열등감에 시달린다. 그런 오웰에게 넉넉한 보수와 이국의 모험이 약속되는 동시에 '백인의 신성한 의무'를 실현할 기회마저 주어지는 제국 경찰은 매력적인 직업으로 보였을 것이다. Jeffrey Meyers ed., *George Orwell: The Critical Heritage* (London and Boston: Routledge & Kegan Paul, 1975) p. 68.

5_제국주의에 대한 오웰의 견해가 구체화된 작품으로는 1949년에 발표된 『버마의 나날들』이외에도 소설 『교수형(*Hanging*)』과 『코끼리를 쏘다(*Shooting an Elephant*)』, 에세이 「러저드 키플링(Rudyard Kipling)」과 「간디에 대한 회상(Reflection on Gandhi)」 등이 있다. 『교수형』에서는 버마에서 행해지는 교수형을 목격하고 비인도적인 사형의 악마성을 고발한 작품이다. 『코끼리를 쏘다』에서는 우리를 탈출해 난동을 부리는 코끼리를 쏘아 죽이는 행위를 통해 백인 지배의 권위를 보여주어야 하지만 수적으로 우세한 식민지 피지배민들에게 오히려 위협감을 느끼는 식민지 경찰의 이중적 모습을 묘사하고 있다.

1922년을 전후한 때이다. 오웰이 목격하고 경험했던 1920년대 버마의 현실이란 어떠한 것이었는가? 1920년대는 영국이 버마를 지배하기 시작한 지 한 세대 이상의 세월이 흐른 시점이다. 버마는 세 차례의 버마전쟁을 치르고 1886년 영국의 식민지로 편입된다. 1824~1826년, 1852~1853년, 1885~1886년 세 차례의 버마전쟁을 치른 후 꼰바웅(Konbaung) 왕조가 붕괴하고, 영국령 인도의 행정구역 내에 편입되어 '캘커타 직할 버마 주'로서 영국 식민지의 일부가 되었다. 1937년 인도로부터 분리된 후에는 독립된 버마 식민지가 되었고, 2차 대전 중인 1942년부터 1945년까지 일본 점령기를 거친 후, 1948년에 영국으로부터 독립했다.

영국에게 있어서 버마는 거대한 인도 제국에 비하면 부차적일지 모르지만 전략적 가치와 경제적 가치의 양 측면에서 중요했다. 전략적인 면에서 버마는 영국령 인도의 변경이자 프랑스령 인도차이나 및 중국과의 완충지대로서 전략적 중요성을 지녔다. 1886년 프랑스가 만달레이 중심의 꼰바웅 왕조에 대한 영향력을 확대하면서 영국의 세력 확대를 위협하자 마침내 영국은 북부 버마(Upper Burma)까지 병합하게 된다. 버마의 경제적 중요성은 굶주린 인도를 먹여 살릴 수 있는 이라와디 델타에서 나는 쌀에 있었으며 이 때문에 버마는 '인도의 쌀바구니'라고 불렸다.[6] 영국이 개간과 개척을 통해 미곡산업을 확대해 나간 결과 1885년 약 16만 톤이던 쌀 수출량은 1905년 무렵에는 2백만 톤을 넘어섰고 1920년대 버마는 연간 3백만 톤의 쌀을 수출하는 세계제일의 미곡 수출국이 되었다.[7]

버마는 독립된 '식민지(colony)'가 아니라 인도의 한 '주(province)'

6_밀턴 오스본 저, 조흥국 옮김, 『한 권에 담은 동남아시아 역사』, 오름, 2000, 129쪽.
7_Martin Smith, *Burma: Insurgency and the Politics of Ethnicity* (Dhaka: The University Press, Bangkok: White Lotus, London: Zed Books, 1999) p. 40.

로서 영국령 인도와 행정적으로 연결되어 있다는 점에서 '식민지 안의 식민지' '이중의 식민지'라는 특수성을 갖는다. 19세기 이전까지 인도와의 접촉이 그리 많지 않았고 문화적 차이 역시 뚜렷함에도 불구하고 영령 인도의 행정구역에 통합됨으로써 버마의 역사는 왜곡된 길을 걷게 된다. 인도로부터 무제한의 이주에 노출되었고 인도 이민은 영국의 식민지 지배하에 급속히 팽창한 미곡 산업에 부정적으로 작용했다. 따라서 1930년대에 본격적으로 전개된 버마인의 민족주의 운동은 영국에 대항할 뿐만 아니라 인도인 무역상과 인도인 행정관들에 대한 저항도 포함하고 있었다.

민족(국민)을 고정 불변하는 것이 아니라 '상상된 공동체'로 본다면, 버마 민족의 형성은 언제부터라고 볼 수 있는가? 언제부터 버마인들은 서로를 '우리'라고 인식하게 되었는가? 영국의 식민통치는 버마 민족(국민)의 형성에 어떻게 작용했는가? 인도의 경우 영국의 지배를 통해 비로소 인도 '민족'이 형성될 수 있었던 것에 반해 버마의 민족 형성은 인도보다 오랜 역사를 갖는다. 버마인의 근대적 민족주의가 태동한 것은 1910년대 이후이며 '불교청년회(Young Men's Buddhist Association)'와 '버마인단체협의회(General Council of Burmese Association)'와 같은 대중적 정치조직이 정치적 공동체로서 '국민'을 형성하는 데 중요한 계기로 작용했다. 근대적 민족주의가 확립되기 이전에 이미 불교를 구심점으로 하는 민족의식이 형성되고 있었고, 불교 승려들은 영국의 식민지배에 대한 저항을 주도했다.

오웰이 경험한 1920년대 버마를 휩쓴 변화의 실체는 식민지배의 개선을 열망하는 버마인들과 영국인들 간의 갈등이며, 불교적·전통적 민족주의에서 근대 민족주의로 전화하는 정치적 각성에 다름 아니었다. '불교청년회'와 '버마인단체협의회'는 영국이 만들어 놓은 식민지 국가의 틀 내에서 '자치'를 지향하는 운동을 전개한다. 특히 양두체제(Dyarchy)의 도입으로 제한적이나마 중앙 정치와 지방 정치에 참여할 수 있는 공간이 열릴 것처럼 보이자 초기 민족주의자들의 활동은 정치참여의 공간을 의식하면서 전개되지 않을 수 없었다.

식민지에서 자치와 정치참여가 이루어지는 방식은 식민지배국의 정치체제와 식민지 지배방식의 양상에 따라 상이한 방식으로 이루어졌다. '식민지의회' 자체가 존재하지 않았던 일제 강점기 조선의 경우에는 정치참여의 확대, 자치의 약속과 같은 식민통치자의 프로그램에 식민지 주체가 반응하고 이를 통해 식민지 주체의 정치적 역량이 강화되거나 축소되는 과정을 찾아보기 힘들다. 즉 식민지 지배국의 자치 프로그램이 부재한 상태에서 자치에서 독립으로 전화해 가는 노선을 상정하기 힘들었다는 것이다. 그러나 조선의 경우와 달리 미국의 식민지 필리핀과 영국의 식민지 인도와 버마에서는 자치의 도입이라는 식민지 권력의 '기획'이 식민지인의 민족주의 정치운동에 긍정적이든 부정적이든 영향을 주었다는 점을 고려하지 않을 수 없다.

필리핀은 1907년 법에 의해 식민지의회가 설치되어, 하원의원 중 2명이 대표단으로서 미국 하원에 상주할 수 있게 되었다. 필리핀 대표들은 의결권은 없었지만 발언권은 있었고 이로써 미국을 상대로 독립청원을 할 수 있는 길이 열렸다. 즉 식민통치의 주체인 미국이 자치를 약속하고 이행함으로써 필리핀인들은 이를 적극적으로 이용해 독립청원운동을 벌일 수 있었다.[8]

인도에서는 1917년 몬태규-쳄스포드(Montagu-Chelmsford) 개혁과 1919년 인도통치법(the Government of India Act)으로 입법참사회가 확대되어 상원 60석, 하원 145석의 양원제가 구성되었고 매우 제한적이긴 하지만, 전체 인구의 2%, 성인남자인구의 8.8%가 선거민이 되

8_최정수, 「미국의 필리핀 지배전략과 자치화정책」, 강만길 외, 『일본과 서구의 식민통치 비교』, 도서출판 선인, 2004, 181~216쪽.

어 자치의 공간이 주어졌다. 1885년에 출범한 '인도국민회의'는 처음에는 영국의 통치에 협력하기 위한 기구였으나 점차 자치의 확대를 요구하는 구심점이 되었다. 그러나 인도통치법 도입을 계기로 인도국민회의는 분열되었고 자치에는 별로 기대할 것이 없다고 판단한 그룹은 간디를 중심으로 영국으로부터의 완전한 독립을 목표로 식민지의회 참가 거부와 비폭력 저항운동을 전개했다.9

버마의 경우는 식민지 지배국이 영국이라는 공통점 때문에 식민통치 전개과정은 인도와 유사했으나, 식민지인의 대응 양상의 면에서는 약간의 상이한 면도 있었다. 인도에서는 오래된 인도국민회의가 협력에서 저항의 기구로 전환해 간 반면, 버마에서는 버마인단체협의회를 거쳐 1930년대 타킨당에 이르러서야 보다 강력한 독립운동의 구심점이 형성되었다. 불교청년회와 버마인단체협의회를 중심으로 한 1920년대의 운동은 1930년대로 가기 위한 전 단계로 평가할 수 있다.

이 글은 자치의 도입이라는 변수가 식민지인의 저항과 협력에 어떻게 작용했는가를 버마의 예를 통해 살펴보고자 한다. 1920년대 영국의 식민지 정책 전환과 양보에 의해 도입된 양두체제와 이에 따라 설치된 식민지 통치 보조기구에 불교청년회와 버마인단체협의회를 중심으로 한 버마의 초기 민족주의자들이 어떻게 대응했는가, 1920년대의 민족운동은 '도바마 아시아용(Dobama Asion)'의 설립으로 저항운동이 본격화되는 1930년대 이후의 민족운동과 어떻게 달랐는가를 설명하는 데 중점을 둘 것이다.

버마 민족주의에 관한 기존의 연구10는 주로 1930년대에 집중되어

9_조길태, 『인도사』, 민음사, 1994, 494~496쪽.

10_Robert H. Taylor, *The State in Burma* (Honolulu: University of Hawaii Press, 1988); 本敬敬「ビルマのナショナリズム：中間層ナショナリスト・エリートたちの軌跡」, 『植民地抵抗運動とナショナリズムの展開』池端雪浦責任編集 岩波書店 2002. pp. 213-238.

있으며 1920년대에 대해서는 과도기로 언급하는 데 그치고 있다. 그러나 1920년대에 주목해야 하는 이유는 1차 대전이 끝난 후 식민지 지배 국가는 어떤 형태로든 식민지 통치의 변화를 시도했으며 이러한 변화된 조건이 민족운동의 외적 조건을 규정했다는 사실 때문이다. 물론 자치나 독립의 약속을 지키지는 않았지만 식민지 지배국은 자치 및 독립으로 가는 '계획'을 제시함으로써 식민지 피지배민의 민족적 정치적 각성에 대응하려고 했다. 자치화 혹은 독립화의 약속이 식민지인의 민족운동을 다시 고무하는 상호작용이 일어났던 시기가 바로 1920년대라는 것에 주목해야 할 것이다. 1930년대 타킨당의 완전한 독립을 향한 저항운동으로 가는 과정의 전사(前史)로서 불교청년회와 버마인단체협의회의 역할은 독자적인 주목을 받을 만큼 중요했다고 하겠다.

2. 투쟁하는 불교와 불교청년회

"버마인이 되는 것은 곧 불교도가 되는 것"이라는 말이 있을 정도로 과거에는 물론 오늘날까지도 불교는 버마인의 일상을 지배하는 생활원리이다. 불교라는 공통의 신앙체계는 다수의 버마족과 다른 소수민족을 잇는 구심점의 역할을 했다. 버마는 전 인구의 86%가 불교를 신봉하는데, 그 가운데서도 버마·몬(Mon)·샨(Shan)의 세 민족은 90% 이상이 불교도이다. 그 밖에 산지에 거주하는 소수민족의 애니미즘(5%), 인도계 주민의 이슬람교와 힌두교(각 4%), 카렌(Karen)·카친(Kachin)·친(Chin) 등 민족자치주의 산악지대 주민 사이에 퍼진 기독교(2%) 등이 있다. 소수민족과 버마족을 잇는 버마 불교의 역할은 힌두교와 이슬람교의 양대 종교가 인도 '민족'의 형성과 '국민국가' 통합을 방해하고 영국의 인도 통치를 용이하게 하는 분열의 요소로 작용했던 것과 대조적이라 하겠다.

영국 식민통치 시대에 버마 불교는 민족주의와 결합하여 이른바 '투쟁하는 불교'로서의 지위를 구축하게 된다. 사실 버마에서 불교가 정치에 간여해 온 역사는 매우 길다. 다민족 국가 버마에서 불교가 정치적 통합의 기제로 작용한 역사는 매우 오래된 것으로서 버마 불교의 역사는 버마족 팽창의 역사와 중첩된다. 버마족 중심의 왕조국가 통합의 구심점으로서 불교는 11세기경 파간(Pagan)왕조의 아노야타(Anuruddha)왕이 상좌(上座)불교(Theravada Buddism)로 개종한 것으로부터 그 연원을 찾을 수 있다.

버마인들의 대다수가 신봉하는 종교가 된 상좌불교는 북방의 대승불교와 대비되는 남방 소승불교로서 버마 이외에도 타이, 라오스, 캄보디아 일대에 널리 분포하고 있다. 상좌불교는 재가(在家)와 출가(出家)를 엄격하게 구분하며 깨달음을 얻은 자를 높이 평가한다는 특징이 있다. 상좌불교에서는 붓다의 가르침은 결코 대중이 알기 쉽고 실천하기 쉬운 것이 아니라고 전제한다. 그래서 불법을 '난행(難行)' 혹은 '달인의 가르침'이라고 부르며 이를 실행하는 것은 높은 지혜와 강한 의지를 가진 지적 엘리트만이 가능하다고 본다.[11]

이렇게 고도로 엘리트적인 상좌불교가 버마인 다수의 종교로 발전할 수 있었던 이유는 무엇인가? 이는 엘리트적인 동시에 민중적인 상좌불교의 특징에서 그 원인을 찾을 수 있을 것이다. 상좌불교는 엘리트와 민중에 대해 서로 다른 교리를 설파한다. 교리상으로는 자신의 노력만이 '구제'를 이룰 수 있다는 냉철하고 주지주의적 경향이 강했지만, 민중들에 대해서는 공덕을 쌓으면 현세와 내세에 행복을 누릴 수 있다는 구복(求福) 사상과 윤회사상을 강조했다.

---

[11] 石井米雄 편, 박경준 옮김, 『동남아시아의 불교 수용과 전개』, 불교시대사, 2001, 22쪽.

'즐거운 결과를 낳는 원인이 되는 행위'라는 뜻으로 우리말로는 공덕행(功德行)에 해당하는 말이 '푼냐(punna)'이다. '푼냐'의 대상을 상가로 향하게 해 상가는 뿌린 씨가 공덕이 되어 열매를 맺는 밭이라는 뜻으로 '복전(福田)'이라 불렸다. 이렇게 함으로써 현세와 내세의 복을 바라는 민중들은 상가를 향해 푼냐를 행하고, 제3자의 물질적 지원 없이 생활할 수 없는 상가는 강력한 지지를 얻게 되는 것이다. 이렇게 해서 엘리트의 깨달음 위주의 '열반지향적' 요소와 민중의 '공덕추구적' 요소, 얼핏 보아 반대되는 두 요소가 강하게 결합되어 상좌불교는 안정되게 생명을 이어나갔다. '열반지향형 불교'를 '공덕추구형 불교'가 지탱하는 구조, 이것이 상좌불교가 지속적으로 살아남는 기반이었다.[12]

파간왕조 시대부터 국왕이 상가(Sangha), 즉 불교교단과 떼려야 뗄 수 없는 관계를 맺음으로써 불교국가라는 독특한 통치체제가 성립했다. 국왕은 불법과 승려의 보호자를 자처하고 상가를 아낌없이 후원했다. 국왕은 왕실의 교사를 겸하는 원로 승려 회의 '세야도(Sayadaws)'뿐만 아니라 교단의 최고 지도자 '타타나바잉(thathanabaing)'을 임명했다. 고위 성직자의 임명과 상가 계서제의 유지, 이단 종파를 배격하고 때에 따라서는 부패한 상가를 개혁하는 일, 이 모든 것이 국왕에게 맡겨진 의무였다.[13] 국왕의 이러한 종교적 행위는 불교 옹호자로서 이미지를 구축하고 재생산함으로써 백성들의 신임을 담보하려는 정치적 행위에 다름 아니었다. 파간왕조 시대에 성립된 국왕과 상가의 우호 관계는 19세기 말 영국에 의해 왕정이 무너지고 식민지가 될 때까지 지속된다.

12_ 石井米雄, 2001, 31, 44~55쪽.
13_ Donald Eugene Smith, *Religion and Politics in Burma*, (Princeton University Press, 1965) pp. 26-27.

전근대 사회에서 상가는 교육의 주체였다. 각 촌락의 불교 사원에는 부속학교가 설치되어 소년들을 대상으로 읽기와 쓰기, 불교의 기본교리를 가르쳤다. 교육의 효과는 놀라운 것으로서 19세기의 한 영국인 관찰자는 버마의 문자해독률이 영국보다 높다고 감탄했다.14 상가의 교육자로서의 역할은 그들이 대중적 명망을 얻는 원천이었다. 엘리트적인 상좌불교의 특성상 승려와 평신도 사이에는 건널 수 없는 간극이 놓여져 있었는데 이를 해소해 주는 의식이 신뷰(shinbyu)이다. 오늘날까지도 명맥을 유지하고 있는 신뷰 의식은 모든 남성이 일생 중 짧은 기간 동안 승려생활을 경험하는 것이다. 12세에서 15세 사이의 어린 시절 몇 달간 상가에 몸담는 의식을 통해 불교는 승려를 이상화하고 평신도를 통제하는 기능을 수행할 수 있었다. 중앙정부의 행정력이 지방 말단까지 미치지 못하는 경우가 많았던 전근대 사회에서 상가 계서제는 교육과 사회적 통제의 중심에 있었다.15

왕조국가 버마의 정치이데올로기였으며 교육과 사회통제 기능을 담당했던 불교는 영국의 식민지가 되자 예전의 권위를 점차 상실해 갔다. 근대적 사법제도와 교육제도가 도입되면서 일종의 치외법권을 누렸던 승려들 역시 법적 제약을 받게 되었으며, 불교학교들은 영국식 학교와 경쟁해야 했다. 이러한 상황으로 인해 불교 승려들의 반영 감정이 고조되었다. 상가 중의 고위 지도자를 일컫는 '폰지(Pongji)'가 버마족의 정치지도자로 부상한 것도 이때부터였으며, 이 시기부터 버마족은 다른 소수족들에 대해 정치적, 군사적인 우위를 확립하기 시작했다.16 폰지들은 영국의 지배가 시작되자 초기 반영운동의 주역이

14_Henry Gouger, *Personal Narrative of Two Years' Imprisonment in Burma* (London: John Murray, 1860) pp. 21-22, qtd. in Smith, 1965, p. 18.

15_Smith, 1965, p. 19.

16_Gunter Siemers, "Buddhism and Politics", 經濟經營論叢, Vol. 14 (1990) p. 120.

되었다. 1886년 3차 버마전쟁으로 왕국이 폐지되고 버마족과 불교의 보호자로서 신성시되던 국왕이 폐출되는 사태가 벌어지자 황색 가사를 입은 승려들은 무장 저항군을 이끌고 영국군에 대항했다. 전통사회의 엘리트로서 영국의 지배에 반대하는 '원초적 반란'에 불교 지도자 폰지가 앞장섰던 것이다.

불교 지도자들이 반영운동에서 보여준 태도는 단호하고 비타협적인 것으로 존경의 대상이 될 만한 것이었다. 1920년대 간디의 비폭력 저항운동을 배운 우오타마(U Ottama)는 1920년대의 인두세 폐지 운동 등 반영 활동을 지도해 3년간 투옥되었다. 또한 수도 랭군에 동상이 세워져 있으며 이름이 도로명이 되어있는 우위자라(U Wissera)는 투옥 중 단식을 결행해 1929년 옥사했다.

특히 우오타마는 종교문제를 민족문제로 제기한 최초의 종교 지도자로서 버마 최초의 대중적 영웅이자 순교자였다. 그는 1919년 파고다 경내 착화사건으로 종교적 전통을 침해하는 영국인에 대한 반감이 고조되어 폰지의 역할이 부각된 이후 대중의 지도자로 부상한 인물 중의 한 사람이었다. 우오타마는 인도에서 힌두교 원리주의 단체 마하사바의 의장직을 수행한 바 있었고, 인도국민회의와 함께 긴밀하게 활동하고 있었다. 인도에서 버마로 돌아올 때 그는 간디의 비폭력 운동을 터득하고 있었다.[17] 우오타마가 행한 다음과 같은 연설은 버마인들의 열렬한 지지를 받았다. "붓다가 살아 계신다면 승려는 정치에 간여해서는 안 된다고 설법하실 것이다. 그러나 우리가 지금 처한 상태에서는 승려가 정치에 간여하지 않을 수 없다. …… 우리는 영국인의 노예가 되어 있으며, 노예상태에서는 해탈에 이를 수 없다. 따라서 우리가 지금 해야 할 일은 노예 상태로부터 탈피하는 것이다."[18]

---

[17] Smith, 1965, p. 95.
[18] Rangoon Gazette Weekly Budget, July 11, 1921; September 19, 1921. qtd. in

불교계의 민족주의 운동은 1906년 불교청년회의 설립으로 활성화되었다. 불교청년회는 기독교청년회(YMCA)를 모델로 만들어진 평신도 단체로서 원래 불교의 부활과 근대화를 지향하는 조직이었다. 처음에는 영국에 협조적이었으나 1910년대 이후 급속히 정치화되면서 반영적 입장을 취하게 된다. 불교청년회는 서구화 근대화를 받아들여 불교계도 근대적 혁신을 해야 한다는 입장이었다. 기실 식민사회의 민족 형성 및 민족주의 운동에서 종교조직은 몇 안 되는 제도적 공간으로서 등장하게 된다. 이러한 사례는 근대 이후의 역사에서 얼마든지 찾아볼 수 있다. 구 소련연방 러시아의 정교회는 유일한 합법적 조직이었다. 버마 불교 이외에도 인도네시아에서 이슬람교, 필리핀에서 로마 가톨릭 등은 식민지 권력으로 인정받은 자율적인 대중 조직을 형성할 수 있었다.[19] 버마인의 반영운동에서 불교청년회의 역할은 이러한 일반론의 맥락에서 이해할 수 있을 것이다.

불교청년회에 참가했던 인물들 중에서는 미래의 버마 민족운동 지도자들이 다수 배출되었다. 우메이큉(U May Qung), 우킨(U Kin), 우바페(U Ba Pe), 마웅기(Maung Gyee), 우바인(U Ba Yin), 우바둔(U Ba Dun), 우산바바(U San Ba Ba) 등이 그들이었다. 1910년 당시 불교청년회 회원은 364명이었고 15개 도시에 지부를 두고 있었다. 1948년 독립 후 초대 총리를 지낸 우누(U Nu)의 아버지도 불교청년회 회원이었으며 우누는 젊은 시절 버마인단체협의회에서 활동했다.[20]

정치화된 불교청년회는 1919년 7월 7일 버마인의 주장을 호소하기 위한 대표단을 파견한다. 이때 불교청년회에서 파견한 세 명의 대표 중에서 우툰세인(U Tun Shein)은 훗날 1930년 5월 타킨당을 창설하는

Smith, 1965, p. 96.
19_Siemers, 1990, pp. 113-126.
20_Richard Butwell, *U Nu of Burma* (Stanford: Stanford University Press, 1963) pp. 8-9.

타킨바통(Thakin Ba Thoung)의 후견인으로서 1920년대 민족운동의 장로격인 존재가 되었다.21 이들은 불교청년회의 노선에 따라 보다 자유주의적인 조치를 요구한다. 원래 이 대표단의 취지는 양두체제까지 요구하는 것은 아니었으나 인도와 같은 대우를 영국에 대해 요구한다는 것은 결국 양두체제의 도입을 의미했다. 1919년 8월 17일에는 쥬빌리 홀에서 이 대표단을 지지하는 모임이 열려 인도법에 버마를 포함시킬 것을 촉구하는 결의를 채택했다. 인도법이란 다른 말로 하면 양두체제를 말한다. 비록 실패하긴 했지만 이 대표단은 불교청년회가 제시하는 노선에 따른 개혁을 준비하게 되었다.22

1920년 5월에 또 한 차례의 대표단이 파견되는데 두 번째 대표단 역시 버마에 인도와 동일한 양두체제를 도입해 줄 것을 요구했다. 이 대표단은 1920년 말에 버마로 돌아온다.23 그러나 나중에 살펴보겠지만 두 번의 대표단을 파견했던 바로 그 단체가 개혁안을 받아들이기를 거부하고 나섰다.

'분할 통치(divide and rule)'에 입각한 영국의 버마 통치는 다민족으로 구성된 버마의 국가적 통합을 방해하고 여러 민족 간 갈등과 대립을 조장하는 방식으로 이루어졌다. 식민통치로 인해 다민족 간의 구심점을 찾기 힘든 상황 속에서 불교는 유일한 통합의 요소였으며 버마 민족주의가 자신을 표현할 수 있는 최소한의 유용한 수단이었다. 불교 교단과 교리의 역할이 과대평가 되어서는 곤란하겠지만 불교 교단 조직을 이용해 불교청년회는 손쉽게 전국적인 조직망을 갖출 수 있었고 이것이 향후 민족주의 운동의 뿌리를 튼튼하게 하는 역할을

21_Khun Yi, *The Dobama Movement in Burma 1930-1938: Southeast Asia Program Monographs*, No. 2(Ithaca: Cornell University Press, 1988) p. 3.
22_*Report of Burma Reforms Committee* (London, 1921) p. 5.
23_*Report of Burma Reforms Committee*, p. 6.

했다는 점은 평가되어야 할 것이다. 즉 불교청년회는 버마인 단체협의회를 만들 수 있는 터전이 되었다.

3. 버마인단체협의회의 활동과 양두체제의 도입

양두체제(Dyarchy)는 그리스어로 '2'를 의미하는 'di'와 통치를 의미하는 'archia'의 합성어로, 글자 그대로의 의미는 '두 지배자에 의한 통치(government by two rulers)'를 의미한다. 역사적 연원은 독일의 역사가 몸젠(Mommsen)이 로마의 속주에 대해 황제와 원로원의 이중 정부 체제라고 해석한 것으로 거슬러 올라간다. 중앙 정부와 지방 정부가 모두 의회에 대해 책임을 지는 자치와 양두체제는 다른 것으로 인식되었다. 역사상의 예로는 기원전 1세기경 로마제국의 속주 유대 왕국에서 로마 관리와 유대 자치기관 산헤드린(Sanhedrin)의 이중 정부, 18세기 동인도 회사 지배하의 징세와 민사재판 권한인 벵골 디와니(diwani)를 들 수 있다. 인도개혁안이 양두체제라는 개념을 거론하자 영국 하원의원들은 인도에 복수의 지배자를 둘 수 없으며 총독의 행정 참사회에 인도인이 참여하게 된다면 예산의 할당과 집행에 대해 사사건건 반대할 것이라고 우려했다.24 그러나 이는 어디까지나 식민지 지배자가 이해하는 양두체제였고 식민지인들의 입장에서 보면 이상과 현실은 달랐다.

원래 버마 입법참사회는 1897년에 맨 처음 설치되었다. 처음에는 9명으로 구성되었고 그중에서 4명이 관리였다. 1909년 참사회 의원 수는 17명으로 늘었고 1915년에는 19명이 되었다. 1919년에는 30명이고 그중 12명이 관리였다. 늦어도 1916년에는 선출된 참사회 의원 중 2명이 유럽-버마 상공회의소와 랭군 무역협회를 대표했고 원주민

24_A. Appadorai, *Dyarchy in Practice* (London: Longman, 1937) pp. 3-8.

대표로는 2명의 버마인, 1명이 카렌인, 1명이 샨족 부족장이었다. 1921년 현재 입법참사회에는 9명의 버마인이 있는데 아까 언급한 2명의 유럽인 의원을 제외하고는 선출 원칙에 의한 의원은 존재하지 않았다.[25]

지방 정부의 자치에 관한 논의가 진행되는 동안 정치에 대한 버마인의 관심은 높아졌고, 개혁안에 만족하는 사람들도 일부 있었다. 하지만 당시 버마의 유일한 정치 연합체였던 불교청년회는 버마인의 열망을 만족시키기에는 부족하다고 개혁안을 비난했다.[26]

버마대표단이 요구한 인도에 도입된 개혁이란 몬태규-쳄스포드 개혁을 말한다. 1차 대전에 인도의 지원이 절실했던 영국은 1917년 '영제국 내 자치령'의 지위를 인도에 부여할 것을 약속했고 인도성 장관 몬태규도 영국의 정책은 인도에 자치정부를 수립하는 것이라고 천명했다. 인도를 방문한 몬태규가 개혁안을 총독 쳄스포드와 함께 서명함으로써 1918년 7월 몬태규-쳄스포드 보고서가 발행되었으며 이듬해인 1919년 인도통치법(the Government of India Act)이 공포되었다.

이 법의 특징으로는 첫째, 지방 행정에 대한 중앙정부의 통제 완화를 들 수 있다. 인도 전체의 주요한 문제를 관장하는 중앙 정부와 지방 행정에 관련된 문제를 다루는 지방 정부 사이의 업무의 한계를 규정했다. 중앙정부는 국방, 외교, 관세, 철도, 통신, 소득세, 화폐, 공채, 상업, 광산 관리 등의 문제를 관장한다. 한편 지방 정부에 부여된 업무는 지방자치, 교육, 보건, 토목공사, 관개 사업, 농공업, 토지세, 기근 구제, 경찰, 재판 등에 관한 것이었다.

인도통치법의 두 번째 특징은 지방 업무를 '유보'와 '양도'로 나누어 전자는 각 주의 우두머리인 지사와 그 집행위원회에 의해 다스려

25_*Report of Burma Reforms Committee*, p. 2.
26_*Report of Burma Reforms Committee*, p. 3.

지며, 후자는 주 입법참사회 의원 가운데 지사가 선임한 지방장관들이 다루도록 했다는 점이다. 이와 같은 행정권의 분리를 양두체제라고 불렀으며 지방장관들은 주 입법참사회에 책임을 졌다. '유보' 업무는 토지세, 관개, 재판, 경찰, 공장감사, 노동쟁의, 산업보험, 신문 서적에 관한 것이었으며, '양도' 업무는 지방자치, 보건위생, 교육, 토목공사, 농어업, 공업, 소비조합, 소비세(주류 및 약품) 등을 포함했다.

세 번째 특징은 입법참사회를 확대해 양원제를 구성한 것이다. 상원 60명의 의석을 선거에 의해 당선된 33명과 20명 이내의 관리의원 및 7명 이내의 비관리 의원으로 구성되었다. 하원은 총 145석의 의석 가운데 104명이 선거에 의해 선출된 의원이었고, 26명이 관리의원, 15명은 비관리 의원이었다. 인도통치법에 의해 중앙정부와 지방정부 사이의 업무가 분명하게 구분되고 총독집행위원회 6명 가운데 3명이 인도인이 되었다. 입법참사회도 확대 개조되어 양원제가 채택되었으며 지방의회도 몰리-민토 개혁에 비해 크게 확대되었다. 그러나 지방의회를 통과한 법안은 지사와 총독의 동의를 필요로 했으며 특히 종교와 토지세에 관한 조항은 총독의 재고를 위해 보류해 두어야 했다. 지방 자치는 지방 업무 가운데 '양도' 부문에서 가능했지만 지방장관은 지사에 의해 임명되므로 진정한 지방 자치와는 거리가 멀었다. 투표권도 10년 전의 몰리-민토 개혁 때에는 주민의 0.2%에만 투표권이 주어졌던 것에 비하면 확대되었으나 납세액 등 재산 규정 때문에 여전히 매우 제한적이었다. 1920년 참정권을 갖게 된 인도인은 총인구 약 2억 4천만 명 중에서 오직 530만 명뿐이었다. 이는 전 인구의 2%, 성인남자 인구의 8.8%에 해당했다.[27]

그러나 버마인들의 기대와 달리 몬태규-챔스포드 보고서에서는 인

---

[27] 조길태, 『인도사』, 494~496쪽.

도통치법이 버마에는 해당하지 않음을 다음과 같이 분명히 밝히고 있었다. "(인도의) 이 개혁은 버마에는 적용되지 않는다. 왜냐하면 버마는 인도와는 다른 정치적 발전 단계에 있으며 버마인의 정치 발전 문제는 인도와는 분리해 생각해야 하기 때문이다."[28]

1차 대전 계기로 영국은 인도에 대해서는 점차적으로 자치를 도입하는 정책으로 전환했으나 1919년 버마에 대해서는 '미성숙'하다는 이유로 자치 정책에서 제외하고자 했던 것이다. 이를 계기로 버마 최초의 대중적 정치조직인 버마인단체협의회가 만들어진다. 버마인단체협의회의 활동은 결국 영국으로부터 양보를 끌어내어 1921년에는 소위 양두체제가 도입되었다. 주요 내용은 입법참사회의 선출의원 수를 늘리고 이를 총독의 행정참사회와 양립하게 하는 것이었다. 지방행정의 몇 가지 분야가 버마인에게 '양도'되었으나 국방, 법률 및 치안, 재정 등 중요 분야는 총독의 직접 관할하에 두었다.

양두체제의 도입으로 1922년과 1925년에 실시된 선거 관련 통계보고는 다음과 같다. 〈표 1〉에서 알 수 있는 바와 같이 등록된 선거인 수는 약 170만에서 180만 명 정도였으며 전체 인구 대비 선거인의 비율은 15~16%에 불과했다. 인구대비 선거인 수는 주에 따라 다르게 나타나지만 가장 높은 비율을 보인 유럽인 선거구의 경우 1922년 44.1%, 1925년 39.4%인 반면, 아얍(Akyab)이나 만달레이(Mandalay) 선거구는 8~9%에 불과했다. 이는 양두체제의 도입으로 열려진 정치 참여의 공간이 버마인의 요구를 담기에 매우 협소하고 불충분했다는 것을 의미한다.

---

[28] _India Constitutional Reforms: The Montagu-Chelmsford Proposals, A brief Version of the Official Report by the Secretary of State and the Viceroy_ (London: India Office, 1918) p. 36.

〈표 1〉 양두체제하의 선거구 및 선거인[29]

선 거 구	등록 선거인 수		인구대비 선거인 비율		후보자 수	
연 도	1922	1925	1922	1925	1925	1925
Akyab, General Urban	1,800	1,795	8.8	9.7	1	2
Akyab, Indian Urban	1,415	1,754			2	3
Mandalay, General Urban	14,397	18,042	10.7	13.5	6	10
Mandalay, Indian Urban	939	1,363	6.3	9.1	1	2
Rangoon East, General Urban	3,392	6,879	General 6.2 Indian 9.0	12.3	3	5
Rangoon East, Indian Urban	10,124	11,983			8	7
Rangoon West, General Urban	6,101	11,967			5	6
Rangoon West, Indian Urban	6,383	11,033		12.2	6	4
Mandalay, General Rural	46,008	46,083	22.2	22.2	3	2
Maubin, General Rural	37,812	36,241	15.0	15.0	3	3
Anglo-Indian	2,631	3,875	15.8	23.2	2	2
European	3,671	3,281	44.1	39.4	1	1
Burma Chamber of Commerce	72	68	..	..	2	2
Burmese Chamber of Commerce	21	27	..	..	1	1
Chinese Chamber of Commerce	1,562	1,591	..	..	1	1
Rangoon Trades Association	36	33	..	..	2	1
Rangoon University	84	133	..	..	1	1
total	1,767,227	1,821,247	15.94	16.43	183	220

4. 버마인단체협의회의 분열과 민족운동의 변모

　버마인단체협의회의 성립을 주도한 계층은 버마가 영국의 식민지 지배하에 들어간 이후 약 한 세대 동안 성장한 중간층 엘리트들이었

---

[29] Indian Statutory(Simon) Commission 1927-30, Vol. 11 *Memorandum submitted by the Government of Burma to the Indian Statutory Commission*, Appendix II. Statistics of registration of voters and of elections. (London: His Majesty's Stationery Office, 1930) p. 345.

다. 이들은 주로 평야지대의 도시에 거주하는 중간계층으로서 영어에 의한 근대적 교육을 통해 영국적 문화와 가치를 익혔다. 그러나 식민지 국가 체제 속에서 이들 중간계급에게 성공과 출세의 길은 그리 용이하게 열리지 않았다. 그들은 막혀있는 출세의 길 앞에서 좌절감을 맛보아야 하는 존재였다. 이들이 진출할 수 있는 직업은 법률가, 교사, 저널리스트 등에 한정되었다. 이런 상황에서 불교청년회에서 갈라져 나온 버마인단체협의회의 등장으로 세속적 민족주의 운동은 본격적인 시작을 알리게 된다.

그러나 최초의 대중적 정치 조직인 버마인단체협의회는 성립되면서부터 분열의 조짐을 이미 보이기 시작한다. 인도통치법을 버마에도 적용해 줄 것을 '청원'하러 갔던 불교청년회의 대표단이 돌아와서는 개혁안을 비판하고 수용하지 않겠다는 입장으로 전환했던 것으로부터 불교청년회의 지도자들 사이에는 이미 '자치'의 범위를 넘어서는 '무엇'이 필요하다는 인식이 시작되고 있었다. 따라서 개혁위원회(화이트위원회)가 설치되고 버마에서의 식민통치 개혁논의가 본격화되면 될수록 민족운동 진영은 식민통치에 협력이냐 비협력이냐의 선택을 할 수밖에 없게 되었다.

보이콧 운동은 통치의 모든 분야에서 영국에 협력하지 않겠다는 불복종의 표현에 다름 아니었다. 1921년 10월 21일 버마인단체협의회는 만달레이에서 총회를 열고 영국 상품 및 개혁위원회(화이트위원회)에 대해 보이콧을 결정했다. 그리고 임박한 영국 황태자 방문 환영행사에 가담하는 버마인 명사들에 대한 보이콧과 함께 식민 정부에 대해 가능한 한 협조하지 않는다는 방침을 정했다. 버마인단체협의회의 만달레이 회의에는 8,000명이 참가했고 이 중 여성이 2,000명, 승려가 2,000명이었다. 회의는 극단주의자의 완전한 승리로 공식 기록되었다. 1922년 2월이 되자 보이콧의 효과가 드러나기 시작해 보이콧이

민족주의자들에게 가장 강력한 무기라는 사실이 입증되었다.30

1922년 2월 반(反)보이콧법(法) 도입을 추진한 영국 관리 루이스혼(Lewishon)의 설명에 따르면 식민정부의 관리들 그리고 버마인 협력자들이 얼마나 체계적으로 공격을 당했는지 잘 나타나있다. 승려 지도자 폰지 우오타마의 재판을 담당했던 마우빈의 부판무관(Deputy Commissioner) 마웅포페(Maung Po Pe)는 모든 생활필수품의 공급이 중단되는 곤란을 겪어야 했다. 성난 마우빈 주민들이 그에게 아무 것도 팔지 않았기 때문이다. 마웅포페의 여동생이 죽었을 때 불교청년회는 장례식의 거행을 보이콧했으며, 그의 딸이 죽었을 때도 마찬가지였다. 입법참사회 위원인 마웅마웅신(Maung Maung Sin)이 입후보했을 때 온갖 종류의 중상과 비난이 따라다녔고 그가 지방민들과 사이좋게 지내지 못한다고 비방하는 팸플릿이 나돌았다. 1차 대전 시기에 영제국을 적극적으로 지지했던 인기 배우 마웅포세인(Maung Po Sein)은 대학파업을 지지해 줄 것을 요청받았으나 거절하자 랭군 시내 전역에 그의 공연을 보지 말라는 포스터가 나붙었다. 결국 마웅포세인은 배우를 계속하기 위해 공개 사과를 하지 않을 수 없었다. 불교청년회에서 탈퇴한 전(前) 회원에 대해서도 역시 보이콧이 적용되어 버마인 협력자들은 천문학적인 액수의 돈을 지불하지 않고는 물 한 모금, 차 한 잔 마실 수 없었다.31 보이콧 운동은 실제로 영국의 식민지배에 타격을 안겨 주는 동시에 버마 내부의 협력자 집단에 대한 응징에 효과를 발휘했다.

이미 예상한 바였지만 막상 양두체제의 도입이 결정되자 버마인단

30_"Extracts from Official Report of the Burma Legislative Council Debates of 21 February 1922", speeches by Lewishon and Smyth. in Parimal Ghosh, *Brave Men of the Hill: Resistance and Rebellion in Burma, 1825-1932* (New Delhi: Manohar, 2000) p. 128.

31_"Extracts", p. 129.

체협의회의 분열은 표면화되기 시작한다. 반영운동은 식민지 통치체제에 대해 자치권 획득을 목표로 하는 정치운동이었다. 이제 반영운동의 진영은 입법참사회에 참가해 자치를 확대하자는 입장과 입법참사회에는 기대할 것이 없으니 불참하자는 의견으로 분열된 것이다. '자치'와 '독립'의 관계 설정에 대한 입장 차이가 버마인단체협의회의 분열을 가져왔다. 앞에서 언급한 광범위한 보이콧운동은 불참파가 선택한 길이었다.

1922년은 여러모로 결정적인 해였다. 버마 개혁안은 1922년 말에 발효되었고 개혁안에 따른 선거가 11월에 치러질 예정이었다. 버마인단체협의회 내부에서는 영국이 제시한 '자치'에 참가여부를 놓고 여러 달 동안 격렬한 토론이 벌어졌다. 버마인단체협의회가 당면한 문제는 영국에 협력할 것인가, 아니면 인도국민회의처럼 비협력 운동을 전개할 것인가였다. 1920~1921년 인도국민회의는 간디의 주도하에 영국에 대한 비협력 운동을 전개하고 있었다. 간디는 "위원회 개혁이나 더 많은 법정, 인도인 총독은 진정한 자유나 권력을 의미하는 것이 아니라 인도를 무력화하는 더욱 정교한 방법일 뿐"이라고 판단했다.32 간디의 비협력 노선은 버마의 불교 지도자 우오타마에게 영향을 주었다. 간디의 비폭력 저항운동을 배운 우오타마는 식민 당국에 대한 협력을 거부하고 인두세 폐지 운동을 조직해 3년간 투옥된 바 있었다. 협력인가 비협력인가를 놓고 1922년 5월부터 버마인단체협의회는 이미 분열의 조짐을 보이고 있었다.

1922년 5월 버마인단체협의회의 지도자 중에서 우오타마의 영향을 받은 우치트랭(U Chit Hlaing), 타라와디(Tharrawaddy)의 우푸(U Pu), 우툼아웅가우(U Tum Aung Gyaw) 등은 비협력의 노선을 택했던 반

32_박지향, 「아일랜드·인도의 민족운동과 한국의 자치운동 비교」, 『역사학보』 제182집(2004. 6), 76쪽.

면, 나머지 지도자들은 개혁에 협력하기로 결정했다. 버마인단체협의회의 협력파 21인은 '21인의 당파'로 불리는데 나중에 '민족당(the Nationalist Party)'을 형성하는 주축이 되었고 민족당의 이름으로 1922년과 1925년의 입법참사회 선거에 참여하게 된다. 민족당 당수는 랭군 출신의 변호사 우푸(U Pu)이고 부당수는 랭군의 저널리스트 우바페(U Ba Pe)였다. 이 외에도 민족당에는 변호사 우마웅기(U Maung Gyee)와 우테인마웅(U Thein Maung) 등이 참가했다. 민족당원들의 출신지는 대부분 도시지역, 특히 랭군이었고 계급적 기반은 중간층 이상이었다. 이들은 영국의 식민지배가 시작된 이래 근대적 교육제도가 도입되고 영어교육이 보편화 되면서 성장한 식민지 엘리트들이었다.33

1922년에는 민족당 뿐만 아니라 '진보당(the Progressive Party)'도 성립되었다. 진보당은 버마족만의 배타적인 민족정당이 아니라 인도인, 중국인, 유럽계 버마인, 영국계 인도인, 유럽인과 카렌인 등 버마의 소수민족들을 포괄하는 코스모폴리탄적 정당이었다. 주요 지도자는 마웅기(J. A. Maung Gyi), 우포라(U Po Hla), 산포(San C. Po), 그렌빌(Oscar Glanville), 머레이(Alan Murray) 등이었다. 진보당은 국민당만큼 영향력을 발휘하지는 못했으나, 역시 입법참사회 선거에 참가해 의석을 확보하게 된다.34

불교와의 관계 면에서도 1922년은 획기적인 전환의 해였다. 민족운동이 불교의 영향력을 벗어나 세속적인 정치운동으로 변모했다는 점이다. 이제 더 이상 정치지도자들은 폰지의 후원이라는 종교적 외피를 내세울 필요가 없어진 것이다.

33_N. C. Sen, *A Peep into Burma Politics C. 1917-1942* (Allahabad: Kitabistan, 1945) p. 17.
34_Sen, 1945, p. 18.

양두체제의 도입은 결과적으로 버마인단체협의회의 분열을 유발했다. 버마인단체협의회 내부에서 입법참사회 참여파와 비참여파 간의 분열이 일어나게 된 것이다. 양두체제에 참여를 통해 영국으로부터 정치적 양보를 받아내는 것 즉 영제국의 통치를 인정하고 통치의 개선을 통해 보다 자유주의적이며 합리적인 식민정부를 추구를 거부한 세력은 한편으로는 타킨당을 결성해 자치가 아닌 독립운동을 전개하고, 다른 한편으로는 농촌지역에서 대중운동의 조직화에 집중하게 된다.

1920년대 말 의회 정치에 참여한 엘리트들이 조세정책이나 지방행정에서 양보를 얻어내는 데 실패하고 1930년대 세계 경제 공황으로 경제 위기가 닥치자, 영국의 통치에의 협력을 통한 자치의 주장은 더욱 힘을 잃어갔다. 이러한 상황에서 사야 산(Hsaya San)과 같은 '중간층' 출신 민족주의 정치가는 농민반란의 지도자로 변모해 갔다.

1936년 총선거에 임하는 도바마 아시아용(타킨당)은 동계열의 정당인 '코민 코킨 아베(Komin-kohkyin Ahpwe)' 즉 '버마법 반대당'은 '도바마(Dobama. 우리 버마)'인 반면 구(舊)버마인단체협의회 계열 후보들은 '투도바마(Thudo-bama. 그들의 버마)'라고 선전했다. 이들에 의하면 구(舊)버마인단체협의회 계열 후보들은 영제국의 협력자 집단이며 코민 코킨 아베당이야말로 진정한 애국자라는 것이다.35 1935년 버마법으로 인도로부터 분리되고 1937년부터 독자적인 식민지의회가 설치되어 자치가 시행된다. 타킨당은 자치에 참가하지 않았으며 자치가 아닌 완전한 독립을 주장했다. 자치를 통한 식민지배의 개선을 주장했던 버마인단체협의회 계열 정치가들은 1930년대 이후 세력이 약화되었고, 독립 후 거의 거세된다.

35_Nemoto, Kei, "The Concepts of DOBAMA ("OUR BURMA") and THUDO-BAMA ("THEIR BURMA") in Burmese Nationalism, 1930-1948" *Journal of Burma Studies*, vol.5(2000), p. 5.

결국 버마인단체협의회에서 여러 정당이 파생되고 정당들의 난립 상이 자치 도입 후의 정쟁을 초래했다. 버마인단체협의회는 제한적인 정치참여의 공간을 어떻게 활용할 것인가를 놓고 분열했고 다양한 견해의 정당으로 갈라졌다.

5. 맺음말

위에서 살펴본 바와 같이 양두체제 도입으로 식민지 버마인에게 열려진 정치참여의 공간은 처음부터 매우 제한적이었다. 불교청년회나 버마인단체협의회의 목표는 처음에는 버마인의 정치의식이 성숙해 있음을 영국에게 보여주어 '자치'를 획득하는 것을 목표로 삼았다. 그러나 영국이 허용하는 자치의 제한적 성격이 드러나자 버마인단체협의회는 곧 참가파와 불참가파로 분열되었고 불참파는 식민지배에 협력하지 않는 저항운동을 조직하지 않을 수 없었다.

1920년대 버마인단체협의회의 분열로 민족주의 엘리트들은 적극적으로 협력자가 되어 영국의 통치에서 양보를 받아내려는 집단과 자치의 한계를 인식하고 완전독립을 추구하는 저항운동으로 선회하는 집단으로 분열되었다. 불교청년회의 조직력을 계승한 버마인단체협의회는 지방에까지 잘 편성된 조직망을 갖추고 있었으며 이런 조직망들은 영국에 대한 협력 거부 운동을 이끌어 내는 데 유리하고 효과적으로 작용했다. 버마인단체협의회의 분열 이후 1930년대의 민족주의 운동을 담당할 계층으로 부상한 집단은 '타킨당'이었다. 타킨당 당시 사회적 계급 면에서는 도시 중간층 엘리트로 이전 시대와 같은 계급에서 나왔지만 이들이 지향하는 바는 달라졌다.

1920년대의 민족주의 운동은 영국이 만들어 놓은 식민지 국가기구의 틀을 유지하는 속에서 '자치'를 추구하는 운동이었다면, 1930년대에는 자치가 아닌 완전한 독립을 주장하는 목소리가 높아진다. 민족주의자들이 사회주의, 공산주의 사상을 수용하고 반(反)제국주의와 반(反)자본주의 사상으로 무장하기 시작한 것은 1930년대가 되어서였다. 이러한 경향을 구체화시킨 것이 1930년 타킨당의 성립이었다. '불교청년회'와 '버마인단체협의회'는 본격적인 민족주의 운동인 1930년대 타킨당의 '도바마 아시아용' 운동으로 이어지는 가교의 역할을 했다.

불교가 버마 민족운동에서 차지한 비중은 과대평가되어서는 곤란하지만, 결코 작지 않은 것이었다. 불교의 정치적 역할은 영국으로부터 독립한 후에도 여전히 중요했다. 불교를 보호하고 장려하던 왕조는 없어졌지만 신생국 버마가 정치적 통합을 이룩하고 민족적 자부심을 회복하는 데는 불교가 필요했다. 서구 문명이 물질적으로 풍요롭고 강력할지 모르지만, 상좌불교의 중심국 버마는 달마(불법)의 진리를 서구에 전해 줄 사명을 띠고 있기 때문에 정신적으로 우월하다는 논리이다.[36] 독립 후 버마족 중심의 국민국가 형성에 있어서 친, 카친, 카렌, 샨 등 소수 민족들을 문화적으로 '버마화(Burmanization)'하는 데 있어서도 불교 포교는 주된 활동이었다.[37]

불교는 사회주의와도 조화를 이루었다. 1962년 네윈(Ne Win) 장군이 군사 쿠데타를 결행해 사회주의 체제를 세웠을 때 집권당이 된 '버마 사회주의 계획당(Burma Socialist Programme Party)'은 강령에 '불교와 마르크스주의의 조화'를 명문화했다. 그런가 하면 불교는 1988년의 쿠데타 이래 군사 정권에 저항하는 반정부 운동의 거점이 되기도 했다. 긴 역사를 통해 끊임없이 모양을 바꾸어가며 끈질긴 생명력을 보이는 버마 불교는 종교의 이데올로기적 역할의 장기지속성을 보여주는 예라고 할 것이다.

---

[36]_Smith, 1965, pp. 122-123.
[37]_Smith, 1965, p. 154.

본 논문에서는 다루지 못했지만 민족갈등과 반식민지 민족운동의 관계는 앞으로 분석을 요하는 과제이다. 1920년대의 '불교청년회'와 '버마인단체협의회'와 같은 대중적 정치조직은 정치적 공동체로서 '국민'을 형성하는 계기가 되었으며, 1920년대의 이러한 기반이 있었기에 1930년대에 가면 본격적으로 민족주의 운동이 전개될 수 있었다. 그런데 1930년대 혁명적인 학생들이 스스로를 '타킨(주인)'이라 부르며 주인의식을 고취하고자 했을 때, 주체로서 의식을 가져야 하는 민족(국민)의 범위에는 인구의 약 70%를 차지하는 버마족만 포함되었지 샨족, 카렌족, 친족, 까친족 등 25%의 소수민족은 포함되지 못했다. 타킨당은 버마족 중심주의로 일관함으로써 소수민족을 통합하지 못했으며 이것이 영국의 분할통치와 맞물려 소수민족 문제를 더욱 복잡하게 만들었다. 따라서 카렌족, 샨족 등 식민지 시대 소수민족의 민족운동에 분석은 버마족의 민족주의 운동만으로 환원되지 않는 다양한 민족운동의 양태를 보여주는 동시에 오늘날까지 미해결로 남아있는 버마의 소수민족 문제를 이해하는 실마리를 제공해 줄 수 있을 것이다.

인도 민족운동과 정치참여
- 인도국민회의의 분열을 중심으로 -

최 재 희[*]

1. 머리말

제국주의 시대에 식민지로 전락했던 많은 민족이 직면해야 했던 문제는 민족해방운동이 전부가 아니었다. 이들은 내부의 모순, 서구의 기준에서 본다면, 전근대적인 봉건적 내부 모순을 해소해야 하는 과제도 안고 있었다. 여기에 덧붙여 이들은 식민지배와 함께 도입된 자본주의에 따른 계급 갈등을 경험하게 되었다. 이처럼 식민지 국가의 민족운동은 반제국주의 해방운동일 뿐만 아니라 반봉건, 계급운동이라는 다중의 의미를 지니게 된다. 식민지 해방 이후 각국의 역사가 상이하게 전개되는 이면에는 이러한 내부 모순과 민족해방운동이 어떠한 관계를 맺으면서 어떠한 방식으로 진행되느냐, 그리고 이에 대한 식민 지배국의 대응이 어떠했는가라는 요인이 자리 잡고 있었다고 볼 수 있다.

인도의 민족해방운동도 마찬가지였다. 영국 지배하의 인도에는 400

---
* 국가기록원 전문위원

여 개의 토후국이 존재했으며 이들 토후국의 군주는 무골제국의 황제를 대체한 영국 지배세력의 후원하에 권력을 유지하고 있었다. 자민다르(zamindar)로 대표되는 대지주는 영국 지배에 기생해 인구의 절대 다수를 점하는 농민을 착취하면서 기득권을 유지했다. 카스트제도로 대표되는 인도사회의 모순은 널리 알려진 사실이다. 더욱이 인도는 다수의 인종과 부족, 그리고 다양한 언어를 사용하는 수많은 공동체로 이루어져 있었다. 특히 상당한 영향력을 미치던 힌두교, 이슬람, 시크교와 불교 등 종교 공동체는 서로 반목을 거듭하고 있었다.

인도 사회의 이러한 내부 모순은 압도적으로 넓은 영토와 많은 인구를 가진 인도가 이민족의 식민지로 전락하게 된 주요 원인이 되기도 한다. 인종적으로 상이하고 언어와 종교, 문화가 판이한 영국이 거의 200년 이상 인도를 지배할 수 있었던 것은 단순히 무력이나 경제력만이 아닌 인도사회의 이러한 복잡성에서 그 이유를 찾을 수 있다. 실제 영국은 외국의 이민족 침략자라기보다는 인도의 역사에서 무수히 명멸했던 여타 정복왕조와 동일한 지배자(Raj)였다. 영국이 인도인의 기존 관습과 종교, 사회 질서를 무시하고 해체하려 하지 않는 한, 인도인은 우호적이었다고 평가할 수는 없지만, 영국의 지배를 도저히 용인할 수 없는 상황으로 받아들이지는 않았다. 시기에 따라 불만이 고조되어 폭동으로 비화되는 경우도 있었지만, 대부분의 경우 그것은 국지적이거나 일부 계층의 소요로 한정되었다. 인도인으로 구성된 인도군은 영국인 지휘관의 규율과 명령을 충실히 이행해 제국주의 전쟁이나 자국민 탄압에 동원되어 영국의 이해를 담보해 주었다. 상층 지배계급은 물론 대다수의 인도인도 영국의 지배에 적응하고 있었다고 평가할 수 있다. 20세기 이전 인도인의 의식에서 독립이나 자치의 개념은 존재하지 않았다고 평가할 수도 있다.

그러나 이러한 중첩된 내부 모순과 막강한 식민제국의 존재에도 불구하고 19세기 말 이후 인도에는 다양한 민족해방운동이 시도되었고, 이는 결과적으로 2차 대전 이후 독립으로 이어졌다. 영국의 지배 자체가 모든 악의 근원이라는 인식이 확산되었고 독립을 추구하는 주장이 힘을 얻어 갔다. 다민족, 다인종, 다언어, 다종교로 분열되었던 인도가 내부의 갈등과 모순을 극복하고 세계최강의 제국주의 국가인 영국으로부터 독립을 쟁취한 것이다.[1] 인도의 민족해방 투쟁의 과정은 민족과 언어, 지역성의 장애를 뛰어넘어 보편적인 목적으로 자유와 독립을 설정하고 이를 쟁취한 중요한 사례이다. 인도인은 이제 벵골사람, 타밀족 등과 같은 전통적 구분이 아니라 공동의 역사와 유서 깊은 위대한 문명을 가진 하나의 민족이며 이방인 지배자와 다른 존재라는 자각이 시작되었다. 현대 정치적 의미에서 인도의 민족해방운동은 인도 민족을 창조한 것이다.[2]

그럼에도 불구하고 인도의 민족해방운동은 종교의 갈등을 극복하지 못하고 결국 국토의 분단으로 귀결된 또 다른 사례이기도 하다. 1947년에 불타는 펀자브 평야를 무대로 거의 20만 명의 힌두교도와 무슬림이 학살되고 900만 명에 달하는 난민이 발생하는 비극이 있었다.[3] 인도에서 분리된 파키스탄에서 다시 방글라데시가 떨어져 나갔다.[4]

---

[1] 물론 인도의 독립을 전적으로 인도인의 해방운동의 탓으로 평가하지는 않는다. 영국의 경제적 몰락에 따른 식민지 경영의 부담, 미국이 주도한 새로운 세계 구도도 인도를 포함한 제3세계 국가의 독립 이유로 꼽힌다. P. Dutt, *The Crisis of Britain and the British Empire* (London, 1957). p. 227.

[2] M. S. Rajan, "The Impact of British Rule in India", *Journal of Contemporary History*, Vol. 4, No. 1(1969). p. 94.

[3] A. Jalal & A. Seal, "Alternative to Partition: Muslim Politics between the Wars", *Modern Asian Studies*, Vol. 15, No. 3, 1981, p. 454.

[4] 인도 분할은 힌두와 무슬림의 분열일 뿐 아니라 무슬림 사이의 분열을 초래했다. G. Minault, "The Muslims of British India", *International Journal of Middle East*

이상과 같이 인도의 사례는 식민지 사회의 내부 모순 및 갈등과 민족해방운동의 연관성을 잘 보여주고 있다. 여기에서 생략할 수 없는 부분이 식민 지배국 영국의 역할이다. 대표적인 예로, 영국은 분할통치를 위해 무슬림의 정치세력화를 배후에서 조장했으며, 결국 이것이 힌두교와 무슬림의 엘리트 간 대립을 거쳐 대중으로 확산되어 분단과 현재까지 이어지는 비극으로 연결된다는 주장이 설득력을 얻고 있다.5

이 글은 내부 모순과의 관계, 이와 관련된 식민 지배국 영국의 정책과 연관 속에서 인도 민족해방운동을 고찰하려 한다. 그 중심에는 인도국민회의라는 존재가 자리하고 있다.

인도국민회의(Indian National Congress)는 내부의 모순이나 갈등을 딛고 인도의 정체성을 자각하고(Indian) 특정 정파나 지역, 종교가 아닌 인도 전체를 지향하며(National), 폭력이 아니라 의회제도와 민주주의를 지향하는(Congress) 운동이었다. 더욱이 인도국민회의는 식민 지배국 영국의 정치체제를 인도에서 구현할 것을 목표로 했다. 이는 정치 참여를 통한 민족해방운동이었다.

이러한 형태로 민족해방운동이 발전할 수 있었던 배경에는 세계 최초로 의회주의를 확립하고 개인의 권리와 자유를 기반으로 한 민주주

Studies, Vol. 5, No. 3(1974). p. 367.

5_F. Robinson, *Separatism among Indian Muslims: The Politics of the United Provinces Muslims 1860-1923* (Cambridge University Press, 1974); L. Brennan, "The Illusion of Security: The Background to Muslim Separatism in the United Provinces", *Modern Asian Studies*, Vol. 18, No. 2(1984). p. 237. 영국은 1909년 무슬림을 위한 별개 선거구를 인정함으로써 사악한 분열의 씨앗을 뿌렸다는 식으로 분단에 대한 영국의 책임을 강조하는 주장이 대세로 자리 잡고 있다. M. S. Rajan, 1969, p. 95. 그러나 영국 당국이 국민회의를 무력화하기 위해 힌두교와 이슬람의 갈등을 의도적으로 조장했다는 주장을 반박하는 입장도 존재한다. H. L. Singh, *Problems and Policies of the British in India 1885-1898* (Bombay, 1963), p. 251.

의를 발전시키고 있던, 그리고 식민 지배를 자치와 민주주의를 위한 훈련이라는 식으로 강변해야 했던 영국과의 관계가 전제되어 있었다. 국민회의의 민족운동에는 국민회의에 대한 영국의 태도와 더불어 영국이 설치한 유명무실한 정치참여 기구인 입법참사회(Legislative Council)와의 관계설정이 중요한 변수로 자리하고 있었다.

인도 민족해방운동과 관련해 고찰할 인도 내부 모순으로는 민족운동을 촉진, 왜곡시키고 분단으로 이어진, 그리고 영국의 식민 정책과 직간접적으로 밀접한 연관을 가지게 되는 힌두교와 이슬람의 갈등이 중점 연구대상이 될 것이다.

정치참여를 배경으로 한 이러한 내부 모순과 민족해방운동의 관계설정은 의회제도와 자유주의 체제가 현실로 크게 부각되지 않았던 일제하 우리의 민족해방운동과 대비된다. 제국주의 국가 일본의 경우 민주주의와 의회제도가 아니라 폭력적인 권위주의체제가 일반적이었다. 이것은 그대로 식민지 한국에 투영되었다. 일본이 제시한 정치참여는 민족해방운동을 기만하기 위한 회유책의 일환에 불과했다. 식민 지배국이 폭력체제를 가진 상황에서 식민지민에게 정치참여를 통한 의사 반영을 약속한다는 것은 어불성설과 같았다. 식민지 한국에서의 정치참여는 근본적인 한계를 분명히 드러내고 있었다.

이에 반해 인도의 경우, 상당수의 민족운동 지도자들은 의회제도의 점차적 확대와 발전, 그리고 협력을 통해 영국으로부터 자치 확보 및 나아가 독립을 쟁취할 수 있다고 확신했다. 이러한 희망이 좌절되고 영국의 기만이 증명된 이후, 이들은 저항운동을 전개했다. 그러나 이러한 저항운동 또한 정치참여를 통한 방식으로 전개되었다. 정치참여를 배경으로 한 민족운동은 내부 모순과의 관계, 식민 지배국 영국과의 관계와 얽혀 인도만의 독특한 해방운동의 공간을 형성했다.

2. 인도국민회의의 등장과 의의

1) 인도국민회의의 성립 배경

1885년 인도국민회의의 성립은 인도 민족해방운동의 전환점을 이루는 중요한 사건이었다. 인도국민회의6라는 명칭이 보여주듯이, 영국 지배하의 인도인은 이제 자신들의 이해를 표출하고 대변하기 위해 스스로 서구식 내지 영국식 자유주의 대의체제를 결성한 것이다. 이처럼 국민회의의 성립은 서구식 교육을 받고 서구식 가치관, 특히 영국식 의회정치를 통한 정치참여 방식을 수용한 인도인이 일정 정도 축적되었음을 보여주었다.

봄베이, 캘커타, 델리, 마드라스 등 주요 도시를 중심으로 서구식 고등교육기관이 설립된 것은 1840년대부터이다.7 이에 따라 19세기

6_인도 현대사 연구를 지배했던 것은 영국과 인도 중심의 사고방식이었다. 이러한 배경 때문에 1960년대까지 현대인도에 대한 연구는 압도적으로 인도민족주의운동과 민족해방운동이 시작된 19세기 말과 20세기 초반의 인도국민회의에 집중되었다. 민족해방운동 관련 사료가 집대성된 1960년대 말 이후 전국 조직이나 주요 인물의 사상 등에 집중한 기존 연구의 한계가 지적되었다. 이에 따라 1970년대부터 별개의 정치사회적 상황이 전개된 지역 및 독자적인 특성을 가진 지역 조직과 지역 정치가 집중적으로 탐구되었다. 이러한 지방사 연구와 더불어 사회경제사에 대한 연구도 확대되어갔다. N. G. Barrier, "The Arya Samaj and Congress Politics in the Punjab, 1894-1908", *Journal of Asian Studies*, Vol. 26, No. 3(1967). p. 363. J. Masselos, "Indian Nationalism and the Early Congress", *Pacific Affairs*, Vol. 51, No. 4(1978). p. 673.

7_인도총독 고문이던 매콜리(T. B. Macaulay)는 1834년 개혁 작업의 일환으로 법 앞의 평등, 영어교육 등 영국식 교육 실시, 인도형법 제정 등을 제안한 바 있다. 특히 영국식 교육은 광활한 지역과 많은 인구를 가진 인도의 원활한 식민 통치를 위해 필요한 사항이었다. 이를 계기로 벵골지방을 중심으로 인도 각지에 교육기관이 설립되기 시작했다.

후반부터 영국식 교육을 받은 졸업생이 지속적으로 배출되었으며, 이들은 새로운 사회 집단을 이루게 되었다. 국민회의 설립을 주도한 대표적 인물인 고칼레(G. Gokhale)는 대학교육을 받은 첫 번째 세대에 속한 인물이었다. 1886년 당시 국민회의의 의장이던 나오로지(D. Naoroji)는 영국 University College London대학의 구자라트어 교수를 역임하고 아시아게 최초의 영국의회 의원으로 선출되었던 경력을 가진 인물이었다.8 네루수상의 아버지로 유명한 모틸랄 네루(Motilal Nehru)는 카슈미르 지방의 브라만계급 출신으로 서구 교육을 받고 변호사로 성공한 사람이었다. 인도국민회의의 부유한 온건파 지도자의 대표적 인물이던 그는 간디를 만나기 이전까지 빈번하게 유럽을 방문하면서 서구화된 생활 방식을 고집했었다. 여성 투사이자 국민회의의 첫 번째 여성 의장으로 명성을 높인 나이두(Sarojini Naidu)의 부친은 인도 제일의 명성을 가진 과학자이자 철학자였고 그녀의 외조부는 니잠 대학의 설립자였다. 간디 또한 이러한 범주에 속하는 대표적 인물 중 하나였다. 이상 서구식 고등교육의 주된 수혜자는 주로 힌두교도를 중심으로 한 식민사회의 기득권 집단이었다.

그러나 시간의 흐름에 따라 이슬람교도에 대한 교육 기회도 확대되었다. 교육자이자 이슬람 법학자이던 아메드(Sayed Ahmed)의 주도로 설립된 알리가르(Aligarh) 대학이 대표적인 경우이다. 아메드의 외조부는 두 차례에 걸쳐 무굴제국의 수상을 역임하고 동인도회사에서도

8_나오로지는 1892~1895년 동안 핀즈베리 센트럴(Finsbury Central) 지역에서 자유당 의원으로 활동했다. 나오로지 외 영국의회 의원이 된 두 명의 인도인이 있다. 부유한 봄베이 상인의 아들로 언론인이자 변호사였던 보나그리(M. Bhownagree)는 1895~1906년 동안 보수당의원을 역임했다. 그는 영국의 인도 지배를 지지하고 인도인의 자치를 반대했다. 1922년 런던에서 노동당의원으로 당선되었다가 1924년 공산주의자로 재선된 사클라트바라(S. Saklatvala)는 재벌가문 출신이었지만 인도의 독립과 혁명운동에 투신했다. 이상 3인의 인도 출신 의원은 식민지 시대 인도 지식인의 다양한 인식과 활동의 지평을 상징하는 존재로 거론되곤 한다.

중책을 맡았던 인물이었다. 아메드 본인도 1838년부터 동인도회사에서 서기로 일했다. 교육에 최고의 관심을 기울였던 아메드는 제한적이나마 서구의 교육과 문화를 수용할 것을 주장하기도 했다. 1918년 전인도 무슬림연맹의 의장을 지낸 모하메드 알리는 알리가르 대학을 졸업하고 옥스퍼드대학 링컨칼리지에서 현대사를 전공했던 인물이었다. 인도 민족운동에서 무슬림을 대표하는 지도자이자 현재에도 파키스탄의 국부로 추앙받는 지나(M. A. Jinnah)는 카라치의 선교사학교를 졸업하고 1892년 16세의 나이에 영국으로 건너가 변호사 자격을 취득했다.

그러나 이들 토착 지식인들은 식민지 체제에서 자신들의 교육 이력과 사고방식에 어울리는 사회적 역할을 찾을 수 없었다. 상업에서 성공을 거둔 인도인은 극소수에 불과했다. 인도인이 관리가 되는 길은 사실상 봉쇄되어 있었다.9 현실에 좌절한 교육받은 인도인은 관리가 되는 대신 언론, 교육, 법률이라는 새로운 영역으로 진출했다. 19세기 말부터 영어와 지방 토착어로 발간된 신문과 잡지가 인도 전역에서 발간된 것은 서구식 교육을 받은 지식인의 존재를 보여줌과 동시에 이들의 좌절감을 상징적으로 드러내는 사회적 현상이었다.10

이와 같은 현상은 이전에 찾아볼 수 없는 현상이었다. 인도 총독

9_인도관리(Indian Civil Servants)의 등용문이 동등 경쟁방식으로 인도인에 개방된 이후에도 나이 제한의 규제와 영어 구사 능력 등으로 인해 인도인이 관리가 되는 것에는 상당한 제약이 있었다. 1909년 당시 1244명의 인도관리 중 65명만이 인도인이었다는 통계는 이러한 현실을 잘 보여준다. H. L. Singh, *Problems and Policies of the British in India 1885-1898* (Bombay, 1963), p. 74.

10_1885년경 언론은 인도 여론의 다양한 측면을 상당히 대변할 수 있었다. 그러나 영어로 발간되는 신문은 일반 인도인의 인식과 거리가 있는 것으로 평가된다. P. Narain, *Press and Politics in India: 1885-1905* (Delhi, 1970), p. 7, 284; 당시 이름 있는 신문과 저널은 대부분 영국에서 교육받고 정치 지향적인 소수의 선택된 자에 의해 운영되었다. C. Furedy, *Journal of Asian Studies*, Vol. 31, No. 2(1972), p. 435.

중 인도인의 최대 존경을 받았다고 평가받는 리폰 경(Lord Ripon)은 총독 직을 마무리하던 1884년 봄에 "서구식 교육과 서구식 사고방식을 학습한 원주민의 수가 급격히 증가하고 있으며, 현재 인도에서 이들과 관련된 문제보다 더 중요한 사안은 없다"는 편지를 본토의 인도 담당 장관에게 전달한 바 있다.11 리폰의 언급은 현재 인도에 영어 교육을 받은 새로운 집단이 존재하고 있지만, 인도정부는 이들의 재능과 영향력을 인정하고 흡수, 이용할 수 있는 제도와 정책이 부재함을 지적하고 이에 대한 우려를 표한 것이다.

서구식 교육을 받고 서구식 사고방식에 심취한 식민지 지식인이라는 존재는 현저한 자기모순을 내재할 수밖에 없었다. 국민회의의 초기 지도자들은 대부분 교육과 위생, 공공정책의 중요성을 강조했고, 카스트제도와 같은 사회 부조리를 제거하고자 했다. 이상의 것들은 정부의 정책에 의해 상당부분 해결이 가능한 사안들이었다. 따라서 이들은 인도사회가 당면한 사회개혁보다 영국의 세계정책을 위해 인도의 예산을 사용하는 인도식민정부의 처사에 비판적인 입장을 취하게 된다.

그러나 이들은 서구, 특히 영국의 자유민주주의체제를 압도적으로 선호했다. 서구식 교육을 받은 새로운 지식인층은 대화와 토론을 중시했으며 폭력이 아니라 청원과 같은 온건한 입장과 태도를 견지하고자 했다. 이들을 중심으로 결성된 국민회의의 일차적인 목적은 인도인의 성숙한 의사를 결집해 인도인의 정당한 권리에 대한 영국의 존중을 끌어내는 것에 있었다. 1차 대전 이전까지 인도의 독립이라는 생각은 전혀 논외의 일이었다. 단지 정치적으로 인도인이 더 많은 영역과 부문에 대표로 참여해 사회개혁을 이루고 인도인의 이익을 대변하

11_B. Martin Jr., "Lord Dufferin and the Indian National Congress, 1885-1888", *Journal of British Studies*, Vol. 7, No. 1(1967). p. 68

고 구현하기를 희망했을 뿐이었다. 국민회의는 이처럼 영국의 의회정치를 이상으로 삼은 인도민족운동 최초의 온건한 정치참여운동이었다.

국민회의의 설립을 제안하고 산파 역할을 한 인물이 바로 영국인 흄(A. O. Hume)이라는 사실, 그리고 1차 대전이 발발하자 국민회의의 절대다수 인사들이 이 전쟁을 민주주의와 독재의 전쟁으로 규정하고 민주주의의 대변자인 영국을 위해 전폭적인 지원을 결의한 것, 나아가 인도국민들의 전쟁참여를 독려한 것은 당시 서구식 교육을 받은 새로운 지식인층의 인식을 잘 드러낸다.

2) 인도국민회의에 대한 영국의 인식

인도국민회의에 대한 영국의 입장을 이해하기 위해선 먼저 인도국민회의의 등장 배경이던 새로운 지식인 계급의 등장과 이들의 사회적 좌절에 대한 인도식민정부의 대응을 살펴보아야 한다. 결론적으로 정부의 대응은 극단적이라고 평가할 수 있을 정도로 매우 대조적인 두 방향으로 분류된다.

1876~1880년까지 인도총독이었던 리튼 경(Lord Lytton)은 중앙아시아와 아프간으로 진출하려는 러시아 세력을 제어하는 것에 정책의 최우선 순위를 두었다. 따라서 그에게는 인도 내부문제보다 군대강화와 같은 대외정책이 더 중요했다. 국내정책에서 리튼 총독은 토후나 지주와 같은 강력한 사회적 배경을 가진 지배집단에 의존했다. 이들이 수적으로 다수이지만 무지한 대다수 농민층에 지대한 영향을 미칠 수 있으며 사회적 안정을 도모할 수 있다는 생각이었다. 이러한 안정을 배경으로 대외문제에 전념할 수 있다는 것이 이러한 정책의 배경이었다. 더욱이 리튼 경은 서구식 고등교육을 받은 인도인을 경멸했다. 그에 따르면, 이들은 자신들의 이익을 위해 펜을 휘두르고 법률서

적을 거론하는 등 통치의 안정에 위해한 존재였다. 총독은 새로운 지식인층의 좌절을 무시하고 이들의 요구를 묵살했다. 1877년 토착어 신문 금지법(Vernacular Press Act)의 제정도 바로 리튼 총독의 임기 중에 있었던 일이다.

이에 반해 리튼 총독의 뒤를 이은 리폰 경(인도 총독 재임: 1880~1884)의 대응은 아주 상이했다. 그는 전임자의 정책이 영국을 위해 토착 인도인의 이익을 희생하는 정책이라고 평가했다. 따라서 그의 정책 우선순위는 영국의 지배에 대한 인도인의 신뢰를 회복하는 것에 주어졌다. 여론의 향배가 정책결정의 주요한 지표가 되었다. 여론을 주도하는 고등교육을 받은 새로운 토착민에 대한 인식전환이 필요했다. 새로운 지식층은 온건하며 능력 있고 성숙하며, 무엇보다 영국의 지배에 충직할 뿐만 아니라 영국식 사고방식에 정통한 인물들로 평가되었다. 리폰 총독은 이들의 정치적 실체를 인정하고 이들의 합법적인 열망이 적절하게 표출될 수 있는 제도적 장치를 제공하고자 했던 것이다.[12]

---

[12] 동인도회사를 통한 지배가 시작된 초기 50년 동안 영국은 인도에 대한 구체적이고 장기적인 계획을 갖고 있지 않았다. 인도에 머물던 영국인은 압도적 다수의 인도인에 대한 불안감을 호소했으며, 따라서 인도인을 자극할지 모르는 급진적 변화를 도입하려 하지 않았다. 인도문명에 감명을 받은 일부 영국인은 토착문명을 존중했고 인도인을 영국화하는 것이 바람직하지도 않고 올바른 것도 아니라고 생각했다. 1817년에서 1827년까지 봄베이 지사였던 엘핀스턴(M. Elphinstone) 같은 이는 조만간 영국 지배가 막을 내릴 것이라 기대하고 자치를 위해 인도인을 훈련시킬 방안을 촉구하기도 했다.

그러나 한 세대가 지난 후 영국에는 영구히 인도를 지배해야 하다는 인식이 확산되었다. 패권국가로서 영국의 막강한 힘에 대한 자각과 빅토리아 시대의 제국주의적 사고가 맞물려 인도인과 인도의 모든 것에 대한 경멸로 나아갔다. 이러한 인식은 인도 사회의 열렬한 개조를 추구하는 분위기를 낳았다. 영국의 변화된 태도와 역할에 대해 인도인은 강하게 반발했다. 19세기 중반의 힌두교 부흥운동(Hindu Reformation)이 대표적인 경우이다. 지배자의 가치 기준에 따른 변화 강요는 1857년 대규모 봉기의 원인이기도 했다.

인도 총독 당시 리폰은 글래드스턴식 자유주의의 사도로서 중앙 통제를 완화하기 위한 여러 조치를 취한 바 있었다. 그에게 "지방자치 확대는 단지 행정 개선을 위한 것이 아니라…인도 대중에게 정치와 민주주의를 교육하기 위한 도구"였다.13 그는 실제로 중앙과 지방 입법기관에 인도인을 선출할 것을 촉구하기도 했다. 물론 리폰의 자유주의 개혁정책은 본질적으로 시의 적절한 양보를 통해 급진 민족주의자의 요구에 기선을 제압함으로써, 인도 지배를 용이하게 하기 위한 것이었다. 그는 인도인의 여론이 표현될 수 있는 기구를 제공하고 지방 행정에 인도인의 재능을 활용할 수 있는 기회를 확대하고자 했다. 그러나 리폰의 제반 개혁은 시기상조로 평가되었으며 앵글로-인도인 및 유럽인의 반발에 부딪쳐 결실을 맺지 못했다. 새로운 지식인 층에 활로를 열어주려던 조치 또한 중단되었다.14

리폰의 후임자인 더퍼린 경(Lord Dufferin)은 부임 초기에 국민회의의 설립에 직접적인 관심을 표하는 등 국민회의에 우호적이었지만, 1887년경부터 국민회의 및 국민회의를 주도한 지식인층의 의도에 의

봉기 후 영국은 인도사회에 영향을 미치는 개혁에 조심스러운 입장을 취했다. 그러나 인도사회를 자신의 가치에 적합하게끔 개조해야 한다는 인식이 근본적으로 변화된 것은 아니었다. 인도인에게 권력을 넘긴다는 생각은 전혀 없었지만, 지방을 중심으로 자치 제도를 점진적으로 도입한 것이 이러한 입장을 보여주는 대표적인 예가 될 것이다. 즉 19세기 후반 이후 영국의 인도 정책에는 관용과 경멸이 혼재되어 있었다. 인도국민회의에 대한 영국의 태도를 이해하기 위해서는 영국의 인도에 대한 인식의 이러한 변천과정에 대한 이해가 선행되어야 한다. 리튼 총독과 리폰 총독의 상반된 정책은 19세기 말의 경멸과 관용의 혼합을 역설적으로 잘 드러내고 있다. M. S. Rajan, "The Impact of British Rule in India", pp. 89-91. 이와 유사하게 영국의 정책은 탄압과 관용 사이에서 결정되었으며, 이것이 인도 민족운동의 특성을 형성시켰다는 주장도 제기된다. D. A Low, *Britain and Indian Nationalism: The Imprint of Ambiguity, 1929-1942* (Cambridge University Press, 1997).

13_R. J. Moore, "The Twilight of the Whigs and the Reform of the Indian Councils, 1886-1892", *Historical Journal*, Vol.10, No.3(1967). pp. 400-401.

14_B. Martin Jr., 1967, p. 71.

혹을 가지기 시작했다. 러시아 주재 대사와 터키대사, 캐나다총독을 역임한 전문 외교관인 더퍼린은 러시아의 남하정책에 맞서 인도군을 개편하는 등 대외정책에 커다란 비중을 두었다. 12년간의 총독 재임 동안 그는 인도정부의 예산을 인도를 위한 사회개혁에 투여하라는 국민회의의 요구에 시달렸다. 결국 더퍼린 총독과 국민회의의 관계는 적대적 관계로 발전해 갔다.15 무엇보다 전국적 대의기구로서의 조직 구성을 표방했던 국민회의를 인정한다면 자치와 민주주의의 교육기관으로 선전했던 입법참사회의 존재가치를 모호하게 만들 우려가 있었다. 영국이 본질적으로 토착민의 자치에 긍정적인 입장으로 전환하지 않는 한 국민회의와 식민정부 사이의 이러한 모순은 상존할 수밖에 없었다.

국민회의가 폭동을 사주하는 등 불법행위를 감행하지 않는 한 식민정부가 국민회의를 탄압할 명분은 없었다. 그러나 국민회의와 총독의 불편한 관계는 온건한 국민회의의 입장이 점진적이나마 제도적으로 수용될 수 있는 여지를 축소시키고 말았다. 국민회의 내 온건파의 입지는 점차 감소될 수밖에 없었다. 식민정부의 승인을 받지 못한 국민회의는 응답 없는 결의안을 발표하는 것에 그치는 현실성 없는 기구로 전락해 갔다.16

서구식 교육을 받은 엘리트인 국민회의의 구성원들은 제국주의와 식민 지배를 비판하기 위해 서구의 지식과 정치사상을 이용하려 했다. 이들에게 있어 제국주의는 영국과 서구가 자랑스러운 유산으로 자부하는 자유 및 자유주의, 그리고 대의제도를 부정하는 것이었다.

15_ H. L. Singh, *Problems and Policies of the British in India 1885-1898* (Bombay, 1963). p. 248.
16_ 국민회의 창설과 이에 대한 인도 정치인과 영국관리의 태도를 중점적으로 연구한 것으로 G. Martin, *New India, 1885. British Official Policy and the Emergence of the Indian National Congress* (University of California Press, 1970)이 있다.

따라서 이들은 서구에서와 같은 자유와 의회를 주장했으며 경제적 착취를 종식시킬 수 있는 사회개혁과 진보를 요구했다. 국민회의의 등장은 서구식 교육을 받은 식민지 지식인의 입장을 잘 드러낸다. 그러나 식민지배자가 이러한 온건한 요구를 거부했을 때 이들이 취할 수 있는 실천 방안은 제한적일 수밖에 없었다.

3. 민족운동의 대중적 확산과 국민회의의 변화

1) 벵골분할과 국민회의의 분열

1905년 커즌 총독(Lord Curzon, 재임 1899-1905)[17] 치하의 식민정부는 당시 인도의 정치, 경제, 문화의 중심지였던 벵골 주의 분할을 추진했다. 식민정부가 벵골분할을 추진한 것은 벵골 내 아셈 지방의 개발을 촉진하고 치타공 항구와 더불어 아셈-벵골 철도를 건설을 용이하게 하기 위한 것이었다. 더불어 많은 인구와 넓은 영역의 벵골을 동 벵골(다카 중심)과 서 벵골(캘커타)로 나누어 통치의 효율성을 기하자는 것이 기본적인 의도였다. 그러나 이것은 원래의 의도와는 달리 식민사회에 크나큰 파장을 야기했고, 인도의 민족해방운동은 새로운 전기를 맞이하게 된다. 왜냐하면 벵골분할은 인도의 여론과 전혀

---

[17]_커즌은 인도 총독 중에서 가장 인도인을 무시한 무례한 총독으로 꼽힌다. 그는 결코 인도인을 신뢰하지 않았다. 인도인은 "긴급한 상황이 발생하면, 고위 인도인은 이에 대처하지 못할 것이다. 이들은 책임을 다하기 보다는 도주할 것이다…북경지방에 분쟁이 발생했을 때, 지역의 관리를 담당하던 인도인은 위협이 닥치자마자 자리를 이탈해 버렸다"고 그는 기술했다. C. C. Davies, "A Documentary Study of British Policy towards Indian Nationalism", *English Historical Review*, Vol. 84, No. 332(1969). p. 633. 물론 이와 반대로 벵골 분할은 힌두 공동체를 격분시켰지만, 대중은 그를 존경했다는 식의 해석도 존재하지만 이에 대한 반론이 거세다. L. Mosley, *The Glorious Fault; The Life of Lord Curzon* (New York, 1960), p. 108.

상의가 없었고, 인도에 대한 분할 통치의 수단으로 여겨졌다. 국민회의를 중심으로 한 기존의 인도 민족운동은 벵골분할 반대운동에 적극적으로 나서게 된다. 20세기 인도 민족운동의 지도자들이 해방운동에 참여한 직접적인 이유는 압도적으로 벵골 분할이라는 사건이 계기가 되었다. 물론 여기에는 지난 20여 년간 평화적으로 전개되었던 청원 중심의 국민회의의 민족운동이 아무런 결실을 맺지 못한 것에 대한 좌절과 불만이 내포되어 있었다.[18]

1906년 12월 27~29일 캘커타에서 개최된 인도국민회의는 공식적으로 벵골 분할에 반대하는 입장을 채택했다. 국민회의는 저항 수단으로 영국 상품 불매운동(swadeshi)을 본격적으로 전개했다. 영국 상품 불매는 정치권리를 뺏긴 상황에서 자신들의 요구를 강조할 수 있는 유일한 수단으로 인식되었다. 이것은 1857년 봉기 이후 최대의 반영운동으로 확대되었고, 폭력과 탄압이 반복되었다.

벵골 분할과 더불어 인도 민족운동은 폭력에 호소하는 등 과격해지게 된다. 영국에 유학 중이면서 인종차별에 시달리던 인도학생을 위한 인도기숙사(India House)가 크리슈나바르마(S. Krishnavarma)의 주도로 설립되었다. 인도기숙사는 영국의 사회주의 단체인 사회민주연맹과 긴밀한 교류를 하면서 급진 혁명과 학생운동의 본거지 역할을 담당했다. 이들 중 과격 학생은 1909년 7월 런던에서 시종무관인 윌리(W. C. Wyllie)를 암살해 교수형에 처해지기도 했다. 인도 본토에서도 과격한 학생 테러운동이 전개되었다. 대표적인 사건이 알리포 폭탄

18_인도민족운동에 대한 일반적인 평가에서, 벵골분할은 과격한 혁명운동의 계기가 되었다는 시각이 일반적이었다. 그러나 1970년대 새로 발굴된 인도정부의 극비문서 "인도의 정치현안(*Political Trouble in India*, 1907-1917)"에는 벵골분할 이전 이미 이 지방을 중심으로 혁명운동이 진행 중이라는 사실을 정부가 파악하고 있었음을 보여준다. P. B. Sinha, "A New Source for the History of the Revolutionary Movement in India, 1907-1917," *Journal of Asian Studies*, Vol. 31(1971). p. 153.

투척 사건(Alipore bomb)이었다. 이것은 당시 19세의 보스(Khudiram Bose)라는 청년이 지역 판사에게 폭탄을 투척해 3명을 폭사시킨 사건 이었다. 보스는 교수형에 처해졌다.

이상과 같은 인도 민족운동의 과격화는 온건파가 주도하던 국민회 의의 성격에도 상당한 변화를 초래했다. 벵골 분할로 인도 민족운동 이 과격화되었지만, 국민회의는 벵골 분할에 대한 반대를 표방했지만 여전히 사법과 행정권 분리, 의무 무상교육 도입, 입법참사회와 지방 자치기구의 권한 강화를 요구하는 등 정치참여와 온건 개혁이라는 이전의 입장을 유지했다. 그러나 이제 국민회의를 주도하던 온건파(Naram Dal)에 반대하는 과격파(Garam Dal)가 등장하게 되었다. 과격 파를 주도했던 대표적인 인물은 틸라크(Bal Gangadhar Tilak), 라지파 트 라이(Lala Lajpat Rai), 그리고 찬드라 팔(Bipin Chandra Pal)의 삼총 사였다. 이들은 랄-발-팔(Lal-Bal-Pal)이라는 애칭으로 불렸다.

틸라크는 인도독립운동 최초의 대중 지도자로 불린다. 그는 인도인 에게 완전한 독립이라는 인식을 처음 심어준 인물로 '힌두 민족주의 의 아버지'라는 호칭을 받았다. 수학교사와 언론인 출신인 틸라크는 서구식 교육체계를 혐오했고 이에 대한 대안으로 데칸교육협회(Deccan Education Society)를 조직하기도 했다. 그는 1890년경에 국민회의에 참여했지만, 온건파와는 달리 벵골 분할에 대한 항의를 주도했고 그 과정에서 언론 자유에 대한 탄압문제를 제기했다. 곧 그는 인도인에 의한 즉각적인 자치 주장을 전개한다. 결국 그는 1906년 선동교사죄 로 체포되어 1908~1914년까지 버마에서 수감되기도 했다.[19]

---

[19] 당시 영국계 언론에 의해 틸라크는 '극단파의 수괴' 내지 '완고한 근본주의자'로 불렸으며 모든 소요사태의 책임자로 지목되곤 했다. 그러나 "인도의 정치현안"의 보고책임자(James. C. Ker)는 틸라크의 주장이 인도민중의 의사와 감정을 대변한다 는 냉정한 평가를 내렸다. P. B. Sinha, 1971, pp. 153-154.

라지파트 라이가 민족운동에 투신한 것도 벵골분할이 계기였다. '편자브의 사자'로 불리던 그는 이후 태동기 노동운동과 민족운동을 결합시키는 데 중요한 일익을 담당했다. 그는 1920년에 1차 전인도노동조합회의(All India Trade Union Congress)의 결성을 주도했으며 1926년 제네바에서 개최된 8차 국제 노동총회(International Labour Conference)에 인도 노동자 대표로 참석하기도 했다. 부유한 힌두 가문 출신으로 교사, 언론인, 작가였던 찬드라 팔은 영국 상품 불매운동과 서구 복식 소각 운동, 그리고 각종 파업투쟁을 주도했다.

이상 국민회의 내 과격파들은 온건파와는 달리 혁명을 선동하면서 적극적인 실천을 통해 자신들의 주장을 현실화시키려 했다. 국민회의의 설립 이후 온건파들은 입법참사회에의 참여 확대, 인도인의 공직 참여 확대, 인도산업의 보호, 비생산적인 공공지출 삭감 등을 요구했다. 이들의 주장에서 영국으로부터의 독립이나 자치와 같은 주장은 전혀 제기되지 않았다. 이와 더불어 온건파가 주도하던 국민회의는 충분한 재정적 기반을 갖지 못했고, 무엇보다 활동을 주도하고 실천할 조직원이 없다는 치명적 결함을 갖고 있었다. 바로 유산계급 지식인 운동의 전형적인 결함을 보여준 것이다. 1880년대 말 국민회의에 참여하지 않은 지식인을 중심으로 설립된 인도사회봉사단(Servants of India Society)과 같은 조직은 교육과 위생문제, 음주, 여성 억압, 가정 폭력 등 아예 정치와 관계된 문제를 외면하려 했었다.

설립 이래 국민회의는 온건파가 주도하고 있었다. 그러나 이제 격화되는 상황에서 온건파의 입지는 줄어들어 갈 수밖에 없었다. 수적으로 열세였지만 과격파의 주장이 온건파의 입지를 위협하는 상황이 전개되었다. 온건파는 극단적 행동에 대한 주저함으로 인해 의혹과 거부의 대상이 되어갔다. 결국 1차 대전 이후 영국이 인도의 자치에 대한 그동안의 모든 약속을 파기하고 인도 민족해방운동을 폭력으로 탄압하면서 유혈의 비극이 이어지자, 온건파는 국민회의를 이탈하게 된다. 국민회의를 이탈한 온건파는 1919년 전인도자유연맹(National Liberal Federation of India)을 결성했고, 이후 자유주의자로 불리게 된다.20

온건파가 이탈하면서 국민회의가 지향하던 목표도 "모든 합법적이고 평화로운 방법으로 인도인에 의한 스와라지 달성"으로 변화했다.21 그러나 온건파가 이탈한 국민회의는 과격파에 의해 주도되었으나, 이들의 한계 또한 자명했다. 과격파는 정치참여와 온건 개혁이라는 기존 국민회의의 존재이유에 대한 대안을 제시하지 못했다. 틸라크와 같은 지도자는 오랜 수감생활 때문에 운동 일선에서 배제되었으며, 영국에 충성하던 인도군은 인도 민중의 항의를 차례로 진압해 나갔다. 유혈 충돌이 반복되는 상황에서 새로운 대안으로 국민회의를 통한 새로운 비폭력 불복종 운동노선을 주장하고 이를 이끈 사람이 바로 간디였다.

2) 인도국민회의의 조직 변화

간디의 부상과 시기를 같이해 국민회의는 본격적으로 대중조직의 면모를 갖추어 간다. 1918년 당헌과 1920년 당헌을 비교하면 당시 인도에서 전개된 정치 상황과 이에 대한 국민회의의 대처를 어느 정도 이해할 수 있다.

국민회의를 대표하는 직책은 의장이었다. 의장은 원칙적으로 어느

20_R. T. Smith, "The Role of India's "Liberals" in the Nationalist Movement, 1915-1947" *Asian Survey*, Vol. 8, No.7(1968).

21_G. Krishna, "The Development of the Indian National Congress as a Mass Organization, 1918-1923", *Journal of Asian Studies*, Vol.25, No.3(1966). p. 413.

당파에도 소속되지 않는 사람 중에 선출하며 국민회의의 정책을 공식적으로 대변하는 대표였다. 그와 더불어 3인의 총서기가 국민회의의 집행부를 구성했다.

국민회의의 기구 중에서 가장 중요한 것은 전인도위원회(All-India Congress Committee)였다. 위원회 위원의 수는 1918년 당헌에 따르면 181명이었다. 이 중에서 166명은 하부 조직인 주위원회(Provincial Congress Committee)에서 선출되었으며 나머지 15명은 전직 의장 등 간부로 구성되었다. 전인도위원회 위원의 수는 1920년의 당헌 개정에 의해 350명으로 증원되었다. 전인도위원회는 연간 4회 정도 모임을 개최했으며, 국민회의 내부의 의회와 같은 역할을 수행하는 것으로 인식되었다. 위원회의 결정은 모든 하부 조직에 구속력이 있었다.[22]

주위원회는 국민회의 지방 조직의 핵심을 이루었다. 주위원회는 식민정부의 행정조직에 따라 12개로 구성되었지만 대중의 참여를 원활하게 하고 확대하기 위한 조치로 1920년 당헌에 따라 언어별로 21개 위원회로 확대 개편되었다. 주위원회의 하부에는 지역위원회(District Congress Committee), 세습지위원회(Taluka Congress Committee), 도시위원회(Town Congress Committee)가 조직되었다. 1918년에는 106개의 지역위원회와 5개의 세습지위원회, 2개의 도시위원회가 존재했고 1919년에 이들의 수는 각기 112개, 9개, 2개로 늘어났다. 1921년 이후 국민회의의 조직이 전국적으로 확대됨에 따라 1921~1922년에 지역위원회의 수는 213개로 확대되었다. 런던에 위치한 영국위원회(British Committee of the Congress)는 1920년에 폐지되었다.

물론 국민회의의 최고 의사결정 기구는 연례 총회 또는 긴급한 상황이 발생했을 시 소집되는 임시총회였다. 처음에는 국민회의에 소속

22_G. Krishna, "The Development of the Indian National Congress as a Mass Organization, 1918-1923", *Journal of Asian Studies*, Vol. 25, No. 3(1966). p. 415.

된 모든 조직이 숫자에 제한 없이 대의원을 파견할 수 있었다. 이는 국민회의의 총회가 개최되는 지역이 매우 큰 의미를 지녔음을 말해준다. 다시 말해, 주위원회를 위시한 특정 조직이나 지역이 총회에 압도적인 다수 대표자를 파견해 국민회의의 결정을 좌우할 수 있었다. 이에 대한 유일한 제어 장치는 일반 사안은 대의원 다수 결의로 결정되지만, 아주 중요한 핵심 사안은 각 주 대표의 과반수 동의를 얻어야 한다는 규정뿐이었다.

국민회의의 조직과 역할이 확대됨에 따라 1921년에 중앙에 실무위원회(Working Committee)가 조직되었다. 실무위원회는 보통 15명으로 구성되었다. 구성원은 의장과 3인의 총서기, 2인의 재무담당자, 기타 9인의 중요 인물로 이루어졌다. 실무위원회는 보통 월 1회 이상 빈번한 회합을 가지면서 연중 활발한 활동을 전개하는 등 국민회의의 집행부와 같은 역할을 수행했다. 이것은 전후 국민회의의 주도권을 장악한 간디의 구상에 따른 것이었다.[23]

1919년 당시 간디의 정치적 기반은 취약했다. 그는 고향 구자라트 지역 외 지지 조직이 없었으며, 그를 지지하던 세력은 전인도 자치연맹의 봄베이지부 정도였다. 그는 처음에 기존 조직 외에 새로운 조직을 구축하려 시도했지만, 비폭력 불복종운동(satyagraha)의 실패 이후 1919년 8월에서 1920년 중반 사이에 입장을 바꿔 기존 조직을 장악하고자 했다.[24]

1차 대전 직후 국민회의의 최대분파는 틸라크와 캘커타의 다스(C. R. Das)가 이끈 자치연맹(Home Rule League)이었다. 베잔트의 지지자와 온건 자유주의자에서 민족주의자로 변신한 사람들이 그 뒤를 잇고

23_G. Krishna, 1966, pp. 416-418.
24_R. Gordon, "Non-Cooperation and Council Entry, 1919 to 1920", *Modern Asian Studies*, Vol. 7, No.3(1973). p. 443.

있었다. 앞서 언급했듯이, 국민회의는 분열되어 있었고 1919년 영국의 몬터구-쳄스퍼드 개혁에 대한 찬반 여부로 이러한 분열은 더욱 격화되고 있었다. 벵골분할 반대운동 이후 민족운동은 대중적으로 확산되고 있었다. 세속적 성격의 국민회의에 반대하고 힌두교 근본주의에 기반한 힌두 민족주의 조직인 힌두 마하사바(Hindu Mahasabha)가 출현해 국민회의의 지방조직의 근간을 위협했다. 간디에 반대하던 국민회의의 일부 조직은 스와라지(Swaraj) 당을 결성해 국민회의를 이탈했다. 이들은 힌두어로 자유, 독립, 자치를 의미하는 스와라지를 내세우면서 자치와 정치적 자유의 확대운동에 나설 것을 주장했다.

그러나 이들이 간디의 국민회의에서 이탈한 가장 중요한 이유는 입법참사회와의 관계 설정 문제였다. 스와라지 당과 국민회의는 제국참사회를 위시한 중앙과 지방의 입법참사회가 인민의 의지와 관계없는 조직이며 식민지배의 협력자로 구성된 총독의 거수기에 불과한, 그리고 민주적 절차가 아닌 지명에 의한 비민주적 조직이란 것에 의견을 일치하고 있었다. 그러나 국민회의는 입법참사회 선거를 보이콧했고 스와라지 당은 적극적 참여를 주장했다. 표면적 이유는 입법참사회에 적극적으로 참여해 입법참사회의 무기력함과 본질을 인민들에게 적나라하게 드러내어 이를 폐지하는 운동으로 견인해야 한다는 것이었다. 벵골 출신 법률가로서 영국에서 교육받은 경험이 있던 다스(Chittranjan Das)가 스와라지 당의 의장이었고 M. 네루, 파텔(Vithalbhai Patel) 등이 주도 인물이었다. 파텔은 제국입법참사회의 의장직을 역임하게 된다.25

25_스와라지 당은 1925년 다스의 사망과 M. 네루의 국민회의 복귀(1926)로 세력이 크게 약화되었다. 파텔은 당의 붕괴 이후에도 간디에 대한 적대적인 태도를 유지했으며, 훗날 수바스 찬드라 보스의 무장 독립운동을 강력하게 지지한 대표적 인물이 된다.

이러한 상황에서 간디는 이슬람이 주도하던 힐라파트(Khilafat) 운동[26]과 제휴를 추진하게 된다. 간디는 1919년 8월 18일 힐라파트 운동에 참여한 무슬림에게 정치조직 건설에 나설 것을 촉구했다. 힌두교 중심의 국민회의와 이슬람 정치운동의 정치적 관계가 본격적으로 시작된다.[27]

4. 무슬림연맹과 국민회의의 협력·분열

1) 무슬림의 정치세력화

전반적으로 쇠퇴 일로에 있던 아시아의 이슬람세력은 18~19세기에 접어들면서 부흥의 조짐을 보이고 있었다. 인도 펀자브지방, 인도 북서지방, 북동부 지방의 이슬람 부흥 운동도 이러한 흐름과 맥을 같이 하고 있었다. 일부 견해 차이에도 불구하고 이들은 공통적으로 이슬람의 쇠퇴가 새로운 종교운동과 민족주의의 결합으로 변화될 수 있다는 믿음을 보여 주었다.[28] 특히 펀자브지방에서 수피파의 성자 K. M. 치스티에 대한 재조명 움직임과 개혁운동은 무슬림국가의 지원이 사라진 상황에서 종교적 지도력을 다시 정립하려는 시도이기도 했다. 나아가 이들은 궁극적으로 종교적 규범을 제시할 수 있는 독자적인 율법학자 계층을 배출하려는 새로운 유형의 조직을 발전시키고자 했

26_ 힐라파트 운동은 술탄의 상징성을 그 이용해 이질적인 성격의 인도 이슬람 대중에서 정치적 단결을 조장하려는 시도였다. 이것의 성공을 바탕으로 무슬림은 인도 민족운동에 전면적으로 개입할 수 있었다. G. Minault, *The Khilafat Movement, Religious Symbolism and Political Mobilization in India* (New York, 1982).

27_ R. Gordon, 1973, p. 448.

28_ Z. R. Khan, "Islam and Bengali Nationalism", *Asian Survey*, Vol. 25, No. 8(1985). p. 839.

다.29 무슬림 국가의 붕괴와 더불어 많은 무슬림 종교지도자들은 독자적인 생존을 모색해야 했으며, 이것은 왜 이들이 새로운 유형의 조직을 건설하는 데 그토록 많은 심혈을 기울였는지를 설명한다.

20세기에 들어와 전통적인 유형의 농촌 종교지도력은 강한 도전을 받았지만, 사원을 배경으로 한 종교의 권위는 여전히 막강한 영향력을 행사하고 있었다. 수많은 사원과 묶인 종교 지도력은 농촌사회의 정치구조와 밀접한 연관성을 보였다. 영국의 정책은 기존 농촌지도자의 권위와 지위를 보장함으로써 통치의 안정을 기하는 것이었다. 이를 위해 도시의 정치경제적 영향으로부터 농촌지역을 격리하는 조치가 필요했다. 비영농인의 농촌 토지 획득 금지법(Alienation of Land Act of 1900)이 대표적 조치였다. 결국 농촌의 이슬람 종교지도자와 세속 지도자의 정치경제적 이해가 일치했고, 이는 영국의 정책에 의해 강화되었다.

그러나 세기 전환기 무슬림 엘리트는 경제적 타격을 입고 있었다. 전반적으로 무슬림에 대한 공교육의 기회도 빈약한 상황이었다. 공직에 진출할 기회나 토지 소유의 기회도 마찬가지였다. 이슬람의 정치세력화는 교육 및 경제적 몰락이라는 사회경제적 현상에 대한 반발이기도 했다.30

인도의 현대사에서 벵골분할이 중요한 의미를 지녔던 다른 이유는 인도 무슬림의 정치세력화의 계기가 되었다는 사실이다. 20세기 초

29_D. Gilmartin, "Religious Leadership and the Pakistan Movement in the Punjab", *Modern Asian Studies*, Vol 13, No. 3(1979). p. 490.

30_1881년 당시 힌두공동체에서 공립학교의 비율은 82.3%에 달했다. 이에 비해 무슬림 공동체의 공교육 비율은 56.3%에 불과했다. 1901년 이 비율은 각각 86.8%와 60.3%로 증가하지만 양 공동체의 격차는 여전했다. 그러나 1921년과 1928년 무슬림 공동체의 공립학교 비율은 83.5%와 89.3%로 대폭 증가한다. L. Brennan, "The Illusion of Security: The Background to Muslim Separatism in the United Provinces", *Modern Asian Studies*, Vol. 18, No.2(1984), p. 240.

인구통계에 따르면, 벵골 인구의 2/3는 힌두교도였고 나머지 1/3은 무슬림이었다. 무슬림은 주로 동 벵골 지방에 집중적으로 거주하고 있었다. 그러나 무슬림 농민의 수가 압도적이던 동 벵골지역의 토지 소유주는 힌두교도였다. 1911년 인구조사에 따르면, 동 벵골 지주의 1/3이 브라만을 중심으로 한 고위 힌두교도였다.[31] 다시 말해, 벵골의 지주와 대부업자 등 기득권 집단은 힌두교도였고, 인구의 다수를 점하는 이슬람교도는 힌두교도와 첨예한 대립관계를 유지하고 있었다. 벵골지방의 무슬림 경작자들은 생존을 위해 힌두교 지주의 집을 약탈하고 채권관계를 말살하기 위해 폭동을 일으키곤 했다. 이러한 현상은 벵골 분할 이전에 일상적으로 반복되곤 했다.[32] 그러나 이러한 고착된 사회관계에 영국정부의 벵골 분할 정책이 전개된 것이다.

  힌두교도가 압도적이던 국민회의가 벵골분할에 격렬하게 반대한 이유는 분할이 동 벵골 지역인구의 절대다수를 점하는 무슬림의 정치적 중요성을 증가시키고 결과적으로 힌두교의 정치, 사회적 기득권을 침해하리라는 우려 때문이었다. 국민회의의 반대와는 달리 동 벵골 다카에서 개최된 전인도무슬림대회(All-India Mohammedan Conference)에 3,000명의 무슬림이 참석해 영국정부에 충성과 인도 무슬림의 정치 권리 보호, 다른 공동체와의 조화 협력, 그리고 벵골 분할 지지를 결의했다.[33] 이들은 벵골 분할을 계기로 동 벵골의 개발과 자원의 공

---

[31] G. Johnson, "Partition, Agitation and Congress: Bengal 1904 to 1908", *Modern Asian Studies*, Vol. 7, No. 3(1973). pp. 533-535.

[32] 벵골은 상대적으로 일찍 영국지배가 확립된 지역이었다. 힌두교는 무슬림보다 적극적으로 영국의 지배를 수용했고, 힌두 엘리트는 사회, 경제, 정치, 행정 각종 분야에서 벵골 무슬림을 지배했다. Z. R. Khan, "Islam and Bengali Nationalism", *Asian Survey*, Vol. 25, No. 8(1985), p. 841.

[33] P. S. Reinsch, "Colonial Affairs," *American Political Science Review*, Vol. 1, No. 3(1907), p. 505.

정한 배분이 이루어지고 무슬림의 공공행정 참여, 교육, 사업 참여 확대 등이 이루어질 것을 기대했다. 다카에서의 모임을 계기로 무슬림의 정치적 이익을 옹호하기 위한 전인도무슬림연맹(All-India Muslim League)이 결성되었다.34

이처럼 인도 무슬림의 정치세력화와 전인도무슬림연맹의 등장은 태생적으로 힌두교도가 주도한 국민회의와 갈등을 빚을 수 있는 구조였다. 무슬림의 정치세력화에는 영국의 정책 또한 일조했다. 국민회의의 격렬한 벵골 분할 반대에 직면해 있던 당시 총독 민토 경(Lord Minto)은 무슬림 대표단을 접견하고 이들의 충성을 확인했다. 이에 대한 대가로 영국은 중앙과 지방의 입법참사회에서 무슬림의 이익을 대변할 수 있는 무슬림 독자 대표권을 인정해 주기로 결정했다. 훗날 국민회의와 무슬림연맹 간의 최대 쟁점이 된 무슬림 대표권 문제가 여기에서 시작된 것이다.35

34_ 이슬람 공동체의 정체성에 대한 다양한 논쟁도 제기되었다. 브라스(P. Brass)는 소수의 이슬람 정치지도자들이 자신들의 특권을 보호하기 위해 낙후된 무슬림이란 신화를 창조했고, 이것이 결국 분단의 불씨가 되었다는 주장을 제기했다. 그에 따르면, 20세기 초 무슬림이 힌두교도보다 빠른 속도로 근대화를 경험했으며, 인구 비례에 비해 상당한 공직을 차지하고 있었다. 이에 비해 로빈슨(F. Robinson)은 무슬림의 후진성이 신화라는 것에 동의하지 않았다. 그는 무슬림 정치지도자의 종교적 문화적 태도가 그들의 행위를 결정했다는 입장을 강조했다. 그러나 양자는 식민정부가 무슬림의 정치 조직화를 조장했고, 힌두교 부흥운동은 양 종파 지도자에 아주 제한적 영향을 미쳤으며, 분리운동에 나설 만큼 양 진영 사이에 객관적인 차이가 불충분했다는 것에 같은 입장을 보였다. 물론 이러한 논쟁에는 인도의 이슬람 공동체를 하나의 단일한 실체로 취급하는 것은 근본적인 오류이며, 영국의 지배에 대해서도 지역 및 계급별로 중요한 차별성이 존재한다는 전제가 깔려 있었다. F. Robinson, *Separatism among Indian Muslims: The Politics of the United Provinces Muslims 1860-1923*, (Cambridge University Press, 1974); L. Brennan, "The Illusion of Security: The Background to Muslim Separatism in the United Provinces", *Modern Asian Studies*, Vol. 18, No. 2(1984).

35_ 당시 35인의 무슬림 대표들은 모든 정부 공직에서 무슬림 비례 대표와 고등법원에 무슬림 판사 임명, 총독 참사위원회에 무슬림의 임명 등을 요구했다.

국민회의의 반발과 사보타지에 직면한 식민정부는 결국 1911년 벵골 분할을 철회했다. 그러나 이것은 새로운 불씨의 시작일 뿐이었다. 인도 무슬림에게 국민회의의 압력에 따른 벵골 분할 철회는 무슬림 공동체의 진보 기회를 박탈하려는 힌두교와 영국의 음모로 평가되었다.36 더욱이 1차 대전 당시 무슬림에게 최대의 현안이 된 터키 술탄의 처리를 둘러싼 힐라파트 운동은 무슬림의 정치세력화에 충분한 경험과 토대를 구축해 주었다.

2) 러크나우협정(Lucknow Pact)과 네루보고서(Nehru Report)

1880년대와 1910년 사이에 힌두교와 이슬람 양 공동체의 관계는 악화 일로를 걷고 있었다. 당시 정치, 경제에 대한 인식은 물론 영국의 지배 옹호 문제 등에서 양 공동체는 갈등을 빚었다. 1885년 이후 힌두 부활운동을 계기로 엘리트 차원의 관계 악화가 대중 차원으로 확산되어 갔다. 여기에는 영국의 분할 통치전략도 상당한 영향을 미쳤다.

그러나 정치 세력화 직후 인도 무슬림과 국민회의는 단결해 영국 지배에 반대하는 민족운동을 전개했다. 그 결실이 1916년 양 진영에 의해 채결된 러크나우 협정이었다. 협정의 배경을 이해하기 위해서는 당시 한 평론지의 논평을 언급하는 것으로 충분하리라 생각한다. "인도는 끝을 모르고 상승하는 식량 가격, 전염병, 검열과 인도 방어법(Defence of India Act)에 대한 지식인의 불만, 터키제국의 전복과 술탄에 대한 연합국의 조치에 따른 무슬림의 심각한 정신적 혼란, 이와 더불어 라우라트 법(Rowlatt Acts)의 통과는 4월에 인도를 휩쓴 혼란과

36_Z. R. Khan, 1985, p. 842.

힌두, 무슬림, 시크의 지배 권력에 대항한 단결을 잘 설명해 준다."37

협정의 주된 내용은 인도의 완전한 자치 요구였다. 자치의 수단으로는 중앙과 지방 입법참사회에서 다수를 차지한 정파가 각 해당 지역의 내부 문제 담당하며, 이를 점차 확대해 가는 방식이었다. 그러나 이보다 더 중요한 것은 당시 인도 인구의 약 21% 정도를 차지하던 무슬림의 분리 선거구를 인정했다는 점이다. 무슬림은 인구 비례보다 더 많은 대표권을 확보했고, 힌두는 자치운동에 무슬림의 협력을 동원할 수 있으리라 기대했다. 이것이 양 공동체 타협안의 기본 조건이었다.

따라서 러크나우 협정은 매우 중요한 의미를 담고 있었다. 국민회의는 다수 무슬림의 신뢰와 협력을 확보하기 위해 전 국민을 대변하는 조직이라는 기존의 주장을 스스로 포기한 것과 마찬가지였다. 다시 말해, 전 인도인을 대변하는 조직으로서의 정체성을 스스로 부정한 것이었다. 무슬림연맹은 무슬림 공동체를 대변하는 기구이자 미래 구축을 위한 동반자로 공식 인정되었다.38

더욱이 이러한 타협이 양 진영의 소수 인물에 의해 입안되었다는 것이 훗날 중요한 파장을 지니게 된다. 러크나우 협정은 국민회의를 대표한 M. 네루와 무슬림을 대표한 지나 사이에 합의되었다. 소수에 의한 타협은 여기에 참여하지 않은 다른 집단에게 불만을 야기하게 마련이다. 시크교도는 아예 타협에 참여하지 못했다. 간디의 등장과 자치운동 등 운동의 저변이 대중적으로 확대되자 선거구 문제는 갈등과 긴장의 중심축으로 변화할 수밖에 없었다. 대중의 유입과 함께, 정치지도자들은 이들을 이끌기 위해 집단의식을 선동할 필요성을 인식

37_*Political Science Quarterly* 34, 3(1919), p. 110.

38_H. F. Owen, "Negotiating the Lucknow Pact", *The Journal of Asian Studies*, Vol 31, No. 3(1972), p. 562.

하게 되었다. 이것은 다른 공동체와 차별성을 부각하는 것이 가장 유용했다. 이러한 대중 선동은 1920년대의 공동체 간 충돌을 유발하는 원인이 된다. 러크나우 협정은 힌두-무슬림 협력 원칙을 명확히 했다. 그러나 이는 동시에 양 공동체의 두려움과 반감을 강화시켰다. 특히 1차 대전 이후 영국이 입법참사회의 권한과 기능을 강화하자, 참정권 문제가 더욱 중요한 의미를 담게 되었다. 이는 지방 차원에서 더욱 중요한 현안이 되었다. 이제 무슬림의 독자 선거구를 인정한 러크나우 협정에 대한 양 공동체 간의 불만과 갈등이 본격적으로 제기된다.39

양 집단의 갈등은 결국 헌법 제정 문제로 폭발했다. 국민회의는 끊임없이 인도인의 권리 선언과 헌법 제정을 요구해 왔었다. 그러나 영국은 이것은 영국의회의 권한이며 인도인은 단지 필요한 경우 협의의 대상에 불과하다는 입장을 유지했다. 결국 권리장전과 헌법 초안을 제정, 반포하자는 합의가 도출되었고, 이를 위해 제정파가 참여한 회의가 1925년 구성되었다. 여기에는 2명의 무슬림을 포함한 9명의 위원이 참여했으며, 의장은 M. 네루였다(J. 네루는 아버지의 비서로 협상에 참여했다).

3년 뒤 인도인 스스로에 의한 최초의 헌법 초안이라 할 수 있는 네루보고서가 발표되었다. 보고서에 따르면, 정부와 모든 권력기관의 힘은 국민에서 나온다는 원칙과 공식 국교를 인정하지 않으며 종교의 자유를 허용할 것, 남녀평등 등이 천명되었다. 그리고 독립 인도는 연방의 형식을 취하지만 명시되지 않은 잔여 권한은 중앙이 행사하도록 되었다. 동시에 특정한 공동체나 소수집단을 위한 별개의 선거구를

39_특정 공동체의 과도한 대표 요구는 '다른 공동체에 대한 엄청난 부정'이라는 주장이 제기되었다. 무슬림 공동체 내부에서도 이 협정이 힌두와 무슬림의 분열을 영구화할 위험이 있다는 비판이 제기되었다. 무슬림을 대표하게 될 지나도 당시 독자 선거구를 비판하는 입장이었다. H. F. Owen, 1972, p. 585.

설정하지 않을 것이지만, 무슬림을 위한 최소 10% 이상의 의석이 할당할 것 등이 포함되어 있었다. 이는 러크나우 협정의 전면적인 부정이었다.

무슬림연맹이 이에 격하게 반발한 것은 당연했다. 지나는 1929년 무슬림의 요구를 대변한 14개 항을 발표했다. 이에 따르면, 무슬림은 최소 30%의 의석을 보장받아야 하며, 미래의 인도정부는 소수집단의 권리를 보장하기 위해 중앙집권이 아닌 지방 분권의 구조를 갖추어야 했다. 지나의 이 14개 항은 훗날 파키스탄 건국의 이론적 토대가 된다.

5. 맺음말

무슬림연맹은 힌두교가 지배하는 국민회의가 민족주의의 가면 아래 힌두교의 지배를 수립하고자 획책한다고 의심했다. 국민회의의 입장에서 볼 때, 무슬림연맹은 전체 민족운동이 아닌 정파의 이익을 대변하는 편협한 종교 집단이었다. 그러나 무슬림 공동체와 국민회의의 충돌의 이면에는 이슬람과 서구식 자유민주주 대의제도의 갈등이 있었다.

먼저, 대표의 단위가 상이했다. 서구 자유주의에서 대표의 단위는 개인이다. 그리고 이는 개인의 평등과 개인의 정치적 자율성에 기초한다. 이에 반해 이슬람에서 대표 단위는 공동체였다. 이슬람 대표는 개인의 의지가 아니라 자신이 속한 공동체의 정체성과 이해를 대변해야 했다. 개인의 자유에 기초한 대표제의 도입은 무슬림 공동체의 지위에 대한 위협임과 동시에 공동체의 단합을 해치는 행위로 인식되었다. 1906년 무슬림 공동체의 집단 대표 요구는 이러한 인식을 잘 반영하고 있다.

그리고 대표자의 선출 방식에 대한 개념이 달랐다. 서구 자유주의에서 대표의 정당성은 선거에서 찾을 수 있다. 이에 비해 이슬람의 대표성은 공동체 사이의 사회적, 공동체적 관계에 의해 결정되었다. 즉, 종교나 집단과 관계없이 선거에서 선출된 대표가 정통성을 갖는 것이 서구에서는 당연시되지만, 이슬람 세계에서는 선출된 비 무슬림보다 공동체가 합의한 무슬림이 공동체를 대표하는 것이 당연한 일이었다.

마지막으로 대표자들의 기구에 대한 인식이 상이했다. 서구 자유주의에서 대의기구는 국민적 합의를 대변하고 분출하는 장소로 평가된다. 이에 비해 이슬람에서 대의기구는 공동체적으로 구성된 사회를 반영하는 도구에 불과했다. 결론적으로, 서구 대의제는 소수파인 인도 무슬림의 권리에 대한 위협으로 역할했을 뿐만 아니라, 개인과 공동체 사이의 관계에 대한 인도 무슬림의 본질적 인식에 대한 도전이기도 했다.40

"자유를 가지고 노동의 과실을 향유하며 생필품을 확보하고 성장의 기회를 가지는 것은 모든 사람들의 양도할 수 없는 권리이다. 어떠한 정부가 이러한 권리를 빼앗고 압제를 가할 경우 인민은 이 정부를 변화시키고 폐지할 권리를 가진다. 인도의 영국정부는 인도인의 자유를 빼앗았을 뿐만 아니라 인민대중에 대한 착취에 기반하면서 경제적, 정치적, 문화적으로 인도를 파멸시키고 정신을 파괴하고 있다. 그러므로 우리는 인도가 영국과의 관계를 단절하고 완전한 자유를 획득해야 한다고 믿는다." 이상은 1930년 인도국민회의의 독립결의안이다. 영국의 권리장전 및 미국의 독립선언, 프랑스의 인권선언을 그대로 옮겨 놓은 듯한 이 독립결의안은 서구 이데올로기가 인도 민족운동에 미친 영향을 웅변적으로 대변해 준다.

당연한 일이지만, 인도와 파키스탄에 대한 영국의 편향적 입장 또

40_F. Shaikh, "Muslims and Political Representation in Colonial India: The Making of Pakistan", *Modern Asian Studies*, Vol. 20, No. 3, 1986. pp. 540-542.

한 분명했다. "나는 지나를 정신병자라고 생각한다. 사실 그를 만나기 전까지 행정 지식이 전혀 없고 그렇게 책임감을 결여한 인물이 그러한 강력한 지위를 차지하거나 유지할 수 있으리라고 생각하지 않았다"는 마지막 총독 마운트배튼(Lord Mountbatten)의 표현에도 잘 드러나 있다. 이것은 영국 및 인도인의 생각을 대변하는 것으로 양국의 역사 서술에도 그대로 반영되어 있다.[41]

이러한 식민지 상태에서의 정치참여와 의회주의 편향의 민족운동은 식민지를 경험한 다른 국가와의 중요한 차이를 낳았다. 가장 대표적인 것이 사회주의 계열의 민족해방운동이 미미했다는 점이다. 인도 공산당(Communist Party of India)이 1925년 12월 26일 창립되었고, 국민회의 내에도 사회주의 성향의 인사들이 1934년 국민회의 사회당(Congress Socialist Party)을 설립하기도 했다. 그러나 이들은 대부분 중간계급 인텔리 출신으로 구성되었으며 노동자계급이나 농민 출신을 유입하지 못했다. 1928년 9월 모스크바 코민테른 6차 대회는 "인도 공산주의자의 기본 임무는 영국 제국주의에 항거해 국가의 해방을 위해 투쟁하는 것이며…인도국민회의의 개량주의의 본질을 폭로할 것"을 규정했다. 이에 따라 인도 공산당은 국민회의를 부르주아 조직이라 반대한 반면, 사회당은 이를 전국적 대중조직이라 평가하고 이에 참여해 사회주의 확산을 위해 이용할 것을 주장했다. 결국 양 당은 서로를 적대시하는 관계를 지속해 갔다. 코민테른 7차 대회에서 발표된 "식민지국가의 혁명운동에 대한 보고서"는 인도 좌파세력의 분파주의와 대중으로부터 고립, 유리, 반제 투쟁에 동참하지 못한 오류를 지적했다.[42] 그러나 이러한 좌파 내부의 분열보다는 인도민족운동에

41_R. J. Moore, Jinnah and the Pakistan Demand, *Modern Asian Studies*, Vol. 17, No. 4(1983). p. 530.

42_M. R. Masani, "The Communist Party in India," *Pacific Affairs*, Vol. 24, No. 1

서의 정치참여와 서구 이데올로기의 영향이 사회주의 세력의 성장에 근본 한계요인으로 작용했을 것이다. 이것은 영국과 인도의 관계와 다른, 즉 서구 의회 제도를 매개로 하지 않은 한국과 일본의 관계를 비교하면 많은 시사점을 제공할 것이다.

결론적으로, 1차 대전 이후 인도 민족해방운동은 다수 지배 원칙과 수적 우위라는 서구 의회제도의 원칙을 표방한 국민회의와 무슬림과 비 무슬림과의 종교적 구분을 중시한 무슬림 연맹 간의 갈등과 충돌, 그리고 이와 관련된 영국의 정책과의 관계가 혼재된 상황에서 전개되었다. 서구 이데올로기에 대한 인도국민회의의 편향에 대해 무슬림연맹은 힌두와 무슬림은 한 국가에 살 수 없는 서로 다른 두 국민(two-nation theory)이라고 선언했다. 1940년 라호르에서 개최된 총회에서 연맹은 파키스탄 창설을 공식 강령으로 채택했다. 그 결과는 인도민족의 탄생과 인도의 독립, 그리고 독립과 동시에 인도와 파키스탄의 분단이었다. 한반도의 분단과는 여러 가지 면에서 성격이 다른 분단이었다. 그렇지만 한반도에서와 마찬가지로 남아시아에도 지금까지 분단의 파장이 지대한 영향을 미치고 있다.

(1951). pp. 18-21.

필리핀 독립청원운동의 미국관과 세계인식

최 정 수[*]

1. 머리말

　필리핀 지식인들이 1920~1930년대에 벌였던 청원을 통한 독립투쟁은 식민지 민족해방운동사에 비추어 볼 때 다른 곳에서는 유사한 사례를 찾기 어려울 만큼 특이한 저항 방식이요, 현상이었다. 왜냐하면 필리핀의 이러한 방식의 독립 투쟁은 당시 식민지를 경험한 다른 나라의 그것과 비교되기 때문이다. 첫째, 미국이 법으로 필리핀인들에게 청원이라는 방법을 통한 독립투쟁을 할 수 있게 보장해 주었다는 것이다. 둘째, 미국이 필리핀의 독립 일정을 법으로 약속하고 실행에 옮겼다는 것이다. 1901년에는 미군정을 종식시키고 민간정부를 구성하였으며, 1907년 정부조직법으로 미국은 필리핀에 미국식 정치시스템을 이식시키기로 한 후, 필리핀 의회를 창설하고 입법권을 주었다. 1916년의 존스법을 통해 필리핀의 독립을 보장하는 한편, 양원제 의회를 구성하였다. 다만 독립시점만 결정하지 않았을 뿐이다. 그리고 마침내 1934년의 타이딩스–맥더피(Tydings-McDuffie)법으로 독립시

---

[*] 고려대학교 동아시아문화교류연구소 선임연구원

점조차 확정했다.1 이는 대부분의 식민지 독립 운동이 독립을 목표로 기약 없는 투쟁을 벌인 것에 비교된다. 제2차 세계대전 후에 독립을 획득한 다른 국가와 달리 필리핀은 자치권 확대를 경험한 후 1934년에 독립을 약속 받았기 때문이다. 셋째, 그랬기 때문에 필리핀의 지배적 지식인들은 미국의 통치에 적극적으로 협조했다는 것이다. 바꾸어 말하자면 지배자인 미국과 피지배자인 필리핀 간에 협력체제를 구축하면서 필리핀 독립을 추진했던 것이다. 넷째, 따라서 필리핀 독립운동을 주도한 지식인 세력의 투쟁 목표 또한 독립에만 있지 않았다는 점을 간과해서는 안된다. 그들의 최대 목표는 정치적 독립과 아울러 독립 후의 경제적 및 군사적 안전 확보에 있었다. 그리고 그것이 보장되지 않는다면 미국의 보호 아래 자치권 확보도 받아들일 준비가 되어 있었다. 이 점도 독립 자체가 목표의 전부였던 다른 나라의 민족해방운동과 확연히 다르다. 필리핀인들은 자치권 보장을 최소 목표로, 독립을 최대 목표로 삼았기 때문이다.

필리핀 독립운동의 이러한 특성 때문에 필리핀인들의 독립청원을 통한 투쟁 방식은 식민지 연구 사가들의 관심을 끌었다. 우선 포스트 식민주의(Post Colonialism) 연구자들의 입장에서 보면 필리핀의 독립청원운동은 제국주의가 제2차 세계대전 후 식민지 없는 제국주의로 이행하는 과정을 보여줄 수 있는 대표적인 사례였다. 왜냐하면 이 견해에 따르면 미국의 자치화법은 "식민세력이 타자의 몸과 공간에 스스로를 새겨 넣는 순간"2에 다름 아니었기 때문이다. 즉 필리핀의 독립은 허울일 뿐, 미국법 이식, 경제적 예속, 미국의 안보망 등을 통해 사실상 식민지 상태가 계속되었다는 것이다. 따라서 이 이론에 따르

1_Dexter Perkins, *The American Approach to Foreign Policy*(New York, Atheneum, 1968), p. 32.

2_박지향, 『제국주의』, 서울대학교 출판부, 2000, 7쪽.

경우 자치화 약속을 믿은 독립청원운동은 미국의 필리핀 영구 지배 전략에 말려든 증거에 불과했다는 식의 결론에 도달하게 될 것이다.

그리고 독립청원운동은 '갤러거-로빈슨 협력이론(collaboration)'의 관점에서도 주목할 만한 연구 대상이다. 이 이론의 골자는 두 가지이다. 제국주의의 식민지 지배는 협력자 없이는 불가능했다는 주장이 그중의 하나였다면, 피지배민 또한 지배자에게 스스로 동화되려는 경향을 보였다는 주장이 다른 하나였다. 즉 "종속민에게서도 마찬가지로 식민주의자에 대한 저항과 함께 그들을 모방하려는 모습이 발견된다"는 것이다.3 포스트 식민주의 이론을 비판하는 이 견해에 따르면 독립청원운동은 미국에게 세뇌당한 결과가 아니라, 이 운동을 주도한 필리핀 지식인들이 스스로 미국에 동화되려는 의지의 산물에 다름아니다. 또한 미국의 자치화정책도 필리핀의 영구지배 음모라기보다는 아기날도(Aguinaldo)의 무장독립투쟁(1899~1901)을 통해 미국 스스로가 지배력의 한계를 인식함으로써 취한 결과였을 뿐이다.

확실히 포스트 식민주의 이론이나 협력이론은 필리핀의 독립청원운동을 다양한 각도에서 바라볼 수 있는 시각을 제공하였다. 전자의 이론은 적어도 역사가들에게 독립청원운동의 파급효과를 식민지 시기는 물론 식민지 이후까지 확장해서 살펴야 한다는 점을, 후자의 이론은 식민지 시기를 정확히 이해하기 위해서 지배자의 관점은 물론

3_박지향, 2000, 9쪽. 조셉 플라이(Joseph Fly)는 필리핀의 엘리트 협력자들이 미국의 지배에 협조한 동기를 다음 3가지로 정리하고 있다. 첫째, 토착 엘리트들이 누리고 있던 사회경제적 지위를 보존코자 하는 개인적 이기심이다. 둘째, 필리핀의 엘리트는 물론 대중들 또한 미국의 힘의 크기와 미국에 대한 저항의 무의미성을 잘 알고 있었다. 셋째, 다수의 정치인과 상인들은 미국 제도, 경제적 관행 및 기술 도입이 필리핀 근대화와 풍요의 증진을 위해 가장 적합한 길이라고 생각했다. 조셉 플라이는 이 3가지 요소 중에 미국 힘에 대한 불가항력성에 대한 필리핀인들의 인식을 협력의 가장 큰 이유로 제시하고 있다. Gordon Martel(ed), *American Foreign Relations Reconsidered, 1890-1993*(New York, Routledge, 1994), p. 111.

피지배자의 시각에서도 보아야만 한다는 점을 각각 강조하고 있기 때문이다. 즉 포스트 식민주의 이론은 제국주의의 연속성을, 협력이론은 지배자와 피지배자 간의 상호작용성을 역설하고 있다.

그럼에도 불구하고 기존의 연구가 제시한 해석의 틀만 가지고 필리핀의 독립청원운동의 실체를 밝히기에는 한계가 있다. 포스트 식민지 이론에 따르면 독립청원운동은 미국인들에게 독립을 시켜 주어도 식민지 시대와 마찬가지로 미국에 충성을 하리라는 확신을 심어주는 역할을 수행했을 뿐이다. 바꾸어 말하자면 포스트 식민주의 이론을 적용시킬 경우 독립청원운동은 미국의 '필리핀인들 길들이기' 음모에 놀아났거나 몰랐던, 그리하여 사실상 독립에 해로운 역할을 했다는 식의 결론 외에는 아무 것도 없다. 그러나 독립청원운동을 주도한 필리핀인들은 세뇌된 것이 아니라, 자신들의 판단에 따라서 미국에 협력했다는 것이 연구자의 입장이다.

그리고 협력이론에 따르면 미국이 필리핀 자치화정책을 추진한 것은 피지배민의 협력없이 통치하기 어렵다는 점을 인식한 결과일 뿐이다. 저항이 식민지 지배 비용의 과다 지출을 요구할 것이기 때문이다. 그러나 미국은 식민지 정책을 지배 비용이라는 경제적 관점에서만 접근할 수 없었다. 미국으로서는 그러한 이유 외에도 필리핀의 자치화 정책을 추진하고 독립시켜야만 할 그 자신만의 대내외적 동기를 지니고 있었기 때문이다. 대내적으로는 반식민주의를 기조로 하는 헌법과의 모순을 피해야만 했으며, 대외적으로는 필리핀의 자치화는 미국식 세계체제 개조론의 정당성을 입증할 수 있는 중요한 선전물이었기 때문이다. 즉 미국이 추진한 필리핀 자치화 전략은 그들의 협력과 저항에서 초래될 식민지 통치 비용이라는 손익계산의 차원에서만 계산될 수 없다. 미국은 식민지 정책을 통해 다른 제국의 식민지 지배와는 의도와 목적이 다르고, 숭고하다는 점을 드러내려고 했다. 따라서 미국의 필리핀 자치화 정책은 여타 제국 또한 미국의 선례에 따르라는 무언의 압력을 가하기 위한 도덕적 권위 획득 작업이었다는 점을 간과해서는 안 된다. 이 점 또한 본문에서 구체적으로 입증될 것이다.

기존 연구의 이러한 해석론은 모두 다음과 같은 세 가지 사실을 간과하고 있는 데서 비롯된 것으로 보인다. 첫째, 필리핀인들이 이미 스페인 통치하의 오랜 기간 식민지 저항운동을 펼친 경험을 가지고 있다는 점이다. 그들은 미국의 지배에 들어가기 전에 스페인 통치하에서 이미 독립을 위한 무장독립투쟁은 물론 협력을 통한 자치권 획득을 목표로 한 저항운동을 벌인 적이 있다. 그리고 미국의 지배하에서도 동일한 양상의 독립운동을 펼쳤다. 그렇다면 스페인 지배하에서 벌였던 민족해방운동에 대한 필리핀인들의 기억이 내면화된 학습효과로 작용하여 항미투쟁의 목표 및 저항 방식에 일정한 영향을 미치지 않았을까. 둘째, 나아가 스페인 통치하의 경험은 필리핀인들에게 미국의 통치 방식의 장단점을 비교할 만한 잣대로 작용했으리라는 것이다. 일부 지식인들이 스페인의 통치하에서 목표로 삼았던 자치권 획득을 미국으로부터 이미 부여받았기 때문이다. 따라서 필리핀인들은 비교우위의 관점에서 미국의 통치를 자발적으로 수용할 수 있었다. 그럼에도 불구하고 기존의 연구는 필리핀인의 민족해방운동이 미국의 통치하에서 비로소 시작된 것으로 봄으로써 마치 자치정책에 대한 필리핀인들의 협조가 미국의 전략에 세뇌된 결과로만 보는 경향이 있다.

셋째, 필리핀인의 독립청원운동이 세계 정치의 전개과정을 고려하면서 추진되었다는 점이다. 필리핀인들은 미국으로부터 독립이 일본에게 예속됨을 의미할 수 있다는 점을 우려했다. 오히려 독립청원운동을 주도한 케존은 안전보장을 전제로 하지 않는 독립을 사실상 반대했다는 데서 이 점을 확인할 수 있다. 그리고 태평양 전쟁의 발발과 더불어 일본이 필리핀을 점령함으로써 케존(Manuel Quezon)의 주장이 기우가 아니었음을 입증했다. 그들은 필리핀의 독립을 필리핀-미국 양자 간의 문제로만 보지 않고, 일본이라는 제3자의 개입을 고려하여 지역적·국제적 문제로 파악했다. 그럼에도 불구하고 기존의 연구는 바로 이 점을 간과하고 필리핀과 미국 간의 관계에만 초점을 맞추어 해석함으로써, 미국의 독립 일정에 때로는 제어하려고 했던 케존의 행위를 사리 사욕을 위한 것으로만 해석할 수밖에 없었다. 요컨대 포스트 식민주의 이론이나, 협력이론은 당시 필리핀인들의 행동 양식을 결정하는 데 중요한 영향을 미친 필리핀인들의 세계정세에 대한 분석능력과 이해의 정도를 간과하고 있다. 따라서 필리핀인들의 뇌리 속에 잠재된 과거 경험에 대한 기억과 세계정치에 대한 인식은 독립청원운동의 실체를 밝히는 데 바탕색이 될 수 있다. 연구자의 문제의식은 바로 여기서 비롯되었으며, 이 연구가 추적하려는 목표도 이것이다. 결론부터 말하자면 독립청원운동은 미국이 그러한 장을 마련해주기 전부터 필리핀인들에게 내면화된 독립투쟁의 방식이었다. 뿐만 아니라 독립청원운동은 '미국 이용하기'라는 필리핀인들의 분명한 의지를 담고 있었다. 그리고 이러한 전략은 계량화할 수 없지만, 가시적인 성과도 내었다는 것이다.

이에 연구자는 독립청원운동이 미국에 의해 '주어진 조건'하에서 그들 스스로가 선택하고 개발한 '자발적 전략'이었으며, '주어진 조건'을 최대로 활용한 '미국 이용하기 전략'이었다는 점을 입증하기로 했다. 이를 위해 전반부인 제2장에서 필리핀인들이 미국의 지배를 받아들인 이유가 3년간의 무장독립투쟁의 실패에서만 기인한 것이 아님을 주장할 것이다. 왜냐하면 아기날도의 무장독립 투쟁에 참여하지 않고, 미국을 이용하여 자치 내지는 독립을 한다는 케존으로 대표되는 세력이 존재했기 때문이다. 아울러 미국 이용하기 전략은 미국의 지배 이전, 즉 스페인 통치하에서 이미 사용해 본 것임을 보여 줄 것이다. 이를 위해 스페인 통치하의 필리핀인들의 독립운동 또한 추적하기로 했다. 왜냐하면 언급했듯이 청원을 통한 저항은 필리핀들이 스페인 통치하에서 이미 사용해 온 전력이 있기 때문이다. 따라서 필리핀인들이 과거에 벌인 투쟁 전력을 추적할 경우 독립청원운동이 미국이 제도로서 허용하기 전에 습득된 내면화된 전략이요, 무장독립투쟁이 실패했기 때문에 어쩔 수 없는 상태에서 차선으로 취한 전략이 아니라 적극적으로 이용할 마음가짐을 지닌 대응 전략이었다는 점이 드러날 수 있다는 것이다.

이어 후반부인 제3장에서는 독립청원운동을 세계사의 흐름 속에서 조망하기로 했다. 독립청원을 주도한 필리핀인들이 세계정세를 주시하면서, 그것이 자국의 독립투쟁에 미칠 영향을 분석하고 이에 맞추어 투쟁 방식 및 목표를 수정하려고 했기 때문이다. 따라서 이 점을 밝힐 경우, 독립청원운동의 미국 이용하기 측면이 부각될 수 있다는 것이다.

2. 독립청원운동의 역사적 배경

독립청원운동이 가능했던 이유는 무엇일까. 우선 미국이 그러한 운동을 할 수 있는 법적 제도를 마련해 주었기 때문이다. 워싱턴 상주 필리핀 대표단을 허용케 한 1907년 법이 그것이다. 이 법에 따라 필리핀은 자국인으로 구성된 하원을 설치하고 의원 중에 2명을 미국 하원에 옵서버로서 상주시킬 수 있게 되었다. 필리핀 대표들은 의결권은 없었지만, 발언권은 있었다. 이로써 필리핀인들에게 미국 의회와 여론을 상대로 필리핀의 독립 의지를 알리는 한편, 독립 로비를 할 수 있는 길이 열렸다. 바꾸어 말하자면 1907년 법은 청원을 통한 독립운동을 추진할 수 있는 제도적 장치에 다름없었다. 그리고 워싱턴 상주 필리핀 대표단은 사실상 독립청원의 첫 주자였다.

그러나 미국이 필리핀의 독립청원운동을 가능케 한 법적 기반을 마련해 주었다고 해도 그것을 독립운동을 위한 시스템화된 제도로 만들고 정착시킨 것은 필리핀인들이었다는 점을 간과해서는 안 된다. 왜냐하면 미국이 날짜만 확정하지 않았을 뿐 독립을 약속한 1916년의 존스법을 통과시키자, 그것을 근거로 필리핀 의회는 필리핀 독립에 관한 협상 및 조직에 관계되는 모든 문제를 연구할 목적으로 '독립위원회(The Commission of Independence)'를 설립(1918년 11월 7일)하였기 때문이다.[4] 이 위원회의 중심 활동 중의 하나가 바로 독립사절단을 미국으로 파견하는 것이었다.

그리하여 독립청원은 필리핀인들의 주 저항전략이 되었다. 이 점은 필리핀 의회가 1919년 초부터 1935년 필리핀 과도정부가 구성될 때까지 모두 11차례나 사절단을 파견했다는 데서 확인할 수 있다. 이는 거의 매년 파견한 것과 다름이 없다. 그리고 동일한 인물을 대표로 미국에 계속 보냈다. 예컨대 독립청원운동을 주도한 케존은 1909년부터 대표로 파견되어 활동했다. 이처럼 필리핀 의회 내에 독립위원회를 만들고, 이들의 지시하에 연례적으로 워싱턴을 방문하고, 동일한 인물에게 임무를 맡겼다면, 필리핀인들이 의도적으로 청원제도를 필리핀 의회의 대미 교섭창구요, 외무성 역할을 수행하는 하나의 기구로 만들려고 했음을 알 수 있다.

더욱이 독립청원운동이 활동했던 시기에 자치화 정책의 루비콘의 주사위와 같은 존스법과 타이딩스-맥더피법안이 통과되었다는 점이다. 바꾸어 말하자면 중요 법안 제정 시 항상 그곳에는 독립 청원 사

4_권오신, 『미국의 제국주의 : 필리핀인들의 시련과 저항』, 문학과 지성사, 2000, 186쪽.

절단이 있었다는 사실이다. 그리고 후술하듯이 이들이 미국에게 입법 제안이나 법안 자체의 존폐에 영향 미칠 만큼은 아니었지만, 방문 시마다 일관된 주장을 하여, 미국인들에게 필리핀인들이 요구하는 것이 무엇인지 만큼은 또 바로 주지시키려고 했다. 미국은 필리핀을 독립시키는 것은 물론, 독립 후 안전보장도 동시에 마련해 주어야만 한다는 것이 이들 주장의 핵심이었다.

　이러한 증거들은 필리핀 지식인들이 청원제도를 수동적이 아니라, 적극적으로 받아들였으며, 나아가 독립을 위한 최상의 수단으로 만들려고 했음을 보여준다. 바꾸어 말하자면 미국이 부여한 많은 자치제도 중의 하나였을 뿐인 청원제도를 독립의 주 전략으로 채택한 것은 필리핀인들의 선택행위였다는 것이다. 그렇다면 미국은 독립청원운동을 왜 허용했으며, 필리핀인들은 그것을 왜 독립의 수단으로 채택했을까.

1) 미국의 세계체제 개조론과 연방 헌법

　미국이 필리핀의 자치화정책을 추진했던 이유, 즉 미국이 필리핀인들에게 청원을 통한 독립운동을 허용했던 까닭은 바로 제국주의시기에 등장한 미국의 세계전략에서 찾을 수 있다. 매킨리(William Mackinly)의 뒤를 이어 대통령에 취임한 시어도어 루즈벨트(Theodore Roosevelt)는 자신이 수립한 세계전략에 필리핀의 자치화정책을 포함시킨 후 이를 추진했기 때문이다. 이러한 정책은 후임 대통령들에게도 계승되었다. 윌슨(Wilson)은 민족자결주의를 원리로 한 세계질서 개편작업의 일환으로 필리핀 자치화정책을 가속시켰고, 프랭클린 루즈벨트(Franklin D. Roosevelt) 대통령은 필리핀의 독립을 선거 공약으로 내세우고 지킴으로써 필리핀의 자치화정책은 독립정책으로 전환되었던 것이다.

미국이 필리핀의 자치화를 세계전략의 일환으로 포함시킨 이유는 무엇일까. 그것은 바로 미국이 필리핀을 점령한 전략적 동기5에서부터 비롯되었다. 미국은 다른 열강이 필리핀을 차지할 경우에 대해 두려움을 지니고 있었기 때문이다.6 만약 그곳을 독일이나 일본이 먼저 차지할 경우, 미국의 태평양 항로가 위협받을 수 있게 된다. 더욱이 타 열강의 필리핀 차지는 태평양에 산재한 다른 도서들의 연쇄적인 점령을 불러일으킬 것으로 예상되었다. 그러나 미국은 결코 이를 좌시할 수 없었다. 스페인의 지배하에 있던 태평양의 도서들은 아시아로 가는 징검다리 형태로 길게 놓여 있었기 때문이다.

뿐만 아니라, 타 열강이 필리핀을 인수할 경우, 그것이 몰락해 가는 스페인 제국의 식민지 해체의 기폭제로 작용하여, 카리브해와 중남미 지역으로 파급될 수도 있었다. 특히 스페인령 쿠바는 플로리다에서 불과 140킬로미터밖에 안 떨어져 있었다. 쿠바를 탐내고 있는 독일이 그곳을 차지하고 해군기지를 세운다면 미국의 본토는 봉쇄된 것과 마찬가지가 될 터였다. 또한 쿠바에 상주하는 독일 전함은 미국이 염원하고 있는 대서양과 태평양을 잇는 운하를 건설한다고 할지라도 언제든지 차단할 수 있을 것이었다. 미국이 지녔던 두려움의 실체가 이것이며, 이 때문에 선제 조치를 하였던 것이다. 바꾸어 말하자면 미국의 국가안보에 대한 염려가 과거 스페인 통치하에 있던 식민지들에 대한 제국주의적 점령을 불사케 했던 것이다. 1898년의 미국-스페인 전쟁

5_기존 연구의 주장대로 필리핀을 대중진출의 교두보로 삼으려고 했기 때문일까. 아니면 해군팽창론자들이 갈망해 온 해군기지 때문이었을까. 미국의 필리핀 점령 동기에 대한 이러한 해석들은 부분적으로만 사실이다. 미국의 필리핀 점령에 대해 처음에는 기업인들은 반대했기 때문이다. 즉 기업인들이 대중진출의 신드롬은 점령의 결과였지, 원인이 아니었다는 것이다. 강만길 외, 『일본과 서구의 식민통치비교』, 2004, 184~185쪽.

6_John Lewis Gaddis, 강규형 역, 『9·11의 충격과 미국의 거대전략, *Surprise, Security, and American Experience*』, 나남출판, 2004, 47쪽.

이 그것이다.

그러나 필리핀의 선제 점령 조치는 미국인들에게 두 가지 고민을 남겨 주었다. 하나는 수성의 문제요, 다른 하나는 양심의 가책이었다. 당시의 미국은 필리핀이라는 원격식민지를 방어할 만한 군사적 능력을 전혀 갖추고 있지 못했다. 태평양에는 해군기지도 없었으며, 또 전함을 별도로 배치할 만큼의 숫자를 보유하고 있지 못했다. 더욱이 청일전쟁기(1894~1895)에 일본이 차지한 대만에서 불과 320킬로미터 떨어져 상거하고 있었다. 한마디로 일본이 마음만 먹으면 언제라도 차지할 수 있었으며, 미국인들은 이를 분명히 깨닫고 있었다. '필리핀은 아킬레스건이다. 차라리 독립시켜버리고 싶다'는 루즈벨트의 자탄에서, 그리고 필리핀에 대한 일본의 선제 공격과 미국 함대의 구출 작전을 상정한 대일전쟁계획(Orange War Plan)을 수립했다는 데서, 필리핀 방위문제가 그들에게 얼마나 중압감을 주었는지를 알 수 있다.

뿐만 아니라 필리핀 방위문제는 루즈벨트 이후 위정자들에게 국가안보전략을 수립하는 데 있어서 큰 영향을 미쳤다. 이들이 수립한 외교 및 군사전략은 모두 필리핀이 일본과 전쟁 구실이 되게 할 수 없다는 전제가 깔려 있었으며, 그러한 심리적 압박감이 일본의 만주침략으로 더욱 가중됨으로써 결국 프랭클린 루즈벨트 시기에 이르러 독립시키기로 결심케 한 결정적 원인 중의 하나로 작용했던 것이다. 한마디로 필리핀 점령은 미국의 국가안보전략의 관점에서 볼 때 삼킬 수도 뱉을 수도 없는 고민거리를 안겼다.

또한 필리핀의 병합은 위헌문제를 야기함으로써 미국인의 헌법에 대해 지녀왔던 오래된 자긍심에 상처를 입혔고, 그러한 트라우마(trauma)가 결국 필리핀의 자치화 및 독립 정책을 추진케 하는 심리적 동인으로 작용했다. 필리핀의 병합으로 연방헌법은 미국령에 거주하는 필리핀인들에게 과연 어떤 법적 지위를 부여할 것인가 하는 문제에 직면했기 때문이다. 법의 논리로 보면 필리핀인들에게는 미국인과 동등한 헌법상의 권리를 주어야만 했다. 즉 필리핀은 미국의 새로운 주로 편입시켜야 했다. 그러나 인종적 문제와 언급한 원격지 방위상의 문제 때문에 주의 자격을 줄 수 없었다. 왜냐하면, 만약 필리핀을 주로 승격시킨 후 다른 열강에 빼앗긴다면 미국인들은 자존심에 회복할 수 없는 상처를 입게 될 것이고, 그것을 두려워했기 때문이다. 그리하여 절충안이 나왔다. 대법원의 유명한 도서판례(1898)가 그것이다. 필리핀은 미국령이지만, 그들에게 미국 시민에게 보장한 헌법상의 권리는 줄 수 없으며, 다만 인간으로서의 기본권만 부여한다는 것이다. 그럼에도 불구하고 필리핀 병합이 야기한 위헌문제는 미국 내의 제국주의 반대론자들에게 좋은 공격 무기가 되어 1934년 필리핀 독립법안을 가결시키기 전까지 내내 미국 내의 정쟁의 주요한 논란거리가 되었다. 필리핀 식민지가 헌법이 명시한 미국인의 정체성을 위협하기 때문이라는 것이 제국주의 반대론자들의 논리였다.7

도서판례를 통한 자기 합리화에도 불구하고 필리핀 점령은 미국인들의 자긍심에 드리워진 어두운 그림자를 걷어버리지는 못했다.8 도서판례는 법적 모순을 해결해 주었을 뿐, 필리핀인들에게 주의 자격을 주지 않았다는 점이 미국인들이 그동안 대륙에서의 영토 팽창을 정당화해 온 신념체계에 모순되었기 때문이다. 미국인들은 아메리카 대륙에서 전쟁을 통한 방어적 팽창을 다음과 같은 논리로 옹호해 왔다. 유럽인들이 아메리카 대륙에 발붙이려는 행위는 미국의 안전을 해친다. 특히 방위 능력을 상실한 국가(무능국가) 또한 마찬가지이다. 왜냐하면 이들은 유럽인들에게 미국을 위협할 수 있는 발판을 제공할

7_강만길 외, 2004, 200~201쪽.

8_Gaddis, 2004, p. 94. 타국민에 대한 아메리카의 지배는 항상 양심상의 가책을 수반하여 왔다고 한다. Dexter Perkins, 1968, p. 31.

수 있기 때문이다. 따라서 미국은 이들 국가에 외교적 및 군사적 개입을 할 권리가 있다. 그리하여 미국인들은 그 지역을 접수하고, 모범적인 미국식 정치체제를 전파하여(exemplarism) 사악한 유럽의 더러운 음모로부터 보호해 준다는 자기변호(vindicationalism)의 논리를 가지게 되었던 것이다.9 바꾸어 말하자면 팽창이 자국민에게 침략으로 받아들여지는 데서 찾아 올 수 있는 죄책감이나 유럽으로부터의 예상되는 비난을 팽창한 지역을 미합중국 연방의 일원으로 편입시킴으로써 벗어나는 한편, 오히려 자긍심으로 바꿀 수 있었던 것이다.

나아가 미국은 인디언과 멕시코로부터 뺏은 새로운 영토를 주로 편입시키는 작업을 통해 유럽의 식민지정책을 비판하는 근거로 내세웠다. 따라서 필리핀을 군사적으로 점령하고, 오히려 법을 통해 연방의 일원으로 받아들이기를 배제시킨 미국의 행위는 그들 스스로에게 미국의 팽창은 민주주의의 확산에 다름 아니었다는 그동안의 자부심에 심각한 상처를 주었다. 이렇듯 필리핀 병합은 미국에게 군사적 방어가 불가능하다는 점, 미국 헌법과 모순된다는 점, 팽창의 신념체계에 배치된다는 점 등 3중의 고민을 안겼던 것이다. 바로 여기서 3중의 고민을 한꺼번에 치유할 수 있는 대안으로 제시된 것이 바로 필리핀의 자치화였다. 자치를 실시함으로써 일본이 넘볼 수 있는 구실을 제거할 수 있었으며, 헌법적 모순도 해결할 수 있었고, 대륙팽창의 정당화 논리 훼손도 복구할 수 있었다.

더욱이 1907년에 이르러 미국은 필리핀의 자치화를 되돌릴 수 없게 되었으며, 나아가 오히려 가속화시켜야만 하는 국제적 상황에 몰리고 있었다. 유럽이 주도한 제2차 헤이그평화회의(The Second Hague peace Conference, 1907)10가 바로 그러한 역할을 했다. 미국은 제1차 헤이그

9_Gaddis, 2004, pp. 42-49; Jonathan Monten, "The Roots of the Bush Doctrine", *International Security* 29:4(spring, 2005), p. 113.

평화회의 시(1899)부터 유럽의 이러한 회의가 평화체제 구축을 가장하여 유럽식 식민지 지배체제를 전세계로 확산시키기 위한 거대한 음모에 다름 아니라고 판단해 오고 있었다. 미국은 제2차 헤이그평화회의에서 유럽이 제안한 중재조약체제를 통해 그러한 의심은 더욱 확고하게 되었다. 즉 미국은 유럽의 식민지 재분할 작업이 중국과 스페인을 해체하고 마침내 중남미의 자립의 기반을 가지고 있지 못한 신생국가들조차 넘보고 있다고 의심했던 것이다.

사실 미국의 이러한 의심은 이유가 있었다. 유럽은 중남미 신생국에게 차관을 주고 그것을 회수하기 위한 수단으로 중재조약을 통한 강제회수를 기도하고 있었기 때문이다. 즉 미국은 유럽의 중재조약체제 구축 기도를 중남미에 대한 합법을 가장한 침투에 다름 아니라고 보았던 것이다. 미국이 유럽의 이러한 시도에 대해 전쟁을 각오하며 결사반대하는 태도를 보였던 것도 이 때문이었다. 이에 미국은 유럽

10_제2차 헤이그평화회의는 전쟁을 피하고 세계 평화를 달성하자는 명분하에 열렸다. 열강은 이를 위해 두 가지가 필요하다고 보았다. 하나는 군축조약체결이다. 특히 전함의 군축이 쟁점이었다. 막대한 전함 건조 비용이 국가 경제를 피폐화시키고 있다는 점이 군축회담의 배경이었다. 다른 하나는 중재재판소 설립이다. 타국에 제공한 차관 회수를 빌미로 무력 행사를 막아보자는 취지였다. 그러나 결국 두 가지 주요 의제는 열강간의 이해가 상충됨으로써 실패했다. 전함의 군축문제를 놓고 독일과 영국이 대립했다. 독일은 영국 함대에 대적할 수 있을 정도의 전함 보유를 원했다. 그러나 영국은 독일의 이러한 도전을 용납할 수 없었다. 영국 해군은 제2위와 3위의 해군국과 동시에 전쟁을 벌일 수 있는 능력 보유가 목표였다. 중재법정 설립에 대해서는 미국과 유럽이 대결구도를 형성했다. 미국은 합중국 연방 헌법과 연방 경찰을 모델로 세계법정(world court)을 요구했다. 즉 미국이 제안한 세계법정은 법원의 판결 기준으로서 세계헌법과 실행기구로서 국제경찰을 동시에 설립해야만 하는 것이었다. 그러나 유럽은 이를 받아들일 수 없었다. 중재법정을 식민지 획득 방법으로 이용할 생각을 가지고 있었기 때문이다. 요컨대 국제법을 이용해 유럽 열강의 식민지 획득 야망을 견제하려는 미국의 의도와, 반대로 국제법을 이용해 식민지 획득을 합법화시키려는 유럽의 음모가 맞섬으로써 세계법정 설치는 결렬되었던 것이다.

식 식민지 지배체제를 해체시키기로 했던 그동안의 구상을 더욱 구체화시키기로 했다.

그러나 그렇게 하기에는 미국은 약점을 지니고 있었다. 미국이 이미 필리핀에서 헤이그에서 유럽 열강이 기도하고 있는 중재조약을 통한 식민지 재분할 방식을 사용하였기 때문이다. 즉 필리핀을 군사적으로 점령하고 스페인으로부터 매입이라는 방식으로 그것을 합법화한 전력을 가지고 있었던 것이다. 따라서 헤이그중재조약체제에 반대할 명분이 약했다. 이를테면 필리핀의 점령은 미국인의 이력서에 오점을 남겼을 뿐만 아니라, 세계전략의 발목을 잡고 있는 도덕적으로 원죄와 같은 존재요, 어두운 과거였다. 필리핀 자치화정책은 바로 이 때문에라도 요구되었다. 그 경우 바로 필리핀의 자치화정책을 통해 유럽 열강에게 모범을 보여 줄 수 있었다. 다시 말해서 헤이그회담 때문에 미국의 건국과 서부 팽창의 역사가 입증해 온 자연 상태의 인간에게 가장 적합한 체제가 "피치자의 동의를 얻은 정부"요, 따라서 '공화국의 원리는 충분한 실험을 거쳤고, 완전한 승인을 받은 것'이라는 점11을 유럽에게 증거물을 통해 제시할 필요성이 생겼다는 것이다. 헤이그 평화회담이 열린 바로 그해(1907년)에 제정된 필리핀의 자치정부 수립법은 이러한 시대 배경 속에서 탄생한 것이다. 다음의 루즈벨트 발언은 그것을 알려주고 있다.

> 우리는 섬에 필리핀인의 도움을 받는 미국인의 정부를 세웠지만, 점차적으로 미국인의 도움을 받는 필리핀인의 자치정부로 전환하는 중이다.…섬의 관리들의 대부분은 이미 필리핀인으로 구성되었으며, 입법부 또한 설립 중에 있다.12

11_Theodore Roosevelt, *Strenuous Life, The Works of Theodore Roosevelt*, vol. 13(A H-Bar Enterprises Copyright, 1997), p. 505.

나아가 1907년의 필리핀 자치화법은 유럽 또한 그들의 식민지에 대해서 미국의 선례를 따라야 한다는 메시지를 담고 있었다. '필리핀의 자치화=세계의 임무'라는 당시 대통령 시어도어 루즈벨트의 다음과 같은 말은 그것을 보여 준다.

> 미국이 필리핀인에게 자치화 훈련을 실행하고 있다는 바로 그 점에서 열강의 오리엔트 통치방식과 분명히 다르다.…우리는 훌륭한 신념을 가지고 세계의 임무(world's work)라는 우리의 당연한 역할을 수행하기 위해 노력해야 한다. 그리고 이 점이 곧 우리가 필리핀을 보유하고 있는 중요한 이유가 되어야만 한다.13

요컨대 필리핀의 자치화정책은 미국식 민주주의가 해외에서도 가능하다는 점을 입증하는 최초의 선례가 될 수 있을 뿐만 아니라, 유럽의 식민지 지배체제 해체를 목표로 하고 있는 자국의 대외정책에 대의명분을 줄 수 있다는 점에서 반드시 추진해야만 하는 전략이었다.

후임대통령들 또한 필리핀 자치화정책을 승계할 수밖에 없었다. 왜냐하면 필리핀의 군사 점령과 더불어 생긴 고민들, 필리핀 방위의 곤란, 헌법 정신과의 모순, 국가안보논리의 핵을 이루는 방어적 팽창 논리에 대한 도덕적 상처, 유럽식 식민체제 해체논리의 자기 정당성 결

12_Theodore Roosevelt, *American Problems, The Works of Theodore Roosevelt*, vol. 16(A H-Bar Enterprises Copyright, 1997), p. 370.

13_Theodore Roosevelt, *State Papers, The Works of Theodore Roosevelt*, vol. 15(A H-Bar Enterprises Copyright, 1997), p. 263 ; 식민지에 대한 자치화정책은 필리핀에서만 실행된 것은 아니다. 정도의 차이일 뿐 푸에르토리코, 사모아, 괌, 버진제도 등 미국이 1898~1899년에 차지한 태평양 도서 지역에서 자치제도는 이식되었다. 한마디로 자치제도는 미국령 해외 식민지의 기본정책이었다. Dexter Perkins, 1968, p. 32.

여 등의 제 조건으로부터 벗어날 수 없었기 때문이다. 즉 필리핀을 자치화시키는 것 이외에 다른 대안이 없었다는 것이다.

특히 유럽식 세계체제론을 막고 미국식 세계체제로 개조한다는 목표는 필리핀의 자치화정책을 독립시킨다는 정책으로 밀고 나아가게 했다. 윌슨의 민족자결주의는 유럽식 식민지 체제 해체를 요구했다. 프랭클린 루즈벨트는 계속된 내부의 비판과 긴장이 고조되고 있는 동아시아 상황에 연루되기를 피하고 싶은 마음이 작용하여 필리핀 자치화의 논리를 독립 논리로 밀고 나아갈 수밖에 없었다. 더욱이 미국은 필리핀을 독립시키더라도 미국은 일본의 군사적 침략을 차단할 장치를 마련하고 있었다. 하와이에 태평양 해군기지 건설을 완료함으로써 일본을 군사적으로 어느 정도 견제할 수 있게 되었을 뿐만 아니라, 국제연맹을 필리핀의 안전 보장의 담보물로 이용할 수 있게 되었기 때문이다. 즉 필리핀을 독립시킨 후 중립국으로 신분을 전환하고, 그것을 열강에게 승인시킨다는 전략이 그것이다.[14] 윌슨이 필리핀에 3권분립정부를 수립한다는 존스법을, 프랭클린 루즈벨트가 필리핀을 독립시킨다는 타이딩스-맥더피 법안으로 전임 정부의 자치화전략을 독립정책으로 승계했던 이유가 여기에 있다. 필리핀인들의 독립청원운동이 활동할 공간을 찾을 수 있었던 것은 바로 이러한 미국의 대내적 고민과 아울러 세계사적 흐름 속에서 마련된 세계전략 때문이었다.[15] 요컨대 필리핀의 자치화 및 독립화정책은 필리핀의 군사 점령이 초래한 대내적 문제점을 해소할 수 있다는 점 때문만이 아니라, 미국이 수립한 세계전략에 내포된 무능국가 개조론의 논리적 귀결이었다는 점

14_강만길 외, 앞의 책, 211~213쪽.
15_제국주의시기 미국 대외정책의 주요 목표는 미국의 이상과 이익 추구에 부합되는 "국제환경의 조성"에 있었다. Gorden Martel(ed), *American Foreign Relations Reconsidered, 1890-1993*(new york, Routledge, 1994), p. 66.

에서도 뒤로 물릴 수 없는 정책이었다. 미국이 필리핀 자치화법안을 제정했던 중요한 이유 중의 하나가 이것이다.

2) 필리핀인의 무장독립투쟁과 황화론

필리핀의 자치화전략을 추구해야만 하는 미국 자체 내의 논리를 지니고 있었다고 해서 필리핀이 미국의 그러한 정책을 채택하고 유지하는 데 아무런 역할을 하지 못했다고 볼 수는 없다. 특히 점령 직후부터 3년간 보여준 필리핀인들의 격렬한 무장독립투쟁16은 이후 전개된 국제정황과 맞물려 미국인들로 하여금 자치화정책을 조기 집행케 했기 때문이다. 특히 러일전쟁기(1904~1905)에 보여준 일본인들의 해군력과 곧이어 열린 제2차 헤이그평화 회의의 결과는 필리핀에 대한 군사적 안전 보장이 사실상 불가능함을 보여 주었던 것이다. 전함 군축회담이 실패했기 때문이다. 이로써 열강은 양대양을 도하할 수 있는 원거리 공격 능력을 한층 더 강화시킬 수 있게 되었다. 이런 상황하에서라면 만약 필리핀인들의 무장저항이 재연될 경우 미국이 수립한 국가안보전략은 심각한 위기에 빠지게 될 수밖에 없었다. 그 경우 미국은 구체적으로 다음과 같은 상황에 처하게 될 것이 예상되었다.

첫째, 필리핀인의 무장 저항을 진압하기 위해 막대한 병력을 파견해야만 한다는 것이다. 스페인 통치하에서 발생했던 필리핀인들의 무장독립투쟁은 비록 성공하지 못했지만 스페인은 이들을 진압하기 위

16_필리핀의 무장 독립투쟁은 1899년 4월 4일에 시작되어 3년간을 끌었으며, 1901년 3월 23일 에밀리오 아기날도(Emilio Aguinaldo)의 체포로 일단 종식되었다. 미국은 1902년 7월 4일 전쟁 종식을 공식적으로 선포했다. 이어 미국은 파리 강화회담을 통해 필리핀의 지배권을 스페인으로부터 2000만 달러에 매수하고(1898. 12), 이어 미국 상원의회가 필리핀 병합을 결정(1899. 2. 6)함으로써 필리핀을 자국령으로 편입시키는 법적 절차를 마무리지었다.

해 10만 명 이상의 군대를 파병할 수밖에 없었다. 필리핀 진압에서 상실된 병력 때문에 스페인은 남성인구 감소를 감수해야 했다고 할 정도였다.17 필리핀인들은 적어도 스페인 통치자들에게 필리핀인들 자력으로 독립을 얻지는 못하겠지만, 적어도 그들을 괴롭힐 수 있는 충분한 힘이 있음을 보여 주었던 것이다.

그리고 이 점은 미국 또한 직접 뼈아플 정도로 체험했던 것이다. 조지 듀이(George Dewey)제독의 평가는 필리핀의 무장 투쟁에 재연할 경우 미국인이 직면한 곤란을 시사하고 있다. 그는 처음에 아기날도가 주도하고 있는 필리핀인들의 무장 저항을 종식시키는 데 5000명 정도의 병력만 가지면 충분하다고 추산했었다. 그러나 1900년 초에 벌써 그보다 11배나 많은 56000명을 상륙시켜야 했다.18 그리하여 미국은 최초에 12000명을 상륙시켰으며, 전쟁이 끝날 무렵에는 최대 12만 명을 투입하였고,19 약 4200명의 미군이 인명 피해를 입었다.20 더욱이 아기날도의 투항으로 무장독립투쟁이 끝난 것도 아니었다. 왜냐하면 일부는 정글로 들어가 1906년까지 게릴라전을 수행했기 때문이다. 미국이 언론을 검열하고 7만여 병력을 동원하고서야 겨우 무장독립투쟁을 진정시킬 수 있었던 것도 이 때문이다.21 이처럼 필리핀인들

17_특히 1895~1898년에 쿠바와 필리핀에서 발발한 독립전쟁은 스페인으로 하여금 30만 명을 파병케했으며, 열대전에서 15만 명의 희생을 강요했다. 이는 스페인 남성 인구 감소에 크게 영향을 미쳤다. 1895년 쿠바의 분리운동을 저지하기 위해 12만 6천 명의 대군을 파견해야 했다. 강석영·최수영 공저, 『스페인·포르투갈사』, 대한교과서주식회사, 1996, 254, 259쪽.

18_*The Encyclopedia Americana*, vol. 21(Connecticut,, Grolier Incoporated, 1994), p. 915 (이하 *Americana*로 약함).

19_Niall Ferguson, *Colossus : The Price of America's Empire*(2004: The Penguin Press, New York), p. 49.

20_타임-라이프 북스 편집, 『세계의 국가 시리즈 : 동남아시아』, *Library of Nations : South-East Asia*(서울, 한국일본 타임-라이프, 1987), p. 107(이하 *Library of Nations : South-East Asia*로 약함).

은 독립군을 포함하여 민간인 20여만 명이 이 전쟁의 직간접적인 여파로 사망했을 정도로 격렬하게 저항을 했던 것이다.22 성조지에서 지적했듯이 미국은 필리핀 차지와 더불어 새로운 원격지 방어 부담을 지게 되었던 것이다.23 필리핀 학자 루즈비민다 프란시스코(Luzviminda Francisco)가 미국과 필리핀 간의 전쟁을 "제1차 베트남전(The First Vietnam War)"으로,24 저명한 미국외교사가 어네스트 메이(Ernest R. May)가 American Imperialism(1991)에서 아기날도의 무장저항을 "미국판 보어전쟁(America's Boer War)"25으로 각각 평가한 것도 저항이 미국에게 가한 타격의 정도를 보여 준다.26

21_Daniel B. Schirmer & Stephen Rosskamm Schalom(ed), *The Philippines Reader: A History of Colonialism, Neocolonialism, Dictatorship, and Resistance* (Boston, South End Press, 1987), p. 13(이하 *The Philippines Reader*로 약함).

22_*Americana*, p. 915.

23_Alan P. Dobson, *Anglo-American Relations in the Twentieth Century : Of Friendship, Conflict and the Rise and Decline of Superpowers* (New York, Routledge, 1995), p. 21.

24_*The Philippines Reader*, p. 9.

25_Niall Ferguson, op. cit., p. 51.

26_필리핀인들의 이러한 저항은 미국인들로 하여금 해외에서의 제국 건설이 실수였다고 생각하게 만들었으며, 이러한 실험을 반복지 않게 했다고 한다. Gaddis, 2004, pp. 56-57; 외부 침략자들에 대한 필리핀인들의 무장 저항이 어떻게 격렬했는지는 제2차 대전 중의 일본 지배하에서도 재차 확인된다. 제2차 세계대전 중에 일본은 필리핀을 점령(1942. 5. 6~1945. 8. 15)했지만, 필리핀인들의 강력한 무장 저항에 직면해야 했다. 일본이 1943년 필리핀의 독립을 선언하고 괴뢰정부를 세워, 필리핀인들의 저항을 무마하려고 했다. 그러나 국내에 남아있던 대부분의 필리핀 지도층 인사들과는 달리 필리핀 대중은 일본군의 점령 초기부터 미국의 구원을 열망하면서, 25만 명 이상이 게릴라전을 수행하였다. 이들의 저항은 일본이 1944년까지도 필리핀의 48개 성(省) 중에서 12개성밖에 점령하지 못할 정도였다. 대전 중에 필리핀인들은 모두 100만 명이 목숨을 잃었던 것으로 추산되는데, 이 중의 대부분이 맥아더가 1944년 12월 레이터 섬에 미군 4개 사단을 상륙시킨 이후 일본의 항복 시까지 치열한 전투 시에 사망하였다. *Library of Nations : South-East Asia*, p. 109. 사망자 전원이 무장 저항의 결과는 아니었을지라도, 이러한 수치는 필리핀인들의 저항의 정도를 알 수 있는 좋은 증거이다.

둘째, 필리핀의 무장독립투쟁은 필리핀을 중국 개입의 전초적 역할을 할 군사기지로 발판으로 활용하려던 미국의 전략에 중대한 차질을 빚게 했다. 왜냐하면 필리핀 주둔 미군은 필리핀인들의 저항을 막기 위해 필리핀을 떠날 수 없었기 때문이다. 그러나 필리핀에 주둔한 미군의 원래 주요한 임무는 필리핀을 일본으로부터 지키고, 나아가 중국문제에 대한 군사적 개입을 위한 것이었다. 즉 동아시아 지역의 국제지역경찰의 역할을 수행케 할 목적이었다. 외국에 군대를 파견한 미국 최초의 사례로 평가받고 있는 의화단 사건 시 미국의 군사적 개입이 필리핀주둔 미군을 이용해 이루어 졌다는 사실에서 그것을 알 수 있다. 1904년 공화당 선거 강령은 필리핀을 군사 · 전략적 거점으로 활용하려던 미국의 목적을 잘 보여 준다.

> 필리핀의 소유는 의화단 사건과 같은 경우에 북경에 있는 사절들을 구출하기 위해 신속하고도 효과적인 조치를 취할 수 있게 한다. 그리고 그것은 중국 영토를 보전하고, 분할을 방지하는데 결정적인 역할을 한다.27

따라서 필리핀의 무장 저항이 재연될 경우 필리핀의 치안은 물론 중국의 문호개방정책은 중대한 차질을 빚을 수밖에 없었다. 요컨대 필리핀인의 무장투쟁은 필리핀 주둔 미군에게 국제경찰과 필리핀의 치안 확보라는 이중의 부담을 지워주는 결과를 초래했다는 것이다.

셋째, 필리핀의 무장 투쟁의 재연은 일본으로 하여금 이곳에 대한 야망을 부활시킬 수 있다는 것이다. 필리핀에는 일본인 이민들이 많이 살고 있었으며, 따라서 일본과 경제적으로도 긴밀했다. 따라서 이

27_William J. Pomeroy, *The Philippines: Colonialism, Collaboration, and Resistance!* (New York, International Publishers 1992), p. 78(이하 *The Philippines*로 약함).

지역에서 무장저항이 다시 발생하고 미국이 조기 진압을 하지 못할 경우, 또는 저항 세력이 일본과 제휴할 경우를 생각해 보지 않을 수 없었다. 두 경우 모두 일본이 개입할 구실로 작용할 수 있었기 때문이다. 을사조약 후 한국 의병들의 무장 저항 때문에 일본군의 만주 지배 정책이 차질을 빚고 있으며, 이를 이용해야 한다고 생각한 미국이 그 반대의 경우를 상정해 보지 않을 수 없었을 것이다.28 즉 필리핀인들의 무장 저항은 미국의 동아시아 정책에 장애가 되고 나아가 일본 제국주의 팽창의 기회로 작용할 것을 미국이 모르지 않았다는 것이다. 이러한 일본의 위협은 결국 1934년에 필리핀 독립법을 결의하는 데 중요한 배경으로 작용했을 정도였다. 요컨대 원격지 식민지인들의 무장투쟁이 지배국에 초래할 위험이 어떤 것인지29는 일종의 학습효과로 작용하여 필리핀판 황화(Yellow Peril)를 미국인들의 기억 속에 심어 주었고, 그것이 일본에 대한 황화와 결합되어 증폭됨으로써 미국의 안보위기론의 바탕색을 이루게 했다는 것이다.

그러므로 아기날도의 무장독립 투쟁은 첫째, 비록 소수이기는 하지만 미국인의 인식을 바꾸는 데 일조했다. 필리핀 저항을 무산시키기 위한 군사작전을 지휘했던 토마스 앤더슨(Thomas Anderson) 장군이

28_최정수, 『T. 루즈벨트의 세계정책』, 한양대학교, 2000, 240~241쪽.
29_미국도 이를 모르지 않았을 것이다. 왜냐하면 1776년의 미국 역시 영국이 3000마일의 대서양 건너까지 병참선을 유지할 능력이 없었기 때문에 독립을 얻을 수 있었기 때문이다. 미국 이외의 지역에서 최초의 공화국이 흑인들에 의해 하이티에서 세워질 수 있었던 것도 프랑스인들이 황열병으로 병력의 대부분인 3만여 명을 상실한 탓이라는 점을 미국인들은 누구보다도 잘 알고 있었다. 세계 제1의 해양제국 영국이 미국에게 절절매는 이유도 미국이 캐나다의 분리를 사주할 것을 두려워하기 때문이라는 점도 분명히 인식하고 있었다. 캐나다가 제2의 미국이 될 수 있다는 점을 영국에게 인식시킴으로써 중남미지역에 대한 영국의 침투를 방지한 전력도 미국은 가지고 있었다. 이를테면 미국은 상대국의 원격지 식민지가 인질외교의 중요 수단임을 간파하고 있었던 것이다. 한마디로 원격지 방어의 어려움은 미국인보다 더 잘 알 수 있는 사람들이 없다고 해도 과언이 아닐 정도였다.

국방성(War Department)에 보낸 다음과 같은 보고서에서 그것을 확인할 수 있다.

> (그 동안) 원주민을 낮게 평가해 왔다. 그들은 무지하고 야만스러운 종족이 아니다. 그들은 그들 자신의 문명을 지니고 있다. 이들은 쿠바원주민 보다도 뛰어난 지능과 자치정부(self-government)를 유지할 능력을 지니고 있다.[30]

둘째, 필리핀인들은 자신들의 독립 의지가 어떤 정도인지를 인식시키는데 에도 성공했다고 볼 수 있다. 싱가폴 주재 미국 영사는 미국과 스페인간의 전쟁이 발발(1898)할 즈음에 다음과 같이 확신을 보여준 바 있기 때문이다. 만약 미국이 진정으로 아기날도와 능동적인 제휴를 원한다면, 그에게 독립을 보장해 주어야 할 것이다.[31] 이처럼 현지에서 필리핀인과 접촉한 미국인들 중의 일부는 그들의 독립 열정과 능력을 인정하고 있었다. 미국이 점령 군정을 조기 종식하고, 민간 총독부로 교체한 후, 민정시찰단의 보고를 토대로 필리핀 자치화정책을 조기 집행했다고 주장하는 이유도 여기에 있다. 즉 미국인들이 필리핀 위원단을 파견하여 자치를 검토 한 후, 이를 위한 실질적인 법적 조치를 취했을 뿐만 아니라, 후임 정부들이 잇달아 필리핀인들의 정부 참여 범위를 확대함으로써 미국이 약속한 '피치자의 동의를 얻는 정부'가 결코 빈말이 아님을 보여주려고 했기 때문이다. 의회는 1901년 7월 1일 필리핀에 식민지 행정부를 구성할 수 있는 권한을 입법(First Organic Act)하였다.

뒤이어 같은 해 7월 4일에는 대통령 매킨리는 윌리엄 하워드 태프

30_Americana_, p. 915.
31_Americana_, p. 915.

트(William Howard Taft)를 위원장으로 하는 필리핀위원회(Philippine Commission)를 구성하여 시민정부를 구성케 했다. 위원단의 보고서를 접한 대통령 윌리암 매킨리(William Mckinley)는 필리핀인들의 독립을 승인하기 전에 그들을 "문명화하고 기독교화(Civilize and Christianize)" 하는 정책을 수립했다.32 나아가 1907년에는 필리핀인들로 구성된 하원 설치를 허용했다. 1907년의 조치는 무장독립투쟁에 참여했던 지도부를 끌어들이는 효과를 초래했고, 이들의 투쟁이 독립청원으로 전환하는 계기로 작용했다. 나아가 황화는 필리핀 독립청원단이 미국인과 접촉할 때 주요한 협상무기였다. 이 점은 제3장에서 입증할 것이다. 이렇듯 필리핀인들의 무장독립투쟁은 미국으로 하여금 자치화 정책을 추진케 한 중요한 배경 중의 하나로 작용했다. 그리고 독립청원운동은 자치화정책의 일환으로 허용된 것이다. 따라서 독립청원운동은 미국의 세계전략의 논리적 귀결이기도 했지만, 동시에 무장독립투쟁이 미국인들의 기억 속에 각인시킨 두려움의 결과이기도 했다. 독립청원운동은 미국에 의해서 주어진 것이기도 하지만, 필리핀인들이 획득한 것으로 보아야 한다고 주장하는 이유도 여기에 있다.

더욱이 필리핀인들의 무장저항이 재현된다면 필리핀의 자치화 정책을 미국이 추구하는 세계질서 재편의 선전장으로 활용하려던 계획은 더 이상 존립할 수 없게 될 것이었다. 필리핀인들이 미국 점령 후에 보여주었던 격렬한 무장독립 투쟁이 미국인들로 하여금 자치화 정책을 추진케 한 심리적 배경으로 작용하였다고 주장하는 이유도 여기에 있다.

32_Americana_, p. 915.

3) 필리핀 지식인들의 법치주의 인식과 동화

필리핀인들의 무장 독립 투쟁은 아기날도가 체포된 후 더 이상 계속되지 않았다. 그리고 미국에 협조를 통한 자치화운동으로 전환하였다. 그 이유는 무엇일까. 필리핀인들이 미국에 저항하여 게릴라전이라도 수행할 정도의 군사력을 유지하기 어려웠기 때문일까. 물론 군사적 저항의 실패가 필리핀 지식인들로 하여금 독립 전략의 수정을 초래케 한 것만큼은 부인할 수 없다. 훗날 독립청원 운동을 주도했던 케존 또한 협력을 통한 독립을 해야 한다고 노선 전환을 생각한 시점이 바로 아기날도의 무장독립투쟁기였다는 점에서 이를 확인할 수 있다.33

33_필리핀인들의 독립운동세력 역시 다른 식민지 해방운동에서 목격할 수 있듯이 다양한 스펙트럼을 가지고 있었다. 한편에서는 지식인들이 지배자와 협력을 통해서, 다른 한편에서는 노동자 및 농민을 포섭하여 각각 저항운동을 전개했다. 후자는 '무장독립투쟁'을 선호했다. 그러나 대부분의 지식인들은 대체로 전자를 추구했다. 그리고 지식인들 간에도 저항의 목표(독립 또는 자치화)와 저항의 수단(무장투쟁 또는 청원)을 놓고 분열 양상을 보이고 있다. 그리하여 이러한 요소들은 단독으로, 때로는 상호 조합하여, 때로는 순차적으로 나타난다. 한 끝에는 민중과 농민을 지지 기반으로 한 소수의 무장독립투쟁파가 있다. 다른 한 끝에는 처음부터 무장독립투쟁을 반대하면서 지배자와 협력을 통한 대부분의 지식인들이 취한 청원운동파가 있다. 양극단 사이에 무장독립투쟁을 반대하지도 그렇다고 해서 참여하지도 않았지만, 그것이 실패하자 협력노선으로 굳힌 지식인들이 있다. 독립청원운동을 주도한 케존이 그 대표적 인물이다. 그리고 '先무장독립투쟁, 後협조노선으로 전환'을 모색한 세력도 양 극단 사이에 존재한다. 아기날도가 바로 여기에 해당한다. 그러나 아기날도조차도 무장독립투쟁을 벌이기 전에 미국과의 협조를 모색했다는 사실을 간과해서는 안된다. 왜냐하면 아기날도가 〈스페인으로부터 독립하기 위한 대미 공동전선 결성→미국의 보호국 수용 자세→대미 무장독립투쟁전개→대미 협조선언〉 등의 길을 걸었기 때문이다. 즉 아기날도에게서는 목표에 있어서는 독립과 자치화, 수단에 있어서는 무장투쟁과 협력이라는 다양한 모습이 교차되어 나타난다는 것이다. 한 인물에게서 이렇듯 그동안 필리핀인들이 전개했던 다양한 투쟁

그러나 군사적 패배를 필리핀인들이 독립 전략을 수정케 한 이유의 전부로 보기는 어렵다. 왜냐하면 아기날도의 투항 후에 발표한 대 국민 성명의 내용이 전향에 가깝기 때문이다.

> 우리 국가는 평화를 원한다. 유혈, 눈물, 폐허도 이제는 끝났다. 평화를 갈망하는 동포들의 요구에 또는 자유를 갈망하는 외침에 귀먹지 않았음을 세계만방에 고한다. 미국의 지배권을 인정하고 수긍하는데 나는 더 이상 지체하지 않는다. 나는 조국을 위해 봉사하겠다. 우리 국민에게 행복이 충만하기를 바란다.34

도대체 아기날도는 왜 미국의 지배권을 받아들인다고 했을까. 그가 미국의 협박과 회유에 넘어간 결과일까. 그러나 그는 3년간이나 끈질기게 무장 투쟁을 주도한 인물이다. 그러한 그가 체포된 지 불과 10일 만에 미국의 협박에 굴하여 자국민으로 하여금 미국에 충성하라는 말을 했다고 볼 수 있을까.

뿐만 아니라 처음부터 무장독립 투쟁 방식을 탐탁하게 여기지 않은 세력이 존재했다는 사실이다. 아기날도는 다수의 지식인들을 무장 저항 투쟁에 끌어들이려고 했지만 이들은 응하지 않았다. 훗날 케존을 비롯한 청원제도를 통한 독립운동을 주도한 세력이 바로 이들이었다. 이들이 아기날도의 무장독립투쟁 제의에 불응한 이유는 무엇일까.

우선 미국의 지배를 수용하겠다는 아기날도의 태도 변화는 어쩔 수 없는 상황에 몰려 취한 불가피한 선택이었다고만 볼 수 없다. 왜냐하면 아기날도는 미국이 파견한 증원군이 도착하기 전까지는 미국의 보

방식과 목표가 동시에 목격할 수 있다는 사실이야말로 스페인 통치하의 저항에서 체득한 경험이 필리핀들의 패턴화된 독립투쟁의 유전자로 자리잡았음을 보여주는 상징적 징표가 아닐까.

34_권오신, 2000, 67쪽.

호국 조치도 받아들일 준비가 되어있었기 때문이다. 그리고 미국의 보호를 수용할 수 있다는 아기날도의 태도는 미국식 법치주의, 즉 미국 헌법에 대한 신뢰감에서 비롯되었다. 아기날도가 미국을 그렇게 판단했다고 볼 만한 것으로 다음과 같은 증거가 있다. 첫째, 미국이 쿠바의 독립운동을 무장 개입하여 지원했을 뿐만 아니라, 텔러 수정안(Teller-Amendment)으로 쿠바의 독립을 약속했기 때문이다.35 쿠바에 대한 미국의 독립 약속은 스페인의 쿠바 반란에 대한 회유책, 즉 자치를 허용하겠다는 제안을 무력화시켰다. 따라서 필리핀인들은 쿠바에서 진행되고 있는 이러한 상황이 필리핀에도 그대로 적용될 수 있다고 믿게 되었다. 둘째, 미국은 스페인과 전쟁하기 전에 뤼더스 사건이나, 제1차 베네주엘라 위기에서 보여주었듯이 중남미 공화국들에 대한 유럽의 침투에 대해 적극적으로 나서서 막아주었다. 물론 미국의 이러한 행동은 자국의 이익에 부합되기 때문에 취한 것이었지만, 쿠바독립운동에 발맞추어 독립 투쟁을 시작할 정도로 중남미 정세에 예의 주시하고 있는 필리핀의 입장에서 보면, 미국을 구세주에 다름 아닌 존재로 볼 수밖에 없었다.

셋째, 무엇보다도 미국에 무장독립투쟁을 시작하면서, 그들이 선포한 공화국 헌법이 바로 미국 헌법을 모델로 했다는 것이다. 아기날도가 선포한 공화국의 말로로스 헌법은 쿠바헌법을 모델로 한 것이었지만, 쿠바 헌법은 바로 미국 헌법을 베낀 것이었다. 그리고 필리핀 지식인들은 그것을 모르지 않았다. 독립운동의 핵심세력이 필리핀 소재 대학에서 법을 전공한 인물들이었기 때문이다. 헌법 초안을 잡았던 사람도 바로 필리핀의 대학에서 법률을 전공한 아폴리나리오 마비니

35_콜로라도 출신의 상원의원 텔러(Henry M. Teller)가 1898년 4월 16일에 제안한 이른바 '텔러수정안(Teller amendment)'을 통해서 미국은 쿠바의 독립을 약속했다. G.J.A. O'Toole, *The Spanish War, An American Epic 1898*, p. 171.

(Apolinario Mabini, 1864~1903)였다. 그의 관심은 정부의 권위, 법의 복종, 혁명의 정당성, 교회와 국가의 문제, 헌법에 있어서 행정부와 입법부의 위치 등에 있었다. 특히 마비니는 '권력에 대립한 자유 (Liberty versus Authority)'라는 근본적인 문제에 몰두했다.36 마비니의 이러한 사상은 미국 헌법의 근간인 '정부에 대립한 자유(Liberty against Government)'37를 되풀이 한 것에 지나지 않는다. 이처럼 마비니의 헌법 초안은 미국 헌 법을 모델로 한 것이었다. 그가 스페인으로부터 독립의 수단으로 미국과의 협조를 강조하는 한편, 아기날도의 오른팔로 평가받을 정도로 신임받는 필리핀 혁명의 대변자이자, 이론가가 될 수 있었던 것도 마비니의 이러한 사상적 배경 때문이었다. 체포된 후 아기날도의 태도 변화를 변절이 아니라, 주체적인 수용이라는 측면을 간과해서는 안 된다고 보는 이유도 여기에 있다. 이렇게 볼

36_Usha Mahajani(Review Author), The Political and Constitutional Ideas of the Philippine Revolution; Theodore Roosevelt and the Philippines, 1897-1909; A Nation in the Making: The Philippines and the United States, 1899-1921, *The American Historical Review*, vol. 80, No. 4 (Oct., 1975), p. 1036.

37_코원에 따르면 자유(Liberty)에는 두 가지가 있다. 하나는 '시민적 자유(Civil Liberty)'이며, 다른 하나는 '헌법적 자유(Constitutional Liberty)'이다. 전자는 정부가 우리를 위하여 우리의 이웃에 제한을 가함으로써 얻어지는 자유이며, 후자는 정부가 우리에게 제한을 가하고자 할 때 받지 않으면 안 되는 헌법상의 제한이 있음으로써 누릴 수 있는 자유이다. 즉 시민적 자유는 정부의 개입을 통해서 확보되는 자유이며(Liberty from Government), 헌법적 자유는 정부의 권력 남용을 제한할 때 비로소 가능해지는 한 자유이다. 후자를 '정부에 대립한 자유'로 부르는 이유도 여기에 있다. 그리고 헌법적 자유에는 다시 두 가지가 있는데, 그중에 하나는 정치적 견제와 균형으로부터 결과하며, 다른 하나는 대법원의 '사법심사(judical review)제'가 그것이다. 입법부의 입법권과 행정부의 법집행권을 별도의 기구(대법원)를 통해서 감시하고 심판하는 제도는 미국 헌법을 통해서 정착되었다. 코원은 특히 사법심사제를 헌법적 자유와 동일시하며, 사법심사제를 통해서 법적 자유가 가능하다고 보고 있다. 한마디로 코원은 법원이 정부와 입법부에 과할 수 있는 헌법상의 제한을 미국적 자유로 정의하고 있다. Edward S. Corwin, 김남진 역, 『정부에 대립한 자유 *Liberty against Government*』(법문사, 1973) pp. 11-20.

때 아기날도의 태도 변화, 즉 체포된 후 10일 만에 미국의 지배를 인정한 이유는 그의 미국에 대한 기대감에서 찾아야 하지 않을까. 아기날도가 무장독립투쟁을 벌인 이유 또한 미국에 대한 기대감에서 찾을 수 있다. 왜냐하면 자신의 미국에 대한 환상이 깨진 데 대한 아기날도의 좌절감이 무장독립투쟁에 나서게 한 중요한 심리적 배경으로 작용했으리라는 점을 충분히 짐작할 수 있기 때문이다.38

미국 헌법과 그들에 대한 기대감은 아기날도의 무장독립투쟁 제안을 거부했던 세력에게서도 찾아 볼 수 있다. 그리고 그러한 기대감이 아기날도의 무장독립투쟁 노선에 가담하지 않은 중요한 이유이기도 하다. 그렇게 해석할 수 있는 두 가지 까닭이 있다. 첫째, 케존을 비롯한 독립청원운동 주장자들이 서구 법치주의에 대해 상당한 인식, 즉 지적 기반을 지니고 있었다는 것이다. 이들 지도세력들은 필리핀 소재 법과대학을 통해 법치주의를 학습했던 것이다.

38_아기날도는 수도 마닐라 진공 시 미국을 도와 스페인과 싸우면 독립을 시켜줄 것으로 믿었다. 그는 미국과의 회담에서 듀이가 그렇게 약속했다고 생각했기 때문이다. 더욱이 미국이 쿠바를 도와 혁명전쟁을 수행하면서, 텔러 수정안을 통해서 쿠바의 독립을 법적으로 보장했기 때문에 듀이가 그러한 약속을 했다고 믿어 의심치 않았던 것이다. 반면 듀이 제독은 그러한 사실이 없다고 부인했다. 만약 아기날도의 주장이 맞는다면 미국이 기만행위를 한 것이고, 미국의 주장이 옳다면 아기날도가 오관한 것이다. 그러나 이는 아기날도의 오인이었다. 그리고 그것은 그의 잘못이 아니었다. 이 문제를 당시의 사료를 통해 면밀히 검토한 딘 워세스터(Dean C. Worcester)는 미국은 필리핀의 독립을 대가로 약속한 적이 없으며, 영어를 전혀 모르는 당시 통역을 담당했던 인물이 협상을 타결짓기 위해 자의적으로 자신의 견해를 반영함으로써 아기날도로 하여금 오인케 했다는 결론을 내린 바 있다. 딘 워세스터는 1900~1913년에는 필리핀 위원회의 위원이었으며, 동시에 1901~1913년에는 필리핀 내부문제를 관리하는 총책임자였다. Dean C. Worcester, *The Philippines Past and Present* (New York, The Macmillan Company, 1930), pp. 94-117. 그러나 경위야 어떻든지 간에 아기날도로서는 배신감을 느끼지 않을 수 없었다. 미국의 대의명분을 기대하고 신뢰했던 만큼 좌절감도 컸다. 어찌 보면 그러한 배신감이 3년간의 격렬한 무장독립투쟁의 중요한 배경 중의 하나였다고 볼 수 있다.

둘째, 뿐만 아니라 필리핀인들은 법적 자유를 얻기 위한 투쟁을 해본 경험을 지니고 있었다는 것이다. 일찍이 스페인 통치하에서 벌였던 자유 입헌주의 투쟁이 그것이다.39 유럽에 유학을 갔던 이들의 목표는 독립이 아니라 스페인과 동등한 자격을 얻는 데 있었다. 그리고 그 방법 또한 무장투쟁이 아니라, 스페인 현지에서 언론과 문학 활동을 통해 추진했다. 딘 워세스터도 지적했듯이 필리핀에서 언론은 근본적으로 뉴스와 광고를 파는 기업제도(business institutions)가 아니라, 정치적 기관지(political organs)였으며, 이는 스페인적 또는 유럽적 전통으로서 미국식 언론전통과 달랐다.40 이를테면 스페인 통치하에서 필리핀인들은 이미 청원 활동을 하였던 전력을 가지고 있었던 셈이다. 이러한 법치주의에 대한 필리핀 지식인들의 지적 기반과 이를 위해 투쟁했었다는 과거에 대한 기억은 법치주의가 그들의 문화적 유전인자와 같은 것이었음을 보여 준다. 바꾸어 말하자면 필리핀인들이 스페인 통치하에서 벌인 투쟁은 민족해방운동이라기보다는 자유주의 투쟁의 성격이 강했다는 것이다.

39_19세기 내내 스페인은 소란스러웠다. 나폴레옹이 진앙지로 작용한 자유주의 물결 때문이었다. 특히 1812년부터 1869년 사이에 무려 6번의 헌법이 선포되었다는 데서 그것을 알 수 있다. 그리고 이러한 혼란은 필리핀에 영향을 미쳤다. 1806~1898년에 총독 61명을 바꿀 정도였다. 특히 절대주의 왕정을 부활시킨 페르디난도 7세가 1812년에 만들어진 자유주의적 헌법을 폐지했을 때, 필리핀인들은 봉기했다. 왜냐하면 필리핀인들 1812년 헌법 제정 시 스페인 의회에 파견되어 서명했기 때문이다. 이처럼 유럽의 정황은 필리핀의 자유주의 운동으로 이어졌다. 더욱이 1822년에 마닐라에 유럽의 신문이 들어왔다는 점, 1868년의 스페인의 혁명과 1869년의 수에즈 운하 개통이 필리핀의 고립을 감소시켰다는 점, 또한 필리핀인들의 해외 유학의 경험 등이 복합적으로 작용하여 자유주의 개혁의 희망의 불꽃을 일게함으로써 필리핀인들의 자유주의에 대한 열망은 높아만 갔다. *Americana*, pp. 914-915.

40_Dean Worcester, 1930, p. 52; 필리핀에 신문이 소개된 것은 1822년이다. 아메리카나, 914; 스페인의 세속문화가 들어오기 시작한 1840년부터 1872년 사이에 30개의 신문사가 설립되었다. *Library of Nations : South-East Asia*, p. 105.

그리고 이러한 투쟁의 성격은 미국의 지배에 직면해서 그들이 보여준 투쟁 방식을 이해하는 실마리가 된다. 왜냐하면 필리핀 지식인들이 스페인 통치하에서 보여 주었던 이러한 전력이나 법치주의에 대한 인식력에 비추어 볼 때 케존을 비롯한 세력들은 무장독립투쟁의 실패에 대해 크게 아쉬워하거나, 좌절감을 느낀 것 같지 않기 때문이다. 오히려 무장 투쟁의 실패로 인하여 미국과 협조한다는 자신들의 투쟁 방식을 전면에 내세울 수 있는 기회를 갖게 되었다고 볼 수 있다. 즉 무장독립 투쟁의 실패는 이들로 하여금 자신들의 전략에 대해 쏟아질 수 있는 침략자와 타협한다는 비난이나, 양심적 가책으로부터 벗어나게 한 면책부와 같았다는 것이다.

그리고 법치주의에 대한 이러한 믿음은 미국의 자치를 허용하겠다는 제안에 대하여 망설일 이유가 없었다. 물론 무장독립 투쟁이 실패한 후에는 미국의 지배를 거부할 수 없다는 점도 작용했지만, 법치주의에 대한 이들의 이해력은 미국의 지배를 자발적으로 수용할 수 있었기 때문이다. 더욱이 법치주의의 관점에서 스페인보다 미국의 법제도가 비교도 안될 정도로 우수했다.41 바꾸어 말하자면 필리핀 지식인들의 사고 구조는 정도의 차이일 뿐 독립이 안된다면 미국의 지배하에 자치라도 획득하자는 입장을 취할 만큼 자유주의에 익숙했다. 연

41_사실 제국주의시기에 미국에 대한 이미지를 법치주의를 통해 쌓아갔던 식민지인들은 필리핀인뿐만이 아니다. 다른 열강의 지배하에 있거나 위협을 받고 있던 동아시아인들 또한 마찬가지였다. 한국의 경우 독립협회 출신이었던 윤치호를 통해, 베트남의 경우 호지명에게서, 중국의 경우 손문을 통해 미국 헌법이 동아시아 개혁론자들의 인식 속에 신국가 건설의 이상향으로 자리잡고 있었음을 엿볼 수 있다. Warren I. Cohen, 하세봉, 이수진 옮김, 『미국은 동아시아를 어떻게 바라보았는가』, 문화디자인, 2003, 76~79쪽. 이처럼 미국헌법에 대해 다른 지역에서도 인식하고 있었다면 하물며 법을 전공한 필리핀 지식인들에게 미국이 어떤 존재로 각인되었는지는 미루어 짐작이 가능하다고 하겠다. 요컨대 필리핀 지식인들에게 미국은 독립의 후원자요, 독립 후 수립할 국가의 이상적인 모델이었던 것이다.

구자가 케존을 비롯한 일부 지식인들이 아기날도의 대미 무장 투쟁 제안을 거부했던 이유, 그리고 아기날도가 체포된 후 곧바로 미국의 지배를 인정했던 이유를 필리핀 지식인들의 서양 인식, 특히 법치주의에 대한 내면화된 믿음에서 찾게 된 것도 여기서 연유한다.

요컨대 미국의 지배에 직면하기 전에 필리핀 지식인들은 서양의 가치관, 특히 법치주의에 익숙해 있었다는 것이다. 법치주의는 스페인 통치하의 유학과 대학을 통해서 필리핀 지식인들에게 내면화되어 갔을 뿐만 아니라, 자기 복제를 계속했던 것이다. 그리고 그것은 이들의 투쟁 목표와 투쟁 방식에도 영향을 미쳤다. 필리핀 지식인들이 무장 투쟁에 의지하기보다는 청원을 통한 호소에 의존케 했으며, 독립/민족 해방보다는 식민지 모국으로 편입/자치화를 추구케 했던 것이다. 즉 필리핀 지식인들에게 청원을 통한 민족해방운동은 그들이 미국에 점령당하기 전에 스페인 통치하의 투쟁을 통해서 자연스럽게 습득한 전혀 낯설지 않고 익숙한 방식이었다. 바꾸어 말하자면 법적 자치만 보장된다면 독립에 대한 열정을 자제할 수 있을 만큼 현실적인 감각을 지니게 되었다는 것이다. 이처럼 독립청원운동 또한 미국인들이 제도로서 허용하기 전에 스페인의 통치하에서 필리핀인들이 시도해 본 적이 있는 독립투쟁 노선이요, 내면화된 학습효과를 바탕으로 스스로가 취한 일종의 선택행위였다면, 독립청원운동을 무장독립투쟁이 봉쇄된 상황에서 어쩔 수 없이 순응한 결과가 아니라 미국을 이용하기 위한 적극적 선택으로 보아야 한다고 주장하는 이유도 여기에 있다. 독립청원운동의 이러한 성격, 즉 미국 이용하기 전략으로서의 성격은 그들의 실제 활동을 살펴봄으로써 더욱 확실해질 것이다.

3. 독립청원운동의 실제

　독립청원론자들은 끊임없이 규칙적으로 미국을 방문하였지만, 필리핀 독립을 선거 공약으로 세운 민주당 정부가 수립(1932)되기 전까지는 집권세력인 공화당으로부터 배척당하였다.42 그럼에도 불구하고 이들의 방문은 의미가 있었다. 언론과 야당지도자들, 그리고 필리핀 독립을 주장하는 미국 내 지지세력43에게 자신들의 독립 의지를 줄기차게 주지시키는 한편, 미국 내의 필리핀 독립주장에 도덕적 명분을 마련해 줄 수 있었기 때문이다. 더욱이 필리핀 청원단의 방문이 국제정세의 변화가 예고되는 시기에 이루어졌다는 점은 이들이 국제정세가 미국의 자치화정책에 어떤 영향을 미칠 것인지를 항상 생각해 왔음을 보여주는 증거에 다름 아니다. 과연 이들의 미국에서의 실제적 활동은 어떠했을까. 무엇을 주장했으며, 그리고 이에 대한 미국의 반응은 어떠했는가.

1) 민중과 독립청원운동

　독립은 필리핀 민중들의 불변의 목표였다. 그리고 미국의 자치화법으로 이들에게 참정권이 부여되자, 민중의 독립 열망은 필리핀 정치지도자로 하여금 협력의 목표를 독립으로 설정케 했다. 민중들이 그

42_1920년부터 1932년까지 공화당은 한번도 필리핀 독립청원 사절단을 만나주지 않았다. *The Philippines*, p. 77.
43_미국 내에 필리핀의 독립을 원하는 세력이 있었다. 미국의 팽창행위로 인한 헌법 침해를 우려한 반제국주의 세력, 필리핀인 이주민들의 값싼 노동력에 일자리를 빼앗길 것을 염려한 미국의 노동자, 그리고 필리핀산 농산물의 대량 유입으로 경쟁력 상실을 걱정한 농민 세력 등이 그들이다.

들의 지도자를 선책하고 교체할 수 있게 되었기 때문이다. 바꾸어 말하자면 많은 지식인들이 추구했던 캐나다와 같은 자치국의 지위는 포기해야만 했다. 그리하여 민중들의 독립요구가 독립청원운동을 더욱 활성화시켰다. 특히 두 가지 점에서 그러했다. 하나는 대중들의 즉시 독립해야 한다는 열망에 부응하기 위해서도 사절단을 파견해야만 했다.44 다른 하나는 대중들의 독립 욕구가 미국으로 하여금 필리핀의 안전보장에 대한 대책없이 독립시키는 것을 방지하기 위해서도 독립청원단을 파견해야만 했다는 것이다. 즉 한편에서는 대중들의 즉각 독립론이라는 압박감이, 다른 한편에서는 방기와 다름없는 미국의 조기 독립결정이 행하여질 것을 두려워하는 불안감이 독립청원운동을 되돌릴 수 없는 저항 수단으로 삼게 했다는 것이다. 사실상 대부분의 경우 사절단의 방미가 실질적인 성과를 얻지 못했음에도 불구하고 방문단을 계속 워싱턴에 파견할 수밖에 없었던 이유 중의 하나도 여기에 있다.

1921년의 사절단의 방미는 바로 이러한 성격이 강했다. 이 해에 워렌 하딩(Warren Harding) 신임대통령은 필리핀에 사실 조사위원회를 파견했다. 레오나드 우드(Leonard Wood)와 윌리엄 카메론 포브스(William Cameron Forbes)는 동년 10월에 필리핀은 아직 독립 준비가 안되어 있으며, 많은 교육을 받은 필리핀인들은 미국의 보호(tutelage)를 바란다고 보고했다. 소위 우드-포브스사절(Wood-Forbes Mission)의 보고서는 필리핀인들을 분노케 했으며, 필리핀 지도층은 이를 항의하기 위해 위원들의 워싱턴 파견이 불가피했다.45

44_*The Philippines*, p. 77.

45_*The New Encyclopedia Britannica*, vol. 12(Chicago, Encyclopedia Britannica, 1989), p. 739.

2) 윌슨의 '민족자결주의' 對 필리핀인의 '안전보장론'

사절단의 워싱턴 방문 목적은 그리고 그것이 사실상 더욱 중요한 동기였지만, 미국의 대책없는 독립 결정을 막기 위해서도 필요했다. 필리핀 독립운동 지도층은 경제적 자립 및 국가 안보의 보장 없는 정치적 독립을 공허하게 보았을 뿐만 아니라, 오히려 해가 된다고 보았다. 따라서 경제와 군사 안보가 보장되지 않는 독립이라면 차라리 영국령 캐나다와 같은 지위가 낫다고 보았다. 1927년의 케존의 방미 사절단이 보여준 이중적인 행동은 그것을 잘 드러내고 있다.

1927년 필리핀 입법부는 즉각 독립 여부를 국민투표에 부치자는 법안을 의결했다. 그러나 그 법안은 레오나드 우드 총독과 캘빈 쿨리지 대통령에 의해 즉각 비토되었다. 케존은 비등하는 국민의 불만을 미국에 전달해야만 할 압력을 느꼈고, 워싱턴으로 향하지 않을 수 없었다. 그러나 마누엘 케존이 1927년 뉴욕의 은행가와 기업인들과 회동한 자리에서 밝힌 견해는 자국 국민들이 알면 배신감을 느낄 만한 것이었다. 오히려 케존의 견해는 쿨리지의 국민투표 반대 견해와 일치했기 때문이다.[46]

> 필리핀의 자연 자원은 투자자에게 많은 부를 안길 것이다. 그러나 필리핀인들은 자본이 결여되어 있고, 미국 자본가들은 자본 투자를 망설이고 있다. 왜냐하면 그들은 민족독립운동이 장차 미국의 지배와 그리하여 미국의 투자를 불안하게 만들 것을 두려워하기 때문이다. 필리핀인들이 마음 깊은 곳으로부터 독립을 열망하고 있다는 것은 사실이다. 그러나 진보를 위해 마

46_The Philippines, p. 77.

치 영국과 캐나다의 관계처럼 자치령의 지위를 기꺼이 받아들여야 한다. 우리는 미국에게 오리엔트에서 항구적인 해군 및 육군기지를 보장할 것이다. 그리고 미국 자본에 안전을 확보해 줄 것이다. 그렇게 함으로써 현재 산업 발전을 방해하는 불안을 종식시킬 수 있다.47

방미사절단의 이중적인 모습, 즉 한편에서는 즉각적인 독립을 요구하여 자국민에 대한 립서비스를 하는 한편, 다른 한편에서는 보호국의 지위를 요청했던 이유에 대해 케존을 비롯한 사절단들의 사적 동기에서 비롯된 것으로 해석하는 일부의 견해가 있다. 미국에 수출하는 농산물의 생산자가 바로 그들이었기 때문이라는 점을 근거로 들고 있다. 물론 지도층 인사들의 대부분이 대농장주인 것은 부정할 수 없다.

그렇다고 해서 그들이 자신들의 사리사욕만을 위해서 미국의 조기 철수를 반대했던 것은 아니다. 당시 미국 내에서도 필리핀의 안보부담 때문에 철수해야 된다는 견해가 있었기 때문이다. 케존이 미국 기업인들에게 미국의 조기 철수를 반대한 의사를 밝힌 바로 그해, 즉 1927년에 한때 필리핀 총독을 역임했던 포브스의 다음과 같은 발언에서 그것을 알 수 있다. 미국이 필리핀을 방어하는 것은 사실상 불가능하며, 그럼에도 불구하고 개입하려고 한다면 엄청난 비용을 대가로 지불해야 한다는 것이 그의 발언의 요지였다.

> 나는 어떤 실제적인 노력을 해야 필리핀 섬과 같은 그러한 곳을 방어할 수 있는지를 크게 의심하지 않을 수 없다. 그 섬은 방어할 수 없으며, 군사적 관점에서 방어할만한 가치조차 없다. 주요한 점은 가능한 많은 비용을 들여야만 필리핀에 개입할 수 있다는 것이다.48

47_The Philippines_, pp. 77-78.

포브스의 이러한 견해는 그만 주장했던 것도 아니며, 또한 이때 비로소 개진되었던 것도 아니다. 시어도어 루즈벨트는 그보다 20년 전인 1907년에 필리핀을 "아킬레스건"이라고 부르며 차라리 독립시켜 버리는 것이 낫지 않을까 라며 방위의 어려움을 토로한 바 있다.[49] 필리핀 총독을 거쳤던 레오나드 우드 또한 만약 일본과 전쟁을 할 경우 필리핀을 지킬 수 없다는 점을 당시 대통령 루즈벨트에게 분명히 한 바 있다. 그리고 1907년에 수립한 대일전쟁계획, 즉 오렌지 워 플랜에서 해군 및 육군성의 수뇌부들은 이 점을 다시 한 번 확인했다. 그리고 이 무렵 일본이 수립한 대미전쟁계획 또한 미국과의 전쟁에서 승리를 이끌어 낼 수 있는 유일한 카드가 바로 필리핀 침공이라는 점을 분명히 밝히고 있다. 바로 이 점, 즉 필리핀이 대일전의 빌미로 작용할 수 있다는 걱정 때문에 미국 위정자들은 차라리 필리핀을 독립시켜버림으로써 방어의 부담을 벗어나고 싶다는 식으로 생각을 해보지 않을 수 없었다.

케존은 바로 이 점을 염려했다. 미국으로부터의 독립이 일본으로 예속되는 것과 다름없는 상황에서 대책없는 미국의 독립 결정은 미국의 안보망으로부터 배제되는 것과 같았기 때문이다. 따라서 필리핀인들의 즉각적인 독립요구를 구실로 하여 자신들의 부담을 덜어버리려는 음모를 사전에 차단하자는 것이다. 즉 미국인의 무책임한 자기 도피를 저지해야 한다는 것이다. 마누엘 케존이 국방성 산하 도서국(Bureau of Insular Affairs)의 국장 프랭크 맥인타이어(Frank McIntyre) 장군과 1913년 12월에 있었던 인터뷰는 그러한 그의 염려를 잘 보여 준

48_*The Philippines*, p. 103.

49_Theodore Roosevelt, *The Letters of Theodore Roosevelt*, ed. Elting E. Morison (Massachusettes, Harvard University Press, 1951-1954), vol. IV, No. 3485, TR to George von Lengerke Meyer, 1905. 2. 6.

다. 이 인터뷰는 독립청원론자들의 독립에 대한 진의와 그들의 독립 전략을 알 수 있는 중요한 단서를 담고 있다. 맥인타이어 장군은 자신의 『비망록(Memo- randum)』에서 케존과의 대담을 다음과 같이 전하고 있다.

첫째, 신임 우드로우 윌슨 대통령이 필리핀의 조기 독립 조치를 취하지나 않을까 하는 걱정을 드러내면서 필리핀에는 조기 독립을 원하는 자만 있지 않으며, 오히려 조기 독립을 불안한 시선으로 바라보는 사람들도 있다는 점을 주지시키면서, 만약 미국이 필리핀인들의 조기 독립론을 수용한다면 그것은 실수하는 것이라고 경고했다.50

> 그런 후 케존은 필리핀 섬과 관련된 정책을 묻기 시작했다. 그는 대통령 우드로우 윌슨의 정책이 무엇인지를 알기를 원했다. (중략) 그는 다음과 같이 말했다. 필리핀 내부에는 두려움이 존재한다. 그것은 바로 미국이 필리핀의 조기 독립을 허락하는 조치를 숙고하는 중에 있지 않을까 하는 점이다. 이것이 섬에 관심을 지니고 있는 미국인과 다른 사람들을 매우 걱정시킨다. 그 자신은 만약 미국이 그렇게 한다면 실수하는 것이 되리라고 생각한다고 했다.51

케존의 이러한 걱정은 근거가 있었다. 윌슨이 임명한 신임 총독 해리슨은 자유주의자로서 필리핀의 독립을 확신하고 있는 인물이었기 때문이다. 즉 그는 필리핀 독립을 위한 최선의 대책은 미국인 관리를 필리핀인 현지관리로 교체하여 후자로 하여금 국가 경영을 학습할 수 있는 기회를 부여하는 데 있다는 입장을 지니고 있었다. 케존은 해리슨의 필리핀화를 통한 독립 주장을 오히려 불안한 시선으로 바라보고

50_*The Philippines Reader*, p. 51.
51_*The Philippines Reader*, p. 51.

있었다. 조기독립에 반대하는 케존에게 그의 그러한 견해를 총독 해리슨에게도 알렸느냐는 매킨타이어 장군의 질문에 대해 총독 해리슨이 필리핀의 독립을 바라고 있기 때문에 감추었다는 케존의 다음과 같은 답변은 그것을 보여 준다.

> 이번에는 나는 그에게 그것을(필리핀의 조기독립을 반대한다는 케존의 주장 : 역자) 총독 해리슨(Harrison)에게 말한 적이 있는지를 물었다. 그러자 그는 말했다. "신을 걸고 말하건대 절대 한 적이 없다. 내가 생각하기에 그는 독립을 믿고 있다. 그는 약 4년 안에 우리를 풀어줄 수 있다고 생각한다. "그는 되풀이 했다. "그가 독립을 신봉한다."[52]

둘째, 케존이 조기 독립을 반대한 이유는 안보상의 이유였다. 장군의 기록에 따르면 케존은 먼저 비밀유지를 당부하면서 자신과 오스메냐는 사적으로는 필리핀의 조기 독립을 반대하면서 그 이유로 일본의 팽창에 대한 두려움을 제시했다고 한다.

> 그는 가까운 미래에 독립하는 것에 대해 자신은 두려워하고 있다는 점을 토로했다. 그의 두려움은 주로 일본의 행동에서 기인한다. 그는 이번 여행을 통해서 처음으로 일본이 필리핀에 대해 어떤 의도를 지니고 있음을 확신하게 되었다고 말했다. - 또한 그는 만약 일본이 필리핀의 독립이 가까운 미래에 올 것이라고 확신하게 된다면 일본인들의 필리핀 이민을 공식적으로 돕기 시작하게 될 것이며, 그리고 일본인 이민은 필리핀국민으로 동화되지 않고 일본인으로 남을 것이라고 믿는다고 했다. - 나는 그에게 국방장관과의 회담을 제의하는 한편, 그에게 이 견해를 오스메냐에게도 설명한 적이 있는지를 물었다. 그는 그랬다면서

---

[52] *The Philippines Reader*, p. 52.

오스메냐 또한 전적으로 동의할 것으로 생각한다고 했다.53

이처럼 케존을 비롯한 필리핀 지도층이 독립에 신중했던 것은 언급한 바와 같이 경제적 이유 말고도 바로 일본에 대한 黃禍(Yellow Peril) 때문이었다. 일본인의 이민과 그것이 일본 정부의 개입으로 이어져 결국 일본이 필리핀을 병합할 것이라는 전망은 공상만은 아니었다. 과잉 인구의 해외 배출은 이미 앵글로 색슨족의 두려움의 대상이기도 했기 때문이다. 호주의 백호주의, 미국의 이민 금지법과 이로 인한 일본과의 전쟁 위기 등은 일본인 이민문제가 이미 국제적 분쟁거리였음을 알려주고 있다. 미국이 일본의 보호국화를 추인한 태프트(Taft)-가쓰라(桂)협정(1905)을 체결한 주요 배경 중의 하나도 전후 예상되는 일본 이민의 물결을 한국과 만주로 돌리자는 데 있었다.54

사실 미국이 필리핀과 하와이를 병합한 주요 이유도 그곳의 일본인 정착민 숫자가 증가하고 있었다는 점에 있다. 특히 하와이의 경우는 선거연령에 도달한 일본인 인구가 백인을 능가하고 있었다. 미국이 일본인 이민의 증가를 일본 정부의 영토 병합으로 이어질 것으로 판단한 것도 이 때문이다. 이렇게 볼 때 미국이 떠난 후를 걱정하는 케존의 두려움은 상당한 이유가 있었다고 볼 수 있다. 그로서는 다음을 자문해 보지 않을 수 없었을 것이기 때문이다. 첫째, 미국으로부터의 독립이 필리핀인들의 진정한 독립인가. 왜냐하면 미국이 떠난 자리를 일본이 메우려고 할 것은 불을 보듯 뻔했기 때문이다. 둘째, 만약 일본에 병합된다고 할 때, 일본의 필리핀에 대한 정책이 과연 미국과 같은 성격과 수준의 것이 될 것인가.

53_*The philippines Reader*, p. 52.
54_유수현, 「러일전쟁을 전후한 미국의 대한반도정책의 특징적 성격」, 『제 3회 합동학술대논문집』(한국정치학회, 1979), 70쪽.

3) FDR의 '즉각 독립론' 對 필리핀인의 '독립 후 안전보장론'

그러나 1930년대 들어 독립청원단의 미국 방문은 그 이전의 방문과 다른 성격의 것이었다. 미국 내의 정세가 필리핀의 독립 시기를 정하는 방향으로 흘러가고 있었기 때문이다. 여기에는 두 가지 변화가 있었다. 하나는 1930년 필리핀 독립을 지지해 왔던 민주당이 하원 선거에서 승리했다는 점이다. 이것이 필리핀인들을 고무하였고, 동시에 수많은 법안, 요구서, 청원서 등이 미 의회에 제출되었다. 이에 케존은 독립문제를 해결하기 위한 사절단 파견을 추진하고 실행했다. 1931년 12월 6일 상원 임시 의장인 오스메냐와 하원의장인 로하스를 중심으로 한 대표단 파견이 그것이다. 사절단은 1932년 1월 2일에 워싱턴에 도착하고 활동에 들어갔다. 그들의 활동은 그 어느 때보다도 미국 내의 많은 지지세력을 얻을 수 있는 분위기하에 이루어졌다는 점에서 이전의 사절단과 달랐다.

다른 하나는 1929년의 대공황의 여파 속에서 시달리고 있는 미국 경제상황이 필리핀의 독립을 위해 유리한 환경을 조성했기 때문이다. 농민단체는 필리핀산 농산물, 특히 코코넛과 설탕 등의 미국 내 자유 반입을 반대했으며, 노동자세력은 태평양 연안으로 필리핀인 저임 노동력의 이민을 막으려고 했기 때문이다. 미국노동연맹(American Federation of Labor)이 필리핀인의 이민 제한을 요구했던 까닭도 여기에 있다.

이렇듯 미국 내의 상황 변화를 외면할 수 없었던 의회는 마침내 그 동안 미정으로 남아있던 필리핀의 독립시기를 정하자는 법안을 결의하기에 이르렀다. 1932년 1월 하원과 상원에 제출된 각각의 법안이 그것이다. 양자의 법안은 필리핀 국민들이 제정한 헌법하에서 독립과 도정부를 두자는 데 일치했다. 다만 과도정부 기간에서 양자의 입장은 달랐다. 하원의원 헤어(Butler B. Hare)의 제출법안은 8년을, 상원의원 호즈(Hawes)와 커팅(Broson Cutting)이 제안한 법률은 17년 또는 19년을 각각 제시했기 때문이다. 양자가 각각 제출한 법안은 12월 8일 하나로 통합되었다. 이른바 헤어-호즈-커팅법안(Hare-Hawes-Cutting Act)이 그것이다. 이 법안의 주요 내용은 다음과 같다.

과도독립정부의 운영기간은 10년으로 정한다. 독립과도정부는 미국 대통령의 승낙을 얻어 헌법을 제정한다. 이를 위해 제헌의회를 소집해야 한다. 제헌의회 소집권은 필리핀 입법부에 부여한다. 미국대통령은 헌법개정에 대해 거부권을 행사할 수 있다. 그리고 외교·국방·재정에 대해서 미국 대통령은 통제권을 지닌다. 또한 독립과도정부가 구성되면 미국의 고등판무관이 필리핀에서 미국 대통령을 대신하는 권한을 행사한다. 필리핀인의 미국이민과 농산물 수출은 제한된다. 전자는 년 50명만을, 후자는 일정한 량만을 무관세로 수출할 수 있다. 필리핀 내 군사기지 및 군사시설, 미국인 보유지 등은 미국이 보유한다.[55]

그리고 이 법안은 약간의 수정을 거쳐 1934년 타이딩스-맥더피 법안으로 미국의회를 통과했으며, 필리핀 의회는 이를 수용했다. 타이딩스-맥더피 법안에서 미국은 필리핀에 해군기지 및 연료저장소를 세우기 위한 협상을 필리핀인에게 약속했다. 그 외에 타이딩스-맥더피 법안의 주요 골자를 소개하면 다음과 같다.

필리핀은 10년간의 과도정부기간을 거쳐 완전 독립한다. 과도정부기간 내에 필리핀인 제헌의회를 소집하고 헌법을 제정한다. 헌법은 인권조항을 포함해야 하며, 헌법 수정은 미국 대통령의 승인을 얻어야 한다. 또한 미국 대통령은 필리핀 입법부와 행정부의 어떤 법적 조

---

[55] 권오신, 2000, 206~207쪽.

치에 대해서도 거부권을 행사할 수 있다. 과도정부의 통화, 화폐주조, 해외무역, 이민 등의 관련 법안은 미국 대통령의 사전 승인을 받아야 한다. 외교문제 또한 미국의 감독과 조정을 받아야 하며, 장차 필리핀이 영세 중립국이 될 수 있도록 미국 대통령은 다른 열강과 협상권을 갖는다. 이로써 필리핀인들은 숙원이었던 독립과 국가안보를 동시에 이룰 수 있게 되었던 것이다. 이 법안에 따라 필리핀은 제헌의회를 구성하였고, 마침내 1935년 2월 8일 제헌의회는 헌법을 승인하였다. 그리고 3월 23일 프랭클린 루즈벨트는 그 헌법을 승인함으로써 미국의 약속이 지켜질 것임을 보여 주었다.

이렇듯 독립청원운동은 실제적인 그리고 뚜렷한 방문 목적을 지니고 있었으며, 부분적으로는 관철시켰다. 예컨대 1921년에는 윌슨의 민족자결주의의 조기 실행을 반대했다. 그리고 1930년대에는 민주당 정부의 선거 공약이었던 필리핀 독립이 법안으로 제정되려고 하자, '先보장, 後철수론'을 제기하여 상당한 성과를 얻었다. 그리고 두 경우 모두 미국 측에게 황화론을 제기함으로써 미국인들의 불안감을 부추기는 심리전을 구사하였다. 특히 집권 민주당과 협상과정에서 미국으로 하여금 보다 구체적인 필리핀 보장책을 고민케 했을 뿐만 아니라 이 때문에 미국이 필리핀에 맥아더 장군을 군사고문단으로 파견하여 필리핀의 국가안보전략을 수립케 하였다. 따라서 필리핀인들의 대미 독립청원운동은 나름대로 커다란 성과를 얻었다고 볼 수 있다.

4. 맺음말

이상에서 필리핀 지식인들에 의해서 수행된 독립청원운동의 실체를 알아보았다. 이 글이 모두에서 제기한 문제의식은 두 가지였다. 첫째, 필리핀 지식인들의 독립청원운동은 미국의 '필리핀 이용하기' 전략에 놀아난 결과일까. 아니면 필리핀인들의 '미국 이용하기' 전략이었을까. 둘째, 독립청원운동은 독립과 관련하여 어떤 실제적 성과를 얻어냈는가. 이를 밝히기 위해 전반부인 제2장에서는 독립청원운동의 역사적 배경을, 후반부인 제3장에서는 그들이 미국에서 벌였던 실제 활동을 각각 추적하였다. 전반부 연구를 통해 독립청원운동이 필리핀인들이 스스로 계발해 낸 자발적 전략이었다는 점을, 후반부 연구를 통해 독립청원운동이 필리핀인들의 미국 이용하기 전략이었다는 점을 각각 확인할 수 있었다.

이를 통해 구체적으로 다음과 같은 결론에 도달하였다. 첫째, 독립청원운동은 미국에 의해 주어진 조건, 즉 자치권에 대한 법적 보장을 이용하여 필리핀 지식인들이 스스로 만들어낸 독립 전략이었다. 그리고 청원 운동은 미국의 지배를 받기 전에 내면화된 방법이었다. 필리핀인들이 스페인 통치하에서 사용해 본 방법이기 때문이다. 다만 스페인 통치하에서는 언론과 문학을 통해, 미국의 지배하에서는 정치적 조직을 통해 청원운동이 이루어졌다는 점에서 다르기는 하지만, 사상과 언론의 자유에 기초한 저항 수단이었다는 점에서 맥락이 같다.

둘째, 독립청원운동은 미국 이용하기 전략이었던 측면을 간과해서는 안된다. 지피지기(知彼知己)에 입각한 전략이었기 때문이다. 먼저 필리핀인들은 자신의 군사적 저항 능력의 한계에 대해서 정확히 인식하고 있었다. 미국에 대한 군사적 저항이 성공할 수 없다는 점을 스페인 통치하에서도 이미 확인한 바 있다. 아기날도가 체포된 후 곧바로 미국의 지배를 인정했던 것도, 또한 케존을 비롯한 지식인들이 아기날도의 연합전선 구축 제의를 거부했던 것도 모두 이 때문이다. 뿐만 아니라 필리핀인들은 미국의 필리핀 이용하기 전략의 실체를 거의 알고 있었다. 미국이 1) 필리핀의 지정·전략적 위치에서 비롯된 군사·전략적 가치를 중시한다는 점, 2) 미국식 법치주의 이식을 열망하고 있다는 점, 3) 일본의 필리핀 점령을 두려워하고 있다는 점 등이 그것이다. 이는 윌슨의 민족자결주의에 대한 케존의 불안감에서 확인할 수 있다. 케존은 민족자결주의가 미국의 필리핀자치화 정책을 촉진하여 사실상 방기와 다름없는 필리핀 독립을 초래할 수 있다는 점을 염려했다. 그 경우 일본이 독립된 필리핀을 그들의 식민지로 삼을 수 있다고 보았기 때문이다. 그가 미국에게 이 점을 주지시키면서 독립을 막으려고 했던 이유도 여기에 있다. 필리핀 지식인들이 군사적 저항능력의 한계를 인식하고 있었을 뿐만 아니라, 미국식 정치체제를 자국에 이식시키기를 원했기 때문에 미국에 협력했다고 주장하는 것도 이 때문이다.

셋째, 독립청원을 통한 필리핀인들의 미국 이용하기 전략은 성공했는가. 계량화할 수는 없지만, 어느 정도 성과를 얻었다고 평가할 수 있다. 미국을 지속적으로 방문하여 의회 지도자에게 필리핀의 독립을 촉구하여, 필리핀 독립을 주장하는 미국 내 세력에게 힘을 실어 주었으며, 나아가 필리핀의 군사기지를 담보로 독립 후의 안전 보장을 확보하는 데 성공했기 때문이다. 미국이 더글라스 맥아더를 파견하여 일본의 위협으로부터 필리핀의 군사적 안보를 취할 수 있는 전략을 수립케 한 것도 독립청원론자들의 노력의 결과였다. 다만 미국에 협력하여 독립한다는 이들의 전략이 미국의 필리핀 지배전략과 방향이 일치됨으로써 필리핀들의 그러한 노력은 드러나기 어려웠을 뿐이다. 그렇다고 해서 독립청원운동의 역할을 과장해서도 안 된다. 미국의 대내외적 사정으로 인하여 필리핀의 자치화와 독립은 되돌릴 수 없는 정책이 되었기 때문이다. 미국은 필리핀 병합으로 야기된 헌법과의 충돌을 피하고, 동시에 미국 헌법의 세계화, 즉 유럽식 세계체제에 맞서서 미국 헌법을 세계 개조의 기본적 원리로 삼기 위해서라도 필리핀을 독립시킬 수밖에 없었다는 것이다. 그럼에도 불구하고 필리핀인들의 독립청원운동에 적극적 의미를 부여하는 것은 언급했듯이 그들의 자체 판단으로 미국에 협력했고, 국제정세를 이용하여, 독립의 속도를 조절하려고 했으며, 마침내 독립과 독립 후 안전보장을 동시에 얻어냈기 때문이다. 필리핀의 독립이 미국에 의해 주어진 것이기도 하지만, 동시에 청원운동에 의해 얻어낸 것이라고 볼 수 있는 이유도 여기에 있다.

넷째, 청원을 통한 독립운동은 필리핀인들만 전개한 방법은 아니다. 제국주의시기에 피지배자의 지배자 이용하기 전략은 일반적이었기 때문이다. 따라서 일제 지배하의 일부 한국 지식인들의 시도 또한 당연한 반응이었으며, 논리 또한 필리핀인들의 그것과 같을 수밖에 없었다. 그들 역시 일본으로부터 해방이 독립을 가져온다고 보지 않았으며, 그것이 바로 그들의 친일 협력을 정당화하는 논리였다. 이는 필리핀인의 협력 논리와 맥락이 같다. 그리고 한국 내 친일 협력론자들의 이러한 논리는 당시 국제정세로 보아 무작정 비난만 할 수는 없다. 사실상 전 세계가 지배하는 자와 지배받는 자로 양분되어 있었을 뿐만 아니라, 지배 열강 간의 치열한 식민지 재분할 투쟁이 전개되고 있었기 때문이다. 따라서 일본으로부터의 독립이 다른 열강의 예속을 의미할 수 있었다. 이승만을 비롯한 외교독립론자들이 미국에 국제연맹의 위임통치청원을 한 이면에 작동된 논리가 이것이다. 그렇다고 해서 그러한 국제정세가 일부 한국인의 협력 논리는 정당화하는 것은 아니다. 그들이 지배자인 일본 제국주의의 속성과 감추어진 의지를 읽어내지 못하고 그들의 회유하는 말을 믿었기 때문이다. 또한 미국을 향한 위임통치 청원운동은 윌슨의 민족 자결주의를 기대한 것이지만, 민족자결주의는 한반도에 투사될 수 없는 한계를 지니고 있었다. 위임통치청원론자들이 간과한 것이 바로 이 점이다. 단재 신채호도 지적했듯이 소비에트 러시아의 남하를 막기 위해 일본을 이용하려는 것이 미국의 전략이었기 때문에 위임통치청원운동이 미국에게 먹혀들 수 없었다. 그러나 필리핀인들은 미국인들이 군사기지로서 자국의 가치를 중시하고 있다는 점을 알고 이를 무기로 미국과 흥정하려고 했다. 또한 필리핀인들의 협력은 미국이 약속에 따라 자치화 및 독립에 대한 법적 조치를 취함으로써 정당성을 얻었다. 따라서 일부 한국인의 협력논리를 필리핀들의 그것과 마찬가지로 일본 이용하기 차원으로 볼 수 없다. 일본이 조선에 대해 약속한 조치를 이행하지 않았음에도 불구하고 협력했기 때문이다. 요컨대 한국의 협력논리와는 달리, 필리핀인들의 협력논리는 자체 판단에 따른 미국 이용하기 전략의 일환이었고, 따라서 대세에 순응한 무조건적인 친미 행위로 볼 수 없다.

끝으로 독립청원운동은 필리핀의 이후 역사 전개 방향에 어떤 영향을 미쳤을까를 검토해 보자. 제2차 세계대전 후 독립한 필리핀은 오히려 마르코스의 군사 독재를 장기간 경험했다. 그리고 1960년대 초까지 일본과 더불어 아시아의 최고 모범국가였으며, 세계 은행이 '미래의 성장 대국'으로 뽑았을 정도로 경제적 번영과 잠재력을 보여주었다. 그러던 필리핀의 경제는 2004년 기준으로 1인당 국민소득이 1080달러로서 40년 전의 그것(1000달러)과 같을 정도로 몰락했다. 따라서 제국주의시기에 식민지로서는 가장 선진적인 법치주의를 이식받았지만, 독립 후에는 오히려 법치주의가 퇴보한 셈이 되었다. 과연 그 책임을 포스트 식민주의자들의 주장과 같이 미국에게만 물을 수 있을까.

조셉 프라이(Joseph A. Fly)도 지적했듯이 미국의 민주주의 수출이 실패했던 이유는 부분적으로 필리핀의 "토착적인 문화, 정치, 경제적 역량의 내구성"에서 찾을 수 있다. 그리고 미국은 이 점을 고려치 않고, 법치주의와 교육이라는 두 개의 사다리만 제공하면 민주주의 국가로 전환될 수 있다고 믿어 의심치 않았다. 즉 미국은 자국의 민주주의 발전과정을 인류 모두에게 적용될 수 있는 보편성을 지닌 것으로 확신한 나머지 필리핀의 특수성을 고려하지 않았다는 것이다. 비유하자면 미국은 민주주의라는 묘목이 성장할 수 있는 토양의 특수한 성질은 간과했고, 이 점에서 미국은 책임을 면할 수 없다.

그렇다고 해서 모든 책임을 미국에게만 전가할 수는 없다. 독립청원을 주도한 세력들이 비록 자유입헌주의자들이었지만, 그들은 그것을 지배자인 미국에 대해서만 요구했을 뿐, 과연 자신들의 국민에 대해서 적용할 마음을 지니고 있었는지가 의심스럽기 때문이다. 미국도 이들이 독재자로 변신할 가능성을 염려했던 것 같다. 과도기 헌법을 제정하면서, 인간의 기본권을 침해하는 법률을 제정할 경우 미국은 즉각 개입할 수 있는 단서조항을 삽입했기 때문이다. 즉 미국은 '적법한 절차에 따르지 않고 인간의 생명, 자유, 재산을 침해할 수 없다'는 연방 수정헌법 5조를 필리핀 헌법의 전면에 내세웠던 것이다. 그러나 1946년에 필리핀을 독립시킨 후에는 이 조항을 적용할 수는 없었다. 독립국의 주권 침해가 되기 때문이다. 그렇다고 독재정권의 탄생을 필리핀 지식인들의 법치주의에 대한 인식 부족에서 찾을 수도 없다. 법치주의에 대한 필리핀 지식인들의 이해가, 미국의 지배하에서 비로소 시작된 것이 아니라, 스페인의 지배하에서 이미 내면화된 가치관이었기 때문이다. 이처럼 필리핀 지식인들이 법치주의에 대해 장기간 학습기간을 가졌음에도 민주주의 정착에 실패했다면, 그 책임을 미국에게만 물을 수 없다. 이 점에서 필리핀 협력론자들이 한편에서는 국익을, 다른 한편에서는 자신들의 개인적 이익을 위해서 지배자의 가치에 스스로 동화되어 갔다는 갤러거-로빈슨의 협력 이론은 음미할 만하다. 바꾸어 말하자면 필리핀 지식인들이 자신들의 지배적 가치관이었던 입헌 자유주의를 개인적 수단을 넘어, 이 원리에 기초를 둔 민족주의나 국민의식을 배양하기 위해 적극적으로 헌신했는지를 선행하여 검토해 보지 않는 한, 오늘 필리핀의 몰락에 대한 책임을 무조건

제국주의시기로 소급할 수 없다는 것이다. 오늘날 많은 기록들은 식민지하에서 민족해방투쟁을 벌였던 제3세계 신생 독립국의 정치적 지도자들의 상당수가 독립 후 장기 집권체제를 구축하기 위해 제국주의 지배국의 침략성을 고발하는 민족주의를 만들어 내고 이용했다는 점을 알려주고 있다. 그러나 식민지를 경험한 국가의 역사가들은 이러한 역사적 사실을 외면하는 경향이 있다. 필리핀에 민주주의를 정착시키는 데 실패한 책임에서 식민지 시기 필리핀 지도자들 또한 결코 자유로울 수 없다.

인민민전선기 베트남 공산주의자들의 합법투쟁

노 영 순[*]

1. 머리말

식민지 베트남 공산주의자의 전략과 전술에서 법이 허용하는 영역과, 법의 허용이 필요 없는 영역에서의 활동을 의미하는 합법 활동(혹은 공개 활동)은 언제나 일정 정도 중시되어 왔다. 그러나 현실적으로는 프랑스 식민 당국과 경찰의 탄압이 거세고, 이에 따라 합법 활동이 당연히 위축되었고, 대중과의 접점 범위를 넓히려고 당 지도부는 합법 활동을 고무시켰으며, 이에 부응하여 공개 활동을 하다가 탄압당해 당세가 위축되고, 그러면 이에 대한 비판과 자아비판이 이어지기 마련이었다. 물론 이러한 순환과정은 객관적인 주변 정세, 즉 세계 공산주의운동의 흐름과 식민본국의 베트남 정책 그리고 베트남 공산주의자들의 역량과 대응에 따라 다양하게 전개되었다. 그러나 프랑스 인민전선 정부기를 제외하고 그 어느 시기에도 베트남 공산주의자들

이 글은 「사총」 제63호(역사학연구회, 2006. 9)에 수록된 논문을 수정·보완한 것임.
[*] 친일반민족행위진상규명위원회 전문위원

의 합법 활동 내지는 공개 활동이 당의 주요 활동이 되거나 식민정부에의 '협력'을 의미하지는 않았다. 프랑스인민전선 정부와 그 정책에 지지를 표명하고 식민정부가 허용한 형식을 이용하여 정치에 참여했다는 점에서 이 시기 베트남 공산주의자들의 활동은 분명 '협력'의 범주에 속한다. 그러나 베트남 공산주의자들은 프랑스 식민정권과의 관계에서 '협력'이 협력을 위한 것이 아니라 투쟁의 일환이라는 점을 보여주어야 했으며 특수한 이 시기에 저항과 협력 사이에서 균형을 세심하게 유지해야 했다.

베트남 공산주의자들이 협력을 통한 정치참여를 실현할 수 있었던 배경에는 무엇보다도 먼저 1935년 코민테른 7차 대회에서 채택한 드미트로프 노선과 1936년 프랑스 인민전선 정부의 등장이라는 대외적인 변화가 주목된다. 그러나 이로부터 마련된 합법의 공간을 어떻게 이용할 것인지는 베트남 공산주의자들의 몫이었다. 이들에게 합법 공간은 식민정부에 협력하여 자신들의 활동반경을 넓히는 기회뿐만 아니라, 대중과의 접점을 마련하는 계기로 활용되었다. 때문에 프랑스인민전선기에 베트남 공산주의자들의 위신과 신용은 배가되었으며 대중 운동은 그 어느 때보다도 활발히 전개되었다고 평가된다.[1] 그러나 그 대가는 적지 않았는데 무엇보다도 합법운동의 운명을 프랑스인민전선정부에 맡김으로서 생사를 같이하게 되었으며, 후자의 배신과 탄압으로 베트남 공산주의자들은 분열했고 급기야는 대다수가 영어의

---

[1] 본 논문의 주요 논제는 아닌, 대중운동이라는 측면에서의 당시 노동자·농민운동의 실상에 대해서는 다음 두 베트남 저자의 저서에 자세히 언급되어 있다. Tran Van Giau, *Giai cap Cong nhan Viet Nam. tu Dang cong san thanh lap den Cach mang Thang cong tap III 1936-1939* 〔베트남 노동자 계급, 공산당 성립부터 혁명 성공까지, 권3, 1936~1939〕, NXB Su hoc. Hanoi, 1962; Cao Van Bien, *Giai cap Cong nhan Viet nam. thoi ky 1936-1939* 〔베트남 노동자 계급, 1936-1939〕, NXB Khoa hoc xa hoi, Hanoi, 1979.

몸이 되어 활동력을 구속당했다.

본 논문은 프랑스 인민전선정부의 성립과 더불어 시작되어 나치독일과 소련의 불가침조약, 프랑스와 독일의 개전을 겪고 나서 끝을 맺은 인도차이나공산당의 합법투쟁이 갖는 메커니즘을 밝히고자 한다. 이를 위해 두 번째 장에서는 베트남공산주의자들이 인민전선을 수용하는 맥락과 과정, 그리고 민주적인 권리 획득이라는 인민전선기 목표설정과 이를 달성하는 방법론으로서의 합법투쟁을 설명한다. 세 번째 장에서는 이제까지 학자들의 관심에서 벗어나 있던 북부 베트남에서 민주전선이 전개·변화·소멸하는 과정을 그 주체세력인『르트라바이』집단,『소식』집단 그리고『민중』집단을 중심으로 실증해 간다. 특히 베트남의 인민전선기(1936년 6월~1939년 9월)에 자문기구나 시위원회 선거 참여, 정치범 석방과 세제 개혁 등을 위한 청원운동, 그리고 민주적인 권리 획득을 위한 제반 조직과 운동으로 표현된 베트남 북부 공산주의자들의 정치참여 실상을 규명한다. 마지막으로 반식민지 태도를 가지고 있던 프랑스 인민전선정부하에서 행해진 베트남 공산주의자들의 합법활동을 평가하고 저항을 위한 협력이라는 전략적 목적을 달성하지 못한 이유를 제시할 것이다.

2. 반제통일전선에서 민주전선으로

코민테른 7차 대회와 프랑스 인민전선의 집권은 그 성격을 어떻게 규정하든지 간에 베트남공산당사에 커다란 영향을 미쳤음에는 분명하다.[2] 1935년 7~8월 세계 공산주의의 즉각적이고 주된 적인 파시즘

---

[2] 일반적으로 베트남 공산주의 연구자들은 인민전선 노선을 채택한 코민테른 7차 대회를 당사의 주요한 전환점으로 평가한다. 후인 낌 카인은 "이 새로운 방어적인 반파시스트 동맹과 탄력적인 혁명 전략은 1928년부터 1935년까지 세계 공산주의

에 대항하고 소련을 방어하기 위해 사회민주주의자들을 포함해 모든 진보적인 요인들과 가능한 넓은 의미의 민주전선을 형성하라고 결정한 코민테른 7차 대회3 직후 베트남 공산주의자들(당시에는 인도차이나공산당 구성원이었던 이들)은 이 새로운 전략의 변화가 식민지 베트남에 갖는 의미가 무엇인가를 숙고하기 시작했다. 사실 이제까지

운동을 지배했던 이전 6차 대회의 극좌 노선을 대체했다"라고 평가했다. 응우옌 응옥 르우도 비슷한 주장을 한다. 즉 코민테른의 통일전선 전략에 따라 인도차이나공산당은 사회 계급에 대한 태도를 180도 바꾸었다고 보았다. 그러나 맥라인은 좀 더 색다른 견해를 제시한다. 그에게 7차 대회의 결정은 더 많은 정치 동맹자들을 포용하고 소련의 이해관계에 더욱 초점을 둔 사실을 제외한다면 그 전 결정들의 '빛바랜 복사물'이었다. 그에 따르면 식민지 혹은 반식민지라는 맥락에서 7차 대회의 반파시스트 공식은 상당 정도로 널리 시행 중에 있었던 호전적인 전략에다가 반제통일전선이라는 전략을 덧붙인 것이었다. 맥라인은 어떤 통일전선전략도 독립, 프롤레타리아 헤게모니 혹은 심지어 소비에트 건설을 위한 투쟁을 완화하라고 요구하지 않았음을 강조한다. Huynh Kim Khanh, *Vietnamese communism 1925-1945*, Cornell University Press, Ithaca and London, 1982, p. 206; Nguyen Ngoc Luu, *Peasants, Party and Revolution: The Politics of Agrarian Transformation in Northern Vietnam, 1930-1975*, Hanoi, 1987, p. 203; McLane, Charles B. *Soviet Strategies in Southeast Asia: an Exploration of Eastern Policy under Lenin and Stalin*, Princeton University Press, New Jersey, 1966, pp. 207-211.

3_1935년 7월 25일부터 8월 21일까지 모스크바에서 열린 코민테른 7차 대회에 참가한 인도차이나공산당 대표는 레 홍 퐁(Le Hong Phong), 응우옌 티 민 카이(Nguyen Thi Minh Khai), 그리고 호앙 빈 뚜이(Hoang Vinh Tuy)였다. 이 대회에서 인도차이나공산당은 정식으로 코민테른의 독립 (국가)지부로 인정되었으며, 레 홍 퐁은 코민테른 집행위원회 정위원인 동시에 인도차이나파견 코민테른 대표가 되었다. 혁명박물관에서 발견된 호앙 빈 뚜이의 회고서에 따르면, 대회 직후 동방노동자대학에서 맑스-레닌주의 수업을 마치고 귀국을 앞둔 1937년 초 코민테른이 인도차이나공산당 중앙과 레 홍 퐁에게 전하라는 사항은 3가지이었다. 첫째 인도차이나에 반파시스트 반전 전선을 세워야 한다. 둘째 절대 트로츠키주의자들과 타협해서는 안된다. 셋째 인도차이나공산당 지도기관을 국내로 옮겨 운동을 직접 지도해야 한다. Nguyen Trong Hau, "Loi Tuong Thuat cua mot Dai bieu Viet nam tham di tao Dai Hoi lan thu VII Quoc te cong san (thang 7-1935)" 〔코민테른 7차 대회 참가 한 베트남 대표의 회고서〕, *Nghien Cuu Lich Su(NCLS)* 4(329) (VII-VIII) 2003, p. 85.

인도차이나공산당이 목표로 했던 바는 자본주의 국가이자 제국주의 국가인 프랑스의 타도, 인도차이나에서의 노동자·농민 혁명과 그 정권의 수립이었다. 이러한 목표를 달성하기 위해 노동자와 빈농을 핵으로 하는 '혁명적인' 프롤레타리아통일전선을 수립하고자 노력했다. 그러나 국제공산주의 운동의 새로운 목표로 인해 베트남 공산주의자들은 식민모국 프랑스를 타도하는 것이 아니라 반파시즘전선에서 이를 지지해야 했으며, 가장 신랄한 비난의 표적이었던 쁘띠부르조아지 인사나 정당을 포함해 광의의 통일전선을 구축해야 했다. 이는 모스크바의 최근 노선 변경을 놓고 베트남 공산주의자들이 합일점을 찾아 나가는 과정이 쉽지 않았음을 시사한다. 새로 전개되고 있던 상황으로 인해 1930년 2월 창당 이래, 특히는 그해 10월 이래 인도차이나공산당의 노선 전부를 재검토하고 바꾸어야 했던 까닭에, 베트남 당사에서는 코민테른 7차 대회 노선의 적용 과정을 소위 당 노선의 '전향'(chuyen huong)이라고 묘사한다.[4]

반년이 넘는 장고 끝에 1936년 4월 처음으로 중앙당 차원에서 반제통일전선을 들고 나왔다. 여기에서 중앙당 차원이라 함은 1930~1931년 응예띤소비에트(Nghe-Tinh Soviet) 운동 탄압 이후 붕괴되었던 인도차이나공산당의 재조직 업무를 담당하고 있었던 해외지도부, 특히 하 후이 떱(Ha Huy Tap)의 견해를 대표하고 있었다고 보인다. 당시 반제통일전선은 베트남공산주의자들이 인민전선기 전략 목표로 반제국주의와 민족해방을 계속 고집했음을 보여준다. 전과 달라진 것이 있다면 이러한 목표를 달성하기 위해 가능한 한 넓은 의미의 통일

4_Pham Hong Tung, "Ve Quyet dinh chuyen huong chi dao chien luoc cua Dang cong san Dong duong trong qua trinh lanh dao Cuoc van dong dan chu 1936-1939 o Viet Nam"〔베트남 1936-1939년 민주운동지도과정에서의 인도차이나공산당의 지도전략 전향 결정에 관하여〕, NCLS 2(358) 2006, pp. 9-10.

전선을 형성하려고 했다는 점이다. 당 중앙은 베트남국민당을 포함한 '민족주의 개량주의자' 집단을 비롯해 거의 모든 정치 집단에 공개서한을 보내 '프랑스 제국에 대한 저항·투쟁 통일전선'(Mat Tran Thong Nhat Chien Dau Chong De Quoc Phap)을 제안했다.5 그해 노동절을 맞아 인도차이나공산당이 한 호소, "5월 1일을 인도차이나에서 모든 반제국주의자들이 통합하는 날로 만들자"는 노동자·농민운동의 표면화에 초점을 두었던 그 이전과는 아주 다른 것이었다.6 이 시기 베트남공산주의자들의 논쟁 초점은 프랑스공산당이 참여한 인민전선정부이기는 하지만 식민모국 정부를 왜 그리고 어느 정도 지지하고 반대할 것인가에 놓여 있었다. 이 반제통일전선은 인도차이나공산당으로서는 직접 이 문제를 해결하지 않으면서도 코민테른이 제기한 인민전선을 베트남 독립에 유리하도록 적용하는 방안이었던 것으로 보인다. 그러나 이는 과도기적인 것이 될 수밖에 없었다.

새로운 노선을 베트남에 적용하는 데 필요한 것이 시간만은 아니었다. 대외적인 환경의 호의적인 변화도 필요했다. 프랑스에서 인민전선은 1934년 8월에 형성되어 1936년 5월 선거에서 승리하고 6월에는 집권했다. 프랑스 인민전선을 구성하고 있는 3개의 정당인 급진사회당, 사회당, 공산당은 오래 전부터 정도의 차이는 있지만 반제국주의적 태도를 숨기지 않았으며 식민지의 개혁을 주장해 왔다. 특히 후자의 두 정당은 인도차이나의 콜론(프랑스인 농장주)을 맹렬히 공격하고 식민지 건설뿐만 아니라 그 지위를 공고히 하는 조치에도 반대했으며 현지

5_Dang Cong San Viet Nam Chap Hanh Trung Uong, "Thu ngo cua Ban chap hanh trung uong Dang cong san Dong duong gui," *Van Kien Dang 1930-1945* 〔당문건 1930-1945〕 Tap II, Ban Nghien Cuu Lich Su Dang Trung Uong Xuat Ban, Hanoi, 1977. pp. 42-43; *Nhung Su kien Lich su Dang* 〔당역사사건〕, pp. 359-361.

6_Dang Cong San Viet Nam Chap Hanh Trung Uong, "Loi keu goi Nhan ngay 1 thang 5 nam 1936 cua Dang cong san Dong duong," 1977, p. 53.

인의 시민권과 정치권을 방어하는 데에도 열성적이었다.7 인민전선의 수장인 블랭(Blum)이 속한 사회당(Section francaise de l'internatinle ouvriere, SFIO)은 공산당처럼 반식민주의 입장을 분명히 했으며 식민통치의 궁극적 목적은 자치정부의 성취라고 선언한 바 있었다.8

이러한 사실을 반영한 듯 인민전선의 정치공약 제7항은 "해외 프랑스영토, 특히 프랑스령 북아프리카 그리고 인도차이나에서의 정치·경제·윤리적인 상황을 조사하기 위해 의회는 조사위원회를 구성한다"고 약속했다. 이는 1937년 2월 의회소속 식민지상황조사위원회가 구성되면서 구체화되었다. 그 전달(1937년 1월)에는 식민부령으로 인도차이나인을 위한 노동법이 공포되었다.9 그리고 집권 후 2개월 차인 1936년 7월과 6개월 차인 11월에는 인도차이나 정치범 1,200명을 사면시켰다.10 1936년 후반기부터 베트남에서 봇물 터지듯 나오는 여러 운동, 즉 의회소속 식민지상황조사위원회에 제출할 베트남인민의 민원 모으기 운동(phong trao dan nguyen)과 행동반(Ban Hanh Dong)11

7_Jean-Yves Le Branchu, "The French Colonial Empire and the Popular Front Government," *Pacific Affairs*, Vol. 10, No. 2, June 1937, p. 126; Huynh Kim Khanh, op. cit., 1982, p. 209.

8_William B. Cohen, "The Colonial Policy of the Popular Front," *French Historical Studies*, Vol. 7, No. 3, Spring 1972, p. 372.

9_이 부령(communique)은 여성 야간 근무 금지, 12세 이하 아동 고용 금지, 1일 9시간 노동(1938년에는 8시간으로 줄일 예정), 1주 6일 근무와 1일 의무 유급 휴가 제도 등 '온건한' 내용을 규정했다. V. T., "French Complete Labor Code for Indochina," *Far Eastern Survey*, Vol. 6, No. 8, April 1937, p. 92.

10_Jean-Yves Le Branchu, op, cit., 1937, p. 127; Huynh Kim Khanh, op, cit., 1982, p. 210; William B. Cohen, op, cit., 1972, p. 385.

11_1936년부터 베트남 전국에서 활성화된 행동반은 공산주의자들(트로츠키주의자를 포함하여)이 사실상 공세적인 대중 운동을 전개시키기 위해 만든 기본 포맷이었다. 20인 이상의 모임은 법적 허가를 받아야 했던 까닭에 이를 피하여 최대한 19인으로 구성되었으며, 법적으로는 임시적이어야 하는 이 행동반은 여러 가지 면에서 상당한 탄력성을 가지고 있었다. 인민전선기 수천 개에 이르는 조직을 구성할 수

구성, 그리고 인도차이나대회(Dong Duong Dai Hoi)운동에서 항세운동과 노동자의 파업 그리고 농민의 시위에 이르기까지 활발한 대중운동은 모두 프랑스 인민전선의 승리에 고무되거나 이에 대한 높은 기대감이 작용하는 분위기에서 전개되었다. 그리고 인도차이나공산당 당원, 특히 사면된 정치범들은 이러한 새로운 합법 운동의 지도자 혹은 활동가로 나섰다.

마지막으로 인민전선 시기에 신노선을 정확하게 수립하고 실행할 수 있으려면 인도차이나공산당 지도자들의 역량과 의지도 필요했다. 코민테른 7차 대회 이전 계급투쟁 노선은 이제까지의 '공식' 당문건뿐만 아니라 인도차이나공산당 지도자와 일반 당원 사이에도 뿌리를 깊이 내리고 있었다. 어떤 이들(트로츠키주의자 포함)에게 새로운 반파시즘 노선은 맑스-레닌주의에 대한 배신이었다. 7차 대회 노선의 영향력은 이들의 믿음과 행동양식을 새로운 방향으로 바꾸기에는 역부족이었다. 이 과정에서 베트남의 '특수성'을 감안하여 나온 형태가 앞서 언급한 반제통일전선이었다. 그러나 프랑스인민전선의 집권하에서 반제국주의와 민족해방이라는 과제는 인도차이나공산당이 지지해야 하는 대상, 즉 인민전선정부의 타도라는 아이러니를 낳았다. 게다가 인도차이나공산당이 '프랑스 제국에 대한 저항·투쟁 통일전선'을 제시하자마자 그 약점이 그대로 노정되었으며 비난을 사게 되었다. 즉 당 지도부의 분열과 반대에 더하여, 당원들은 이 전선을 실제 형성하는 과정에서 노동계급만을 대상으로 하거나 혹은 정치 성향에 상관없이 모든 이들을 끌고 오려는 좌·우 성향의 에러를 범하기 일쑤이었으며 혼동을 느끼고 있었다. 이 전선에 합류하기를 제안받은 그 어느

있었으며 무엇보다도 인도차이나대회운동에서부터 노동자·농민의 운동에 이르기까지 수 가지의 다른 정치 운동으로 전개될 수 있는 핵이 되었다. Daniel Hemery, *Revolutionaires Vietnamiens et pouvoir colonial en Indochine*, Maspero, 1975, pp. 314-315.

쁘띠 부르주아 '개량주의' 정당도 적극적인 동참을 하지 않았으며, 트로츠키주의자들은 이 새 노선이 노동자계급의 이해를 어떻게 배신하고 있는지를 요목조목 따지고 나섰다. 이런 상황이 일 년 가까이 진행되면서 혼란이 거듭되자, 코민테른 7차 대회에 인도차이나 대표로 참가했던 레 홍 퐁(Le Hong Phong)은 당노선을 바로 잡고자 했다. 1936년 7월 중앙위 전체회의에 기반을 두고 10월에 발표된 「인도차이나공산당의 신정책에 관하여」라는 문건12을 통해 보건데 레 홍 퐁이 이끄는 인도차이나공산당은 반제전선을 폐기하고 민주전선으로 길을 잡았다. 문건은 파시즘에 대항한 인민전선의 즉각적인 임무는 프랑스 제국주의의 타도도 민족해방도 아니라고 밝히면서 이 전선의 임무는 기존의 야만적인 식민정책에 대한 투쟁이며 기본적인 민주권을 쟁취하기 위한 것으로 모든 계급, 모든 정당과 정파, 그리고 종교 단체까지 끌어안는 넓은 것이 되어야 함을 분명히 했다. 그리하여 인민전선 시기 인도차이나공산당의 주요 초점은 민주전선(Mat Tran Dan Chu Dong Duong)으로 정착되었다. 이는 '코민테른 노선은 언제나 옳다'라는 테제가 1년이 넘어 베트남에 수용되었음을 의미한다.

민주권 획득이라는 명확한 목표를 설정하고 그 어느 때보다도 이를 수용할 수 있는 식민정부를 가지게 된 상황에서 인도차이나공산당은

12_Dang Cong San Viet Nam Chap Hanh Trung Uong, "Chung quanh van de chinh sach moi ngay 30 thang 10 nam 1936," 1977, pp. 113-119. 베트남의 공식 당사와 학자들은 한결같이 1936년 7월에 인도차이나 민주전선이 결성되었다고 밝힌다. 그러나 코민테른 집행위원이자 인도차이나공산당 총서기 레 홍 퐁이 상해에서 주재했다는 1936년 7월 중앙위 전체회의는 아무런 문건을 남기지 않아, 10월 문건에서 언급하고 있는 민주전선의 형성을 결정한 회의였는지는 확실치 않다. 7월 중앙위 전체회의는 반제전선과 민주전선을 주장하는 이들의 의견이 마주치며 아무런 합의를 보지 못했을 개연성이 크다. 다만 중앙위 차원에서 처음으로 민주전선으로의 전환이 '정통'노선으로 제기되었을 가능성이 있다고 본다. 최고지도자라는 관점에서 본다면 레 홍 퐁의 권위가 하 후이 떱의 권위를 누르게 되는 전환기이기도 할 것이다.

선거참가, 저널과 책 출판을 비롯한 공개적이고 합법적인 수단을 이용해 대중과 관계 맺기에 적극적으로 나섰다. 모든 합법적, 반합법적 수단이 다한 다음에야 비밀 활동 수단이 사용될 것이었다. 때문에 이전에는 비밀 활동으로 조직되던 노동조합이나 농민협회 그리고 청년조직을 비롯한 대중 조직도 직업우호단체나 농민상호부조회 그리고 독서회 같이 합법적 형태로 전환되기 시작했다. 그러나 이는 대체적인 흐름만을 이야기할 뿐, 여전히 인도차이나공산당 내부에는 여러 가지 상충되는 의견이 있었음을 기억해야 한다. 민주전선으로 당노선이 확정된 지 1년이 다되는 1937년 9월 코민테른에 보낸 인도차이나공산당 전체회의 보고에 의하면 해외지도부와 국내 중앙반(Ban Trung uong), 즉 하 후이 떱과 레 홍 퐁 간의 불화를 시사하는 내용이 들어있다.13

여기까지는 베트남에서 일반적으로 인민전선이 수용되는 맥락과 과정 그리고 인도차이나공산당의 인민전선기 목표 설정과 이를 달성하기 위한 방법으로서의 합법 투쟁을 설명했다. 이하에서는 1936년 5월부터 인민전선이 베트남에서 공식적으로 철퇴된 1939년 9월까지 구체적으로 북부(베트남어로는 박끼이며 식민 시기에는 통킹으로 불리던 지역)에서 인도차이나공산당 당원이나 지지자들이 이 새로운 환경하에서 어떻게 그리고 어떠한 합법투쟁을 전개시켰는지를 중심으로 살펴보고자 한다. 인민전선기 베트남 공산주의자들의 합법 활동이 가장 활발하게 전개된 지역은 남부(베트남어로는 남끼이며 식민 시기에는 코친차이나로 불리던 지역)이다. 그 때문이기도 하지만 인민전선기에 대한 연구는 모두 남부를 대상으로 하고 있다. 북부의 공산주의자들은 남부 합법운동의 영향을 상당히 많이 받았으며, 합법운동의

13_*Van Kien Dang Toan tạp* 〔당문건 전집〕, t6, p. 304, 81, 326, Pham Hong Tung, op, cit., 2006, p. 11에서 재인용.

전개양상 또한 약간의 시차를 두고 남북에서 비슷하게 전개되기도 했다. 북부가 가지고 있는 특수성 또한 있었다. 이하에서는 베트남에서 출간된 공산당 문건과 프랑스 문서관리국 문서를 분석하여 당시 '정치'의 후진 지역이자 현재 '연구'의 후진 지역이기도 한 북부에서의 민주전선의 전개과정과 내용을 밝히고자 한다.

3. 베트남 북부지역 민주전선의 전개양상

1) 합법운동의 주류화와 그 주체 형성

북부 공산주의자들의 활동 양태가 눈에 띄게 변하기 시작한 시점은 1935년 말부터이다. 이제까지 당의 건재함을 드러내고 그 정치 노선을 대중에게 '보이기' 위해 어떠한 희생을 감수하고라도 치러져 왔던 국제혁명기념일 - 러시아혁명기념일(11월 7일), 광동코뮨(12월 두 번째 주일), 3L기념주간(Lenin, Liebknect, Rosa Luxembourg, 1월 14, 15, 21일) - 이 '조용히' 지나갔다는 사실이 이를 단적으로 보여준다. 이는 부분적으로 1935년 9월에 단행된 경찰작전으로 북부지역위원회가 박살나고 그 주요 지도자들이 국경을 넘어 중국 광서에 피신하고 있거나 체포되었기 때문이기도 했다.[14] 그러나 이 변화는 본질적으로 이전 시기부터 움직임은 있었으나 부차적이거나 심지어 당노선에 반하는 활동양상이 인민전선이라는 새로운 시기를 맞이하여 공산 운동의 주류로 되기 시작했음을 의미한다.

비밀활동을 중심으로 한 당 조직이 '혁명력'의 관례적인 기념일을 치르는 의무를 다하는 과정에서 노출되고 파괴당하는 지경에 대한 비

14_AOM: Mensuelles Rapport sur l'Activite Politique au Tonkin pour le mois de Decembre 1936 (Recapitulation de l'activite revolutionnaire au cours de l'annee 1936).

판과 함께 새로운 활동 영역을 모색하는 이들이 있었다. 이들은 당의 비밀 공식 위계질서에서 비켜있으면서 1933년부터 신문과 잡지 그리고 정기간행물을 포함한 저널 출판을 통해 조심스럽게 북부에 공산주의를 '공개적으로' 선전해 왔다.15 세계 공산주의의 새 흐름과 식민모국에서의 인민전선의 승리는 결국 이들의 활동을 주류로 그리고 '합법적'으로 만들었다. 이들의 대표가 쩐 후이 리에우(Tran Huy Lieu)이다. 쩐 후이 리에우는 베트남국민당 지도자로 수감 도중인 1930년 초에 공산주의자가 되었으며, 1935년 석방 이후 북부 합법운동을 지도하다 1939년에 체포되었으며, 1945년 8월혁명 당시 민족해방위원회 부의장이 된 인물이다. 그가 북부 합법운동의 지도자가 된 배경은 남부 『라뤼뜨』16 인사들과의 관련, 공산주의자로 전향은 했지만 공식 스탈린주의자들과의 관련 혹은 간섭에서 자유로웠던 점, 베트남국민당이라는 활동기반이 존재했다는 사실을 염두에 두면 쉽게 이해될 수 있다. 특히 공산주의자가 되기 전 베트남국민당의 남부지역위원회 위원장이었다는 사실로 미루어 보아 남부의 동향 파악은 물론 남부 인사들과의 친분이 있었을 것이고 이는 북부에서의 합법 활동에 긴요하게 작용했을 것이다. 1930년대 중반에 사면된 정치범들은 이념과 상

15_1930년 초반 인도차이나공산당의 합법 활동에 대해서는 다음 논문을 참고할 수 있다. Nho Young Soon. *A History of the Indochinese Communist Party 1930-1936*. Ph. D. Thesis. School of Oriental and African Studies, University of London. 2000, pp. 108-125. 229-232.

16_『라뤼뜨』 집단은 남부의 스탈린주의자와 트로츠키주의자는 물론 제국주의와 자본주의의 착취에 반대하는 반식민주의자들의 통일전선이다. 1933년 1월 사이공에서 "노동 계급과 억압 대중의 이해와 이익을 옹호하기 위해 가능한 모든 합법적 수단을 이용한다"는 취지를 가지고 모인 이들이 『라뤼뜨』라는 잡지를 발간하면서 붙여진 이름이다. 『라뤼뜨』 집단은 1937년 해체될 때까지 합법 활동을 통해 여러 정치적인 성과를 거두었다. 특히 1933년, 1935년, 그리고 1937년 사이공시의회와 코친차이나식민의회 선거에 참가하는 등 성공적인 정치실험을 단행했다. Huynh Kim Khanh, op, cit., 1982, pp. 198-205 참조.

관없이 쩐 후이 리에우의 동지들이었으며, 그중 구 베트남국민당 당원들이 상당 정도 그의 활동 기반이 되었으리라 보인다.

쩐 후이 리에우는 1936년 4월 다가오는 노동절에 취할 행동을 논의하는 자리에서 기념일에 한 시위나 선전물 배포로 인해 그동안 인도차이나공산당이 여러 차례 위험에 처했다고 비판하면서 비밀선전활동에 반대한다는 의사를 분명히 했다. 대신 합법의 경계 내에서 저널 출판을 통한 선전을 이용하여 혁명이론이 수용될 수 있는 분위기를 만드는 일이 우선되어야 한다고 보았다. 또한 그는 노동자를 계급의식적으로 만들고, 이들이 어느 정도 착취당하고 있으며 어떻게 일상생활에서의 착취에 대항해 자신들을 지켜 가야 할 것인가를 설득해야 한다고 밝혔다.[17] 1935년에는 꾸옥 응우(당시에는 베트남의 구어를 알파벳으로 표기한 방식이었으며 독립 이후 베트남 국어가 된 문자)로 된 주간저널, 『견문』(Kien Van)과 『진보』(Tien Bo)를 출간하여 정체되어 있는 북부에서의 공산주의 선전에 활기를 불러일으키고자 했다.[18] 합법 투쟁의 주무기인 저널 출간은 이론과 노선에 대한 통일은 물론 각기 다른 지역에서 활동하고 있는 혁명 집단 간의 교류와 행동 통일에도 크게 기여할 것이었다. 쩐 후이 리에우를 위시한 '합법' 공산주의자들은 정치적 이념이 다양함에도 불구하고 모든 혁명 집단은 공동의 목적, 즉 프랑스 제국주의의 타도와 인도차이나의 독립을 추구하고 있음을 확신했다. 그 목적을 위해 이제부터 모든 정당들은 이전의 불일치를 잊어야 하며, 인도차이나공산당은 민족주의자들을 자극하지 않기 위해 이념적 논의를 접어야 했다. 1936년 6월 동

17_AOM: Mensuelles Rapport sur l'Activite Politique au Tonkin pour le mois de Avril 1936.

18_AOM: Mensuelles Rapport sur l'Activite Politique au Tonkin pour le mois de Mars 1936.

안 좌익 저널리스트들은 인민전선의 승리에 고무되어 활동을 배가시켰다.19

이들은 가장 먼저 인도차이나대회(Dai Hoi Dong Duong)운동을 진작시켰다. 이 운동은 1936년 8월 13일 『라뤼뜨』 활동가들이 입헌당과 민족주의 단체의 지도자들을 만나 인도차이나에서의 운동 기본 방침을 정하고, 인민전선정부에 제출할 민주권리 선언서를 준비할 임시위원회를 설치한 것이 계기가 되었다. 이는 「인도차이나공산당과 인도차이나대회」라는 문건을 통해 추인됨으로써 인민전선 초기 인도차이나공산당의 주요 활동이 되었다.20 북부의 합법 공산주의자들도 사이공의 『라뤼뜨』 집단과의 밀접한 리에종을 구축하고 새 사회주의자 총독(Jules Brevie)에게 제시할 '민원목록'(Dan Nguyen, Cahiers de Revendications)을 준비했다. 도시와 농촌의 거주자들은 민원목록을 작성하기 위해 조직되었다. 이는 궁극적으로 인도차이나대회의 개최로 나아갈 것이었다. 민원의 주요 내용은 언론·출판·집회·결사의 자유를 포함해 인두세 폐지, 조세제도 개혁, 교육 개혁, 보통선거 실시, 남녀평등 실현 그리고 정치범 석방 등 온건한 민주개혁이 중심을 차지했다.21

인민전선 시기 이렇게 해서 시작된 북부 공산주의자들의 합법 투쟁

19_*Bolshevik* issue no. 13, AOM: Mensuelles Rapport sur l'Activite Politique au Tonkin pour le mois de Mars 1936에서 재인용-; AOM: Mensuelles Rapport sur l'Activite Politique au Tonkin pour le mois de Juin 1936.

20_Ngo Van Xuyet, Ta Thu Thau: Vietnamese Trotskyist Leader, http://www.revolutionary-history.co.uk/backkiss/Vol13/No2/Thau.html.

21_Cao Van Bien, op, cit., 1979, p. 153. 특히 대표적이고 포괄적인 민원목록으로는 'Le Peuple 집단'의 민원안과 중께 인민대표원의 민원안을 들 수 있다. 그 내용은 Tran Huy Lieu-Van Tao-Nguyen Luong Bich, Thoi Ky Mat Tran Binh Dan[인민전선시기], Ban Nghien cuu Van Su dia Xuan ban, 1956, pp. 62-103에서 확인할 수 있다.

은 서로 물려 있으면서도 다소간 구별이 가능한 몇 가지 주제 내지 영역을 가지고 진행되었다. 저널 출판, 민원 모으기, 인도차이나대회, 민주적인 권리 획득 운동에서 시작하여 인민대표원과 같은 자문기구에 대표자 들이기로 나아갔다. 이 모든 합법 투쟁의 형태는 1937년과 1938년에 만개하게 되므로 아래에서 자세하게 논의될 것이다. 다만 이들 합법 활동은 잦은 금간으로 명칭을 계속 바꾸어야 했지만 주로 일정한 저널을 중심으로 모인 이들이 주도했다는 특징이 있음은 기억해 둘 만하다.

1936년 9월 하노이에서 합법 공산주의자 집단인 『르트라바이』(Le Travail) 집단이 형성되었다는 사실은 합법운동을 이끌어 갈 주체가 결성되었다는 의미에서 중요하다. 『르트라바이』 집단은 1936년 9월 16일 불어로 된 정치·경제 주간지 『르트라바이』 첫 호를 펴내면서 생긴 별칭이다.22 당시 법에 의하면 불어로 된 저널은 당국의 허가를 받을 필요가 없었다. 저명한 학자 에머리(Hemery)에 따르면 『르트라바이』 집단의 형성과 이들의 활동은 남부에서 두드러진 활동상을 보이고 있던 『라뤼뜨』 집단의 공식과 인도차이나대회 운동의 북부로의 확장판이다. 이렇게 본 데에는 근거가 있다. 첫째 『라뤼뜨』 집단은 식민모국과 사이공의 좌익프랑스인뿐만 아니라 중·북부 인도차이나의 베트남 언론인과 지속적인 관계를 맺고 있었다. 둘째 『라뤼뜨』 지도자 호 후 뚜옹(Ho Huu Tuong)이 이를 증언하고 있다. 그에 따르면 1936년 여름 북부의 합법 공산주의 활동가 찐 후이 리에우가 사이공에 보낸 당 타이 마이(Dang Thai Mai)와 보 응우옌 지압(Vo Nguyen

---

22_보 응우옌 지압에 따르면 그 자신과, 응우옌 테 룩(Nguyen The Ruc), 판 타인(Phan Thanh), 판 뜨 응이아(Phan Tu Nghia), 부 딘 후인(Vu Dinh Huynh), 응우옌 꽁 쭈옌(Nguyen Cong Truyen) 등이 출판에 참가했다고 한다. Nguyen Thanh, *Hoat dong Bao chi cua Dai tuong Vo Nguyen Giap* 〔보 응우옌 지압 장군의 잡지 활동〕, NXB Ly luan chinh tri, Hanoi, 2005, p. 39.

Giap)은 북부에서의 합법 저널 창간에 관하여 『라뤼뜨』 집단과 논의를 했다. 보 응우옌 지압은 남부 합법 운동단체의 지도자, 타 투 타우(Tha Thu Thau), 응우옌 반 따오(Nguyen Van Tao), 호 후 뚜웅을 만났으며, 『라뤼뜨』 관계자들은 경험이 풍부한 북부 트로츠키주의자, 즉 1935년 하노이에서 법학 공부를 마친 후인 반 푸엉(Huynh Van Phuong)을 소개시켜주었다. 후인 반 푸엉은 『르트라바이』에서 중요한 역할을 하게 된다. 이후에도 『르트라바이』 집단은 『라뤼뜨』와의 정기적인 의사소통 기회를 가졌다.23 다수의 스탈린주의자와 소수의 트로츠키주의자가 북부에서 공동으로 펴낸 『르트라바이』는 1936년 11월 임시 북부·북중부 지역위원회(Xu uy lam thoi Bac Ky lien bac Trung Ky, 비서는 응우옌 반 끼)가 성립되자 지역위원회 위원 당 쑤언 꾸(Dang Xuan Khu, 즉 Truong Chinh)가 책임을 맡고 있는 '반합법행동반'의 지도하에 직접 들어가게 되었다.24 이 잡지는 1937년 4월 16일까지 계속 발행되었다.

2) 『르트라바이』 집단의 합법투쟁

『르트라바이』 집단이라는 합법운동의 주체가 형성되어 선전을 가열 차게 진행하자 1937년 초반 합법 투쟁을 위한 분위기는 고조되었다. 여기에다가 소련에서 유학을 마치고 귀국한 주요 북부 지도자들, 즉 인도차이나공산당의 비밀부문을 책임지고 있었던 지도자들은(Bui Van Lam, Nguyen The Vinh, Tran Dinh Long이 대표적) 인도차이나 인민전선을 중요한 목표로 수용하면서, 이의 실현을 위해서는 합법 활동이 보다 시의에 맞고 효과적이라는 판단을 내렸다.25 이 비밀 부

23_Danial Hemery, op. cit., 1975, pp. 314-318.
24_Nguyen Thanh, op. cit., 2005, p. 40.

문의 격려에 힘입어 『르트라바이』 저널리스트들의 활동은 더욱 탄력을 받았다. 『르트라바이』 집단은 북부의 각 성에 사무소를 두어 이 저널의 배포뿐만 아니라 다른 혁명 브로셔와 사회교육용 책자를 제작하고 확산시켰다. 이와 동시에 노동자 파업을 지지하면서 노동 대중의 방어자임을 보여주고, 노동자와 농민에게 상호부조단체와 노동조합을 비롯한 단체를 결성하도록 고무시켰다.[26] 이는 인도차이나공산당이 노동대중의 전위대라는 본분에 충실하면서도 이 대중을 합법투쟁의 지지자로 동원할 수 있으리라는 기대에서 비롯되었다고 볼 수 있다.

이들의 합법활동은 이에 그치지 않고 급기야 식민정부의 자문기구인 인민대표원(Vien Dan Bieu, Chambre des Representats du Peuple) 선거에 관여하는 데로 나아갔다. 1938년에 있을 인민대표원 선거에 찐 반 푸(Trinh Van Phu)와 응우옌 테 빈 등을 추천하고 이들을 위해 적극적으로 선거 캠페인을 벌이기로 결정한 것이다. 성공한다면 인민대표원 내에 공산주의에 우호적인 집단을 형성시킬 수 있는 계기를 마련할 수 있을 것이고 민주전선의 요구사항을 이 자문기구의 논의구조 안에서 드러낼 수 있을 것이었다. 그러나 새 사회주의자 브레비에 총독이 보기에 이들의 야심은 식민지에서 허용되기에는 너무나 혁명적이었다. 식민 당국은 1937년 3월 『르트라바이』를 금간시켰으며, 5월 사장과 편집장인 응우옌 반 띠엔(Nguyen Van Tien)과 찐 반 푸를 체포하면서 압박해 들어갔다.[27]

---

[25] AOM: Mensuelles Rapport sur l'Activite Politique au Tonkin pour le mois de Janvier 1937.

[26] AOM: Mensuelles Rapport sur l'Activite Politique au Tonkin pour le mois de Fevrier 1937.

[27] AOM: Mensuelles Rapport sur l'Activite Politique au Tonkin pour le mois de Mars; AOM: Mensuelles Rapport sur l'Activite Politique au Tonkin pour le mois de Mai 1937.

예상할 수 있는 바와 같이 얼마 되지 않아 금지된 저널을 대신해 이름만 바뀐 저널 출간이 시도되었다. 『르트라바이』 집단 성원들은 서점 등을 통해 여전히 브로셔와 저널을 팔았다. 인민대표원에 추천한 후보자의 선거 캠페인도 잊지 않고 진행시키고자 했다. 금간과 체포 조치에 항의해 언론과 사상의 자유를 외치고 좌익 프랑스인에게도 당국의 조치가 부당함을 호소했다. 그리고 인도차이나대회 조직 운동을 위한 캠페인을 벌이기도 했다.28 그러나 인도차이나대회 운동도 1937년 중반 식민부장관 무떼의 금령으로 합법운동의 재료가 더 이상 되지 못했다. 그럼에도 불구하고 그 대중적 기반은 이후 활발히 전개되기 시작한 우호단체(Hoi Ai Huu) 결성으로 이어졌다.

『르트라바이』 탄압사건의 파장은 작지 않았다. 북부의 공산주의자들이 인민전선정부에 한 '기대'에 대한 '배신'을 처음으로 직접 경험한 순간 이들 사이의 의견대립이 불거졌다. 남부에서도 인도차이나대회운동의 좌절과 인민전선정부의 식민정책이 보여준 실망감으로 남부 합법공산주의자들의 위상이 흔들리고 있었으며 분열로까지 진전되는 상황이었다. 북부에서 소련유학파이자 당 지도부를 장악하고 있었던 이들은 『르트라바이』 집단의 "합법" 선전에 대해 적의를 드러내면서, 중요한 것은 당을 재조직해 낼 수 있는 행동 프로그램이라고 단언했다. 그리고 자신들은 "비밀" 작업의 파르티잔임을 선언했다. 이들의 향후 활동은 노동자에 무게 중심을 두어 직업 노동조합을 만들고, 이를 기초 단위로 하여 인도차이나공산당의 재조직을 완성하는 수순으로 정리되었다. 체포를 면한 『르트라바이』 집단의 트로츠키주의 지도자인 후인 반 프엉 또한 유보적인 자세를 벗어나 그의 견해를 명확히 했다. 그는 인민전선정부에 대한 믿음은 헛된 것이었기에 합법 활

28_ibid.

동을 포기한다고 밝혔다.29 결국 『르트라바이』에 대한 식민 당국의 탄압은 인민전선정부에 대한 기대를 일정 정도 접게 만들었음은 물론 합법 활동의 위상을 약화시킨 반면 비밀 활동의 당위성을 강화시키는 결과를 낳은 것이 된다. 세금징수기(5~6월)를 맞이하여 비밀활동 부문은 인두세 징수의 부당함과 불납을 선전하는 운동 그리고 세금제도의 개혁을 위시로 한 항세캠페인에 집중하면서 당의 재조직에 힘썼다.30 식민 당국이 정액제였던 인두세를 정율제로 개편하면서 결과적으로 농민이 부담해야 할 세액이 늘어났던 까닭에 당시 농민의 불만이 커져 있었다.31 그러나 비밀 부문 내에서도 의견 차이와 불화가 존재한데다가 당국의 집중적인 감시로 기대한 성과는 거두기 어려웠다.

합법 활동을 같이 했던 스탈린주의자(인도차이나공산당 소속 공산당원)와 트로츠키주의자는 각자 행보를 달리하며 적대적인 태도를 보였다. 전자는 『아나방』(En Avant, 첫 호 1937년 8월 20일, 마지막 호 1937년 10월 29일)과 『하성시보』(Ha Thanh Thoi Bao, 첫 호는 1937년 4월 6일, 마지막 호 1938년 3월 20일)를 중심으로, 후자는 『르 프로그레 소시알』(Le Progres Social)을 중심으로 지지자들을 집결시켰다. 『르 프로그레 소시알』 집단에는 트로츠키주의자는 아니지만 스탈린주의자들이 중심이 되어 이끌고 있는 현행 당 노선에 반대한 이들도 가세했다. 이들은 서로를 비방했다. 트로츠키주의자들은 스탈린주의자들이 '자본가에 투항하고 개량주의 늪으로 빠지고 있다'고 경고한 반면, 스탈린주의자들은 『르 프로그레 소시알』을 파시스트 기관지라

29_AOM: Mensuelles Rapport sur l'Activite Politique au Tonkin pour le mois de Mai 1937.

30_AOM: Mensuelles Rapport sur l'Activite Politique au Tonkin pour le mois de Septembre 1937.

31_Pham Hong Tung, op, cit., 2006, p. 7.

고 몰아붙였다. 그러나 합법 투쟁가들 사이의 상호 비난과 적대 관계는 오래 가지 않고 봉합되었다. 투사 간의 경쟁관계를 따라 당원들은 물론 대중들도 나누어지는 상황을 보고 경각심을 갖게 된 부이 반 람(Bui Van Lam)이 하이퐁과 하노이를 오가며 이 두 집단의 화해를 시도했기 때문이다.32 이 중요한 시도가 이루어진 경위나 영향을 미친 세력은 분명치 않지만, 인도차이나공산당 비밀부문 지도자의 합법운동에 대한 적극적인 자세와 부이 반 람의 중재가 중요하게 작용했다는 사실은 분명하다. '전국민주신문전선'의 형성을 위해 여러 차례 모임을 가진 과정에서 북부 저널리스트들 간의 유대와 교섭망이 확보되어 있었던 점도 유효했으리라 보인다. 인민전선 정부 1년 만인 1937년 6월 프랑스에서는 사회주의자인 블랭이 급진사회주의자 달라디에(Edouard Daladier)에게 행정 통제권을 넘긴 사건33이 일어났으며, 1937년 중반 남부에서는 『라뤼뜨』 전선이 해체34되는 상황에도 불구하고 북부에서 합법 공산주의자들의 공동노선이 재개되었다는 사실은 큰 의미를 가진다.

32_ibid.

33_Pierre Matin, "Industrial Structure, Coalition Politics, and Economic Policy: The Rise and Decline of the French Popular Front", *Comparative Politics*, Vol. 24, No. 1, Oct., 1991, p. 45.

34_남부에서의 스탈린주의자와 트로츠키주의자 간의 합법 통일전선운동이었던 『라뤼뜨』의 해체에 대한 압력은 여러 방향에서 왔다. 1937년 5월, 프랑스공산당은 인도차이나공산당에 "트로츠키주의자들과 협력을 계속하기는 불가능하다"고 밝히고 중지를 지시한 서한을 보냈다. 이는 당시 트로츠키주의자들이 프랑스 제국주의에 대항한 파업 투쟁의 가속화를 옹호한 반면, 스탈린주의자들은 노동운동이 소련의 동맹국이기도 한 프랑스 인민전선정부를 약화시킬 수도 있다고 보아 자제하려고 했던 분위기에서 발생했다. 그러나 무엇보다도 중요한 계기는 『라뤼뜨』의 통제권이 1937년에 트로츠키주의자에게로 넘어간 것에서 보이듯 전선의 주도권은 물론 대중의 지지도 트로츠키주의자에 몰려 있던 상황에다가 이 잡지가 '프랑스인민전선의 배신'을 이야기하자, 이에 대한 처방이 전선의 해체로 나타난 듯하다.

결국 1937년 8월 말에 열린 회의에서 두 파는 상호 비방을 중단하고, 공동의 가장 중요하고 긴급한 책무를 '인도차이나인민전선'의 건설에 있다고 확인함으로써 공동행동을 위한 기반을 다시 마련했다. 북부에서의 인도차이나인민전선은 스탈린주의자와 트로츠키주의자는 물론 사회주의자와 민족주의자를 포용하는 넓은 것이었다.35 인민전선의 공동 행동강령을 마련하고 실행을 책임진 5인 지도위원회도 구성되었다. 특히 『아나방』, 『사람들』, 『하성시보』, 『르 프로그레 소시알』의 네 집단은 일종의 컨소시엄을 구성하여 하나의 지도위원회의 통제하에 놓였다. 전자 둘은 공산주의 선전에 투여되며, 다른 둘은 인도차이나인민전선의 말지가 될 것이었다.36 특히 이 네 집단의 통합은 북부에서 스탈린주의자와 트로츠키주의자의 재통합을 의미하며 인도차이나인민전선을 이끌고 나갈 주동력이 다시 완비되었음을 뜻한다. 『르트라바이』 집단과 비교할 때 이 주동력의 특징은 합법전선의 저변이 보다 넓어졌다는 점, 그리고 프랑스사회당을 비롯한 진보 성향의 프랑스인들이 참여하고 있다는 점이 주목된다.

이들은 『르트라바이』의 합법선전의 주제를 그대로 계승했다. 즉, 이들은 프랑스 인민전선정부에 대한 지지, 마을과 공장에서 민원을

35_북부 인도차이나인민전선은 구체적으로 프랑스사회당의 하노이 부문, 인권연맹의 하노이 부문, 『아나방』, 『사람들』(*Ban Dan*), 『하성시보』, 『르 쁘로그레 소시알』하에 모여 있는 공산주의자 집단, 『오늘』(*Ngay Nay*)을 중심으로 한 급진사회주의자 집단, 『레포르』(*l'Effort*)와 『메사즈』(*Message*)의 혁명 민족주의자 집단들, 그리고 끝으로 『신베트남』(*Tan Viet Nam*)과 『란남 누보』(*L'Annam Nouveau*)의 민주주의와 반자본주의 집단들로 구성되었다. 이들 집단의 대표자인 당 쑤언 쿠(Dang Xuan Khu), 하 바 깡(Ha Ba Cang), 응우옌 득 킨(Nguyen Duc Kinh), 판 뚜 응이아(Phan Tu Nghia), 도 딘 티엔(Do Dinh Thien)이 5인 지도위원회구성원이었다. AOM: Mensuelles Rapport sur l'Activite Politique au Tonkin pour le mois de Septembre 1937.

36_AOM: Mensuelles Rapport sur l'Activite Politique au Tonkin pour le mois de Septembre 1937.

모으기 위한 언론 캠페인과 행동반 조직, 그리고 인두세 개정을 촉구했다. 또한 『르트라바이』 집단에 속했던 이들은 서점을 열어 '동지들'에게 정보를 주고 학생과 쁘띠 부르조아지에게 혁명서적을 제공했으며, 체포된 지도자들의 단식투쟁을 지지하고 석방청원서를 보내면 다른 좌익 저널리스트들도 이에 동조하는 캠페인을 벌였다. 이 시기에는 특히 직업 우호단체 조직이 체계적으로 결성되었다. 1938년 초 하노이와 하이퐁, 남딘에서 결성된 각종 직업우호단체, 상호부조단체 혹은 스포츠동호회와 같은 합법 대중단체는 인도차이나공산당에 호의적인 선전의 장이 되었다. 이는 북부 식민 당국이 우호단체의 자유로운 결성이라는 요구를 수용하면서 활발해지기 시작하여 중부와 남부에도 영향을 미쳤다.37 행동반이 남부 트로츠키주의자들의 주도에 의해 전국으로 확산된 운동이었다면 우호단체의 결성은 북부 스탈린주의자들의 주도를 시작으로 다른 지역에 영향을 준 운동이었다. 특히 쿠엣 주이 띠엔(Khuat Duy Tien)과 하 바 깡을 중심으로 한 북부 합법 공산주의자들은 이들 직업 우호단체의 대표자를 모아 연맹을 만들고 이를 통해 식민지상황조사위원회에 제출할 인민들의 민원을 모아 북부 주차총관(Resident Superieur)에게 전달하고자 했다.38

3) 『소식』 집단의 민주전선과 인민대표원 선거

1938년에 들어 프랑스사회당 소속 사회주의자들이 합법공간에 적

37_Nguyen Thi Chinh, "Sach bao Cach mang va Tien bo trong Cuoc dau tranh Chong nhung Khuynh huong Chinh tri sai lam, phan dong Thoi ky Mat Tran Dan Chu" 〔민주전선시기 혁명의 진보 출판물의 반동오류정치 경향에 저항한 투쟁〕, *NCLS*, so 7, 2004, p. 42.

38_AOM: Mensuelles Rapport sur l'Activite Politique au Tonkin pour le mois de Decembre 1937.

극적으로 참여함으로서 인민전선기 합법공간은 더욱 확대되었다.39 5월 노동절 행사 준비를 위해 인도차이나공산당 합법 부문의 활동가들과 프랑스사회당 소속 사회주의자들이 하노이에서 모임을 가진 것이 계기가 되었다. 북부에서 활동 중이던 프랑스사회당 소속 사회주의자들의 숫자나 구성 등 구체적인 사안에 대해서는 아직 불명확하다. 당시『소식』(Tin Tuc)40저널의 다양한 기자들과 협력자들로 대표되는 하노이의 합법 활동가들은 프랑스 사회주의자들과의 협력이 활동의 합법적 영역을 넓히고 대중에게 효과적으로 작용할 것이라고 판단했다.41 북부 공산주의자들이 보기에 프랑스사회당 소속의 사회주의자들은 식민정부에 너무 고분고분한 태도를 지니고 있어 일정 한계가 있었으나 베트남 공산주의자들의 활동여지를 확실히 합법화하는 데에는 더할 나위 없는 에이전트이었다. 그러나 이들과 함께 합법공간을 넓혀 갔다는 사실은 북부 공산주의자들이 '친' 식민정권적 태도를 더 취하게 되었음을 의미하기도 한다.

식민정부의 구성원인 사회주의자들의 충고가 있었는지 1938년 노동절에는 2만의 노동자가 참가했으나 시위는 평화롭게 진행되었다. 노동자들은 지방 노동 감찰관(Inspection Locale du Travail)에게 대표자를 보내 요구사항을 전달하는 등 파업에 들어가기 전에 만족할 만

39_ 당시 합법 활동의 선두에는 쩐 후이 리에우, 쿠엇 두이 띠엔, 하 바 깡, 다오 주이 끼(Dao Duy Ky), 또 히에우(To Hieu), 또 띠엔(To Tien), 응우옌 꽁 끼(Nguyen Cong Ky)가 서 있었다. AOM: Mensuelles Rapport sur l'Activite Politique au Tonkin pour le mois de Fevrier 1938.

40_『소식』은 인도차이나 공산당 북부위원회의 기관지로 1938년 4월 2일에 발간을 시작하여 43호인 1938년 10월 19일자가 마지막이었다. 쩐 후이 리에우가 편집장이었다고 한다. 'Eminent Figures in Nam Dinh history', http://www.namdinh.gov.vn/Ouangba/tienganh/053.html.

41_ AOM: Mensuelles Rapport sur l'Activite Politique au Tonkin pour le mois de Avril 1938.

한 답을 얻으려고 노력하는 모습을 보였다. 행동반경을 확대하기 위한 또 하나의 시도로 인도차이나공산당 합법 부문 지도자들은 프랑스사회당 부문에 베트남의 청년 지식인들을 받아들여 맑스즘 교육을 시켜주도록 제안했다. 프랑스사회당 부문은 이 제안을 수용했을 뿐만 아니라 프랑스어 구사 능력에 상관없이 베트남 '사회주의자들'을 받아들였다. 그 결과 프랑스사회당에 『소식』 공산주의자 집단을 지지하거나 동정하는 적지 않은 베트남 청년들이 들어가게 되었다.42 하노이의 프랑스인 사회주의자들과 함께 북부 공산주의자들은 청년의 조직에 계속 열정을 쏟았다. 이 조직은 1938년 중반 하노이, 하이퐁, 푸리에 20개 반을 가지고 있을 정도로 커다란 호응을 얻었다.43

이제는 『소식』 집단이라고 부를 수 있는 합법 공산주의자 집단은 회원들에게 제시했던바 단계별로 그리고 실제 상황을 이용하면서 활동을 확대시켜 나갔다. 다시 한번 강조하건데 북부 합법 공산주의자들은 인두세 개혁, 선거 개혁 혹은 인민대표원 선거와 같이 실제적인 문제를 좌익 프랑스 집단, 특히 프랑스사회당의 북부 부문과 함께 해결하고자 했던 것이다. 특히 100여 명이 조금 넘는 선출된 위원으로 구성되는 북부 인민대표원 선거 준비는 중요했다. 『소식』 사람들에게 설득당한 프랑스사회당 부문은 선거에 관심을 가진다고 약속한 바 있었다. 이에 따라 후자는 좌익 후보자를 위한 최소강령을 기초하고, 후보자 명단을 제시하고, 『소식』 집단의 후보자를 지지했다. 사회주의자 부문은 각 선거사무실에 프랑스인 성원을 파견해 작전과 선거를 지도하고 감시했다.44

42_AOM: Mensuelles Rapport sur l'Activite Politique au Tonkin pour le mois de Mai 1938.

43_AOM: Mensuelles Rapport sur l'Activite Politique au Tonkin pour le mois de Aout 1938.

결국 『소식』의 합법 공산주의자 집단과 프랑스사회당 부문은 인민 대표원(Vien Dan Bieu) 선거를 위한 민주전선(Front Democratique)을 결성하고 22인의 후보자를 냈다.45 여기에는 공산주의자와 그 지지자, 프랑스사회당 당원, '독립' 사회주의자 그리고 민족주의자가 포함되어 있었다. 이들은 이미 얼굴이 잘 알려져 있는 사면 정치범인 경우가 많았다. 1938년 5월과 6월 선전물을 배포하고 부착하는 등 선거 캠페인을 활발히 하였다. 그러나 식민 당국의 방해로 선거 캠페인을 이용한 대중 선동에는 어려움이 많아 기대한바 성과를 거둘 수 없었다. 선거에 참여한 사람은 농촌에서 40% 그리고 하노이에서는 20%도 되지 않았다. 그럼에도 민주전선이 제시한 22명 후보자 중에서는 14명이 선출되는 결과가 있었다. 특히 하노이와 타이빈에서는 이들 후보자들이 절대적인 지지를 받아 당선됨으로써 『소식』 집단 공산주의자들의 위신도 높아졌다. 그러나 하노이에서 선출된 사면 정치범 쿠엇 주이 띠엔이 선거법상 피선거권이 없다는 이유로 당선을 취소당했으며 7월 10일과 17일 쿠엇 주이 띠엔의 '승리'를 축하하고자 한 시위가 있었고 체포가 잇단 사고가 있었다.46

또한 북부 민주전선의 선거전 과정에서 『소식』 집단은 내외의 의견 불일치와 비난을 받아야 했다. 대내적으로는 민주전선의 정치를 계속 따르려는 열망을 내보이는 하 바 깡,47 이를 임시적이고 선거를 위해

44_AOM: Mensuelles Rapport sur l'Activite Politique au Tonkin pour le mois de Mai 1938.

45_1937년 11월 30일 『아나방』 저널 소재지에서 모인 회합에서 사면 정치범과 저항 (opposition) 저널리스트들은 하노이와 썬떠이 그리고 타이빈에서 어떤 후보자를 지지할 것인지를 논의한 바 있다. 1937년 12월 하노이에서는 당 쑤언 쿠와 쩐 후이 리에우, 썬떠이에서는 쿠앗 주이 띠엔, 타이빈에서는 당 쩌우 뚬이 후보자로 결정되었다.

46_AOM: Mensuelles Rapport sur l'Activite Politique au Tonkin pour le mois de Juillet 1938.

서만 유용하다고 생각하는 당 쑤언 쿠 간의 의견 차이가 두드러졌다. 마침내 선거 이후에도 민주전선의 계속을 확인하면서 인도차이나대회 창설을 위해 1936년에 조직된 행동반과 유사한 '인민전선의 행동반'을 구성하는 대로 합의가 이루어졌다.48 대외적으로는 1938년 7월 선거 캠페인 과정에서 『소식』 집단이 보인 태도에 대해 여러 안남저널은 비우호적인 비평을 했다. 특히 『신베트남』은 기사에서 '프랑스 사회당 부문과 함께 얼마 전까지만 해도 자신들이 반동주의자로 간주했던 여러 사람들을 받아들여 소위 민주전선을 결성한 『소식』 집단은 스탈린주의적 기회주의자 집단'이라고 비난했다. 비난이 계속되자 스탈린주의자들은 강경한 태도에서 한 발 물러나 유화적인 태도로 돌아가 상당한 위신을 누리고 있는 쩐 후이 리에우를 상대 저널들에 보내 설득했다. 그러나 상황은 악화되어 갔다. 트로츠키주의자들은 『소식』의 기회주의적 태도에 반대하여 새로운 저널 『부녀시담』(Phu Nu Thoi Dam)을 출간하고 어떤 이들은 아예 정치계를 떠나기도 했다.49 트로츠키주의자들은 세계 전쟁의 위기 때문에도 소련을 지지해야 한다고 선언했으나, '제국주의 전쟁을 계급 전쟁으로 전화시켜야 한다'고 믿고 있었다. 이들은 계속해 '민주전선에 대항한' 투쟁을, 그리고 '노동자·농민 투쟁 전선'의 형성을 주장하면서 『소식』 집단의 스탈린주의자들에게 적대적인 태도를 드러냈다.50 이들 중 일부는 자본주

47_본명은 호앙 꾸옥 비엣(Hoang Quoc Viet)으로 1920년대 말에는 베트남공산주의자와 프랑스공산당을 연결하는 리에종을 맡았으며 1930년대 초반 체포되어 풀로 콩도르섬에 수감되었다. 1936년에 석방되면서 북부 합법운동의 지도자가 되었다.

48_AOM: Mensuelles Rapport sur l'Activite Politique au Tonkin pour le mois de Aout 1938.

49_ibid.

50_AOM: Mensuelles Rapport sur l'Activite Politique au Tonkin pour le mois de Septembre 1938.

의에 적대적인 모든 요인들과 함께 인도차이나 프롤레타리아의 통합을 실현하겠다는 의지를 천명하고 '인도차이나프롤레타리아당'을 결성하려고까지 했다.51 트로츠키주의자들로서는 통합을 했다고는 하지만 스탈린주의자들이 『소식』 저널을 장악하고 있었으며, 민주전선이라는 이름하에 프랑스사회당 북부 부문과 행동을 같이 함으로 인해 식민정부에 협력하는 경향이 강해지면서 근본적으로는 베트남 프롤레타리아트의 이해까지도 희생하고 있다고 판단했기 때문이다.

이런 불협화음 중에도 북부의 인도차이나공산당 합법 부문, 즉 『소식』 집단은 인민대표원 선거를 이용하여 프랑스사회당 부문과 견해를 조율하고 민주전선을 형성하여 그 후보자를 당선시켰지만 이후의 전개 상황은 기대에 미치지 못했다. 그 예로 인민대표원 연례회의 전날에, 민주전선의 후보이었던 응우옌 란 로(Nguyen Lan Lo)가 인민전선의 기대에 반하게도 의장직에 왕당파 팜 레 봉(Pham Le Bong, 결국 북부인민대표원 의장이 됨) 후보를 추천하면서 아예 의원직도 그만두었다. 새로이 민주전선의 지지를 받게 된 보 득 디엔(Vo Duc Dien)은 의장 선거 첫 투표에서는 8표만을, 두 번째 투표에서는 한 표도 얻지 못했다. 민주전선의 추천으로 선출된 또 다른 두 대표 응우옌 딘 띠옢(Nguyen Dinh Tiep)과 보 득 디엔도 배신행위를 했다.52 민주전선이 추천한 여러 후보자들의 이반과 배신에 더하여 이들의 무능은 특히나 프랑스 사회주의자들과 마찬가지로 『소식』의 스탈린주의자들도 난감하게 만들었다.53 어찌 보면 이러한 현상은 야심있게 출발한

51_AOM: Mensuelles Rapport sur l'Activite Politique au Tonkin pour le mois de Octobre 1938.

52_ibid.

53_AOM: Mensuelles Rapport sur l'Activite Politique au Tonkin pour le mois de Septembre 1938.

인도차이나공산당의 식민지하에서의 정치참여가 아무런 결실을 거두고 있지 못함을 상징하는 사건이었다.

4) 인도차이나인민전선의 여운

1938년 말이 가까워지자 인도차이나인민전선이 막을 내리고 있다는 조짐은 여러 군데에서 나타났다. 10월 『소식』 저널의 정간이 결정되자 베트남 공산주의자들은 프랑스사회당이 인민전선을 배신했다고 판단했다. 이어 프랑스사회당 북인도차이나지부〔Chi nhanh Bac Dong Duong Dang xa hoi Phap, 기관지는 『드맹』(Demain)〕에 반대하는 입장을 취하고, 프랑스사회당 부문과의 공동전선에서 탈퇴할 것인지를 논의했다. 그러나 민주전선을 나오면 무시한 탄압이 바로 들이닥칠 것이었으며 실제로 자신들이 이탈한다고 해서 프랑스사회당의 북인도차이나 지부가 해체되리라는 확신은 없다는 점을 감안해, 프랑스사회당의 북인도차이나 지부의 파산이 결정적으로 될 때까지 이탈을 연기하기로 했다.54 그러나 프랑스사회당 부문과 『소식』 집단의 민주전선에 생긴 균열은 돌이킬 수 없는 방향으로 진전되었다. 당시 세계정세, 특히 프랑스에 대한 독일의 위협과 가시화되어 가고 있던 일본의 위협 앞에서 프랑스사회당도 인민전선정부도 북부 공산주의자들의 민주자유권 요구를 수용할 수 있는 여지는 없었다. 사실 1938년 유럽에 전쟁의 위협이 한층 가세되자 베트남 공산주의자들은 인도차이나 인민들에게 민주적인 기본권을 허용해 줄 것을 식민정부에 더 강력히 요구하는 동시에 민주전선 지지, 『소식』 집단 지지를 대중에게 호소했던 것이다. 특히 1938년 뮌헨협정 이래 프랑스 인민전선정부는 물

54_AOM: Mensuelles Rapport sur l'Activite Politique au Tonkin pour le mois de Octobre 1938.

론 인도차이나민주전선도 '파시스트'와 '반동주의자'를 색출하는 데 몰두함으로써 내부 분열은 정해진 수순이었다.55 마르세이유에서 열린 급진-사회주의자 대회에서 채택된 프랑스공산당에 대한 적대적인 입장 또한 프랑스사회당의 인도차이나공산당에 대한 전략에, 프랑스 사회주의자들의 북부 합법부문에 종사하는 베트남 공산주의자들에 대한 태도에 영향을 미친 것으로 보인다.

식민정부가 당의 활동적인 투사들에 대해 체포 명령을 발할 준비가 되어 있다는 소식을 듣고, 당은 지방에서 민주적인 자유권 요구를 끌어내기 위해 준비 중이었던 시위까지도 취소했다. 급기야 인도차이나공산당은 장래 식민정부의 탄압을 불러올 수 있는 모든 공개적인 행동을 피할 것이며, 비밀 선전에 특히 더 힘쓸 것이라고 선언했다. 북부 공산당의 방향전환은 11월 26일 『신베트남』 저널에 실린 「노동조합을 향하여」라는 기사에서 잘 드러난다. 기자는 고용자의 반동 앞에서 드러난 노동자 우호단체의 무력함을 알리고 "지체 없이 각 광산과 기업에 노동조합법 문건화를 책임질 행동반을 창설해야 한다"고 주장했다.56

이러한 상황에도 불구하고 합법 공산주의자들은 하노이 시의회 선거를 위해 다시 모여 위기를 넘겨보고자 했다. '좌익블럭'은 1938년 10월부터 모임을 가지고 사회주의자들과 시에서 이름이 잘 알려진 인물을 중심으로 시의회 선거 후보 리스트를 작성하고 두 달간 이들을 위한 선거 운동을 벌였다. 예견할 수 있는 바와 같이 결과는 기대치 이하이었다. 12월 4일과 11일에 행해진 하노이 시의회(Hoi Dong Thanh Pho) 선거에서 4명의 사회주의자 후보자가 선출되었을 뿐이다.57

55_Nguyen Thanh, op, cit., 2005, p. 65.

56_AOM: Mensuelles Rapport sur l'Activite Politique au Tonkin pour le mois de Novembre 1938.

57_AOM: Mensuelles Rapport sur l'Activite Politique au Tonkin pour le mois de

합법운동이 예전 같지는 않지만 완전히 포기되지는 않았다. 『소식』의 정간령으로 주춤했던 북부의 합법 공산주의자들은 자주 모임을 가진 편집기관의 이름을 따 『민중』(Dan Chung) 집단으로 불렸다. 『민중』 집단은 북부의 합법 그리고 반합법 운동조직의 지도 기관을 자처했다. 1938년 10월 18일에 열린 회의에서 이 집단은 현 상황을 점검하고 다음과 같은 여섯 가지의 결정을 내렸다. ① 정부의 반동 정책과 마주한다. 그러나 탄압의 구실을 주지 않기 위해 신중히 행동한다. ② 대중의 조직과 교육을 활성화한다. 그리고 이것들이 가져오는 투쟁의 리스크를 관리한다. ③ 인도차이나의 상황을 알리고 인도차이나공산당이 채택한 입장을 분명히 드러내면서 대중의 지지를 촉구하는 글을 쓴다. ④ 새로운 저널을 확보하기 위해 노력한다. ⑤ 프랑스의 좌익 정당들에 정보를 제공하고 대정부 투쟁을 더욱 효율적으로 하기 위해 프랑스어로 된 저널을 출판한다. 이를 위해 『르트라바이』의 예전 협력자들과 접촉한다. 『민중』 집단 활동가들의 가장 큰 고민은 『소식』을 대체할 새로운 잡지를 확보하는 것이었다. 이는 선전의 통일을 기하기 위해 필수 불가결한 요소이었다. ⑥ 꾸옥 응우 확산을 위한 선전을 강화시킨다.[58] 북부 인도차이나공산당의 합법 부문은 1938년 12월 식민모국의 좌익을 겨냥한 불어로 된 잡지 『노트르 브와』(Notre Voix)와 『소식』의 후속인 『현시대』(Doi Nay, 1938년 12월 1일 첫 호 출간)라는 꾸옥 응우 기관지를 발행했다.[59] 그러나 12월에 행해진 경찰(Surete)의 체포 작전으로 북부 지역위원회가 소강상태로 들어가고 하

Decembre 1938. 선출된 이는 쩐 반 라이(Tran Van Lai)와 판 타인 그리고 팜 흐우 쯔옹(Pham Huu Chuong)과 부이 응옥 아이(Bui Ngoc Ai)이다.

58_AOM: Mensuelles Rapport sur l'Activite Politique au Tonkin pour le mois de Octobre 1938.

59_AOM: Mensuelles Rapport sur l'Activite Politique au Tonkin pour le mois de Decembre 1938.

노이와 하이퐁에서의 합법 활동은 물론 비밀 활동도 어려움을 겪는 중에 1938년이 마감되었다.

1939년 초반 공산주의자들의 활동은 청년 사회주의자를 조직하기 위한 노력, 잡지 『현시대』, 『노트르 브와』 출간,60 인도차이나공산당의 비밀 활동, 그리고 항세운동에 집중되어 있었다.61 북부 공산주의자들은 기본적 민주 자유권을 획득하는 운동도 계속했다. 특히 프랑스혁명 150주년 기념일을 기회로 대중을 동원하여 민주 자유권을 요구하기 위한 선전 활동을 기획했다. 내부정치 영역에서는 『현시대』 저널의 깃발 아래 스탈린주의자집단 지도자들은 청년사회주의자들의 조직과 비밀 공산당의 조직 재건에 힘썼다. 그 지도자들은 세 징수 시 행해지는 남용에 대해 격렬하게 반대하는 투쟁을 했다. 1939년 중반 160명의 회원을 가지고 있던 청년사회주의자들의 주요 활동은 회원을 충원하고 일반적인 사회활동에 종사하는 데에 있었다. 이들 중 일부는 다오 주이 끼의 조언을 받아 노동자의 요구운동을 지지하고 파업자들을 위한 기금 모집 활동도 했다. 이러한 소극적인 활동조차도 그 후원자인 프랑스사회당 부문의 유럽인 지도자들을 자극해 베트남인 사회주의자 집단의 모든 활동은 금지되었다.62

프랑스사회당 지도자들의 탄압 정책은 '좌익 블록'에 상당한 불만을 불러 일으켰으며, 스탈린주의자들을 당황케 했다. 스탈린주의자들은 전자에 대해 프랑스혁명 150주년 기념일 행사를 위해 합의한 프로그램을 실행시키지 않을 핑곗거리를 찾고 있으며 비겁하다고 비난했

60_1939년 1월 1일 첫 호를 낸 『노트르 브와』에는 당 타이 마이, 보 응우옌 지압, 판 타인, 쩐 딘 롱, 부 딘 후인, 응우옌 마인 쯧이 참가했다.

61_AOM: Mensuelles Rapport sur l'Activite Politique au Tonkin pour le mois de Janvier 1939.

62_AOM: Mensuelles Rapport sur l'Activite Politique au Tonkin pour le mois de Juin 1939.

다. 공산주의자들과 사회주의자들 사이의 관계는 나날이 악화되어 갔다. 상호간 조치나 용기가 없다고 비난했다. 사회주의자와 공산주의자의 '이성의 결혼'(mariage de raison)이 식민지에서도 파국에 달한 것이었다. 이에 결정적으로 영향을 미친 사건은 식민정부의 탄압이었다. 북부 주차총관 샤뜨(Y. O. Chatel)가 사태를 이해하고 처리하는 방식은 식민모국의 사회주의자들과 식민지의 공산주의자들 사이의 인식의 간극을 잘 드러내준다. 그는 가장 합법적인 형태의 운동도 금지시킨 이유를 다음과 같이 설명한다. "프랑스혁명 150주년 기념이라는 구실을 잡아, 인도차이나공산당의 지도자들은 실제로는 정부의 실패를 선언하고 진정한 민주적인 전통에 따라 이 사건을 그들 자신이 기념해야 하는 사명을 띠고 있다고 주장하면서 일련의 시위를 조직하려고 결정했다. 이들은 극단주의적 언론을 동원하여 이를 주지시키고 있다. 인도차이나공산당에 소속되어 있는 이들은 7월 14일 공공장소에서의 모임은 물론 사적인 모임을 만들어 대도시와 모든 중소도시의 거주민들을 직접 선동하라는 지시를 받았다. 나는 이러한 위험성을 알고 이를 막기 위한 모든 조치를 취했으며 어느 모임도 허가하지 말라고 지시했다." 항세 시위를 비롯해 합법 북부 공산주의자들이 하려고 했던 시도들도 식민 당국의 예방조치로 열리지조차 못했다. 어쩌다 열리는 경우에도 쉽사리 경찰 진압의 대상이 되었다.63

63_AOM: Mensuelles Rapport sur l'Activite Politique au Tonkin pour le mois de Juin 1939. 본문에서는 언급하지 않지만 프랑스혁명 150주년 기념일을 전후하여 갑자기 떠올랐다 사라진 사건이 하나 있었다. 이는 기념일을 맞이하여 파리에 간 바오다이, 팜 꾸인, 북부 인민대표원 원장 팜 레 봉이 북부를 후에 조정의 지배하로 귀속시키는 문제를 프랑스 정부와 협상한 사건이었다. 1939년 7월 25일 20여 개의 프랑스 신문이 이 사실을 일제히 보도했다. 북부 지역위원회(Xu uy Bac Ky)는 대중을 강하게 독려하고, 인민대표원 93인을 설득시키고, 남부의 혁명잡지와 민주전선 내의 저널을 이용하여 국가보황파(phai "quoc gia" Bao hoang)의 의도를 폭로하고 이에 격렬히 반대했기에 이 시도는 좌절되었다.

1938년 4월 프랑스 인민전선정부의 실각 이후 1년이 훨씬 넘게 힘겹게 지속시켜 왔던 식민지 베트남에서의 공개투쟁은 식민 당국의 탄압만을 불러일으켰던 것이다. 이 과정에서 식민모국 인민전선정부에 기대어 혹은 기대하여 전개되었던 베트남 공산주의자들의 합법운동은 물론 껍데기만 남은 인도차이나인민전선도 소리 없이 해체되었다. 결정적으로 인민전선기 합법운동의 지도자, 쩐 후이 리에우, 쩐 딘 롱, 즈엉 바익 마이, 응우옌 안 닌, 응우옌 반 따오, 응우옌 반 응우옌을 비롯하여 수천 명의 당원이 체포되자 1939년 9월 인도차이나공산당은 공식적으로 당원들에게 합법투쟁을 그만두고 '지하로 들어갈 것'을 지시함으로써 베트남 인민전선기는 막을 내렸다.[64]

4. 맺음말

본문에서 보았듯이 인민전선기 베트남공산주의자들의 합법활동은 프랑스인민전선의 승리와 함께 부상하다 그의 몰락과 함께 좌절했다. 베트남공산주의자들은 합법활동을 통해 저항을 위한 협력이라는 전략적 목적을 충분히 달성하지 못했다. 뿐만 아니라 인민전선정부가 마련한 기회가 '배신'으로 어긋날 때마다 '협력'을 버릴 수 없던 스탈린주의자와 '저항'으로의 전환을 꾀했던 트로츠키주의자 간의 갈등의 골이 깊어지다, 식민정부의 탄압으로 모두 커다란 타격을 받았다.

문제는 두 가지이다. 하나는 프랑스사회당과 사회주의자들의 식민정책이 가지고 있는 한계이다. 프랑스사회당은 인민전선정부의 주요 구성인자이자 본문에서 보아왔듯이 그 구성원들은 북부 공산주의자들을 도와 인도차이나 민주전선을 결성하여 합법공간에서 함께 활동했기에 이들이 가지고 있는 식민관과 그 정책이 가지고 있는 의미나

64_ Tran Huy Lieu-Van Tao-Nguyen Luong Bich, 1956, pp. 147-148.

한계를 집어보는 것은 중요하다. 프랑스 사회주의자들의 사고에서 식민지 문제는 상당한 모순과 모호성을 가지고 있었다. 프랑스사회당이 권력을 잡는 날이 식민지가 해방되는 날이라는 약속에서부터 식민지 지배를 불가피한 기정사실로 인정하여 자치정부의 성취가 궁극적 목적이라는 선언까지 일관성이 없었다. 그러나 이러한 레토릭도 1936년 집권 이전에나 가능했다. 인민전선기 사회당의 식민지에서의 목표는 식민체제를 다소 더 인간적으로 만드는 것으로 설정되었다. 이는 동화주의의 한 전형으로 식민지민의 자유는 독립을 통해 성취된다기보다 프랑스의 정치적이고 사회적인 문명을 식민지에 확장함으로써 성취된다는 의미이다. 프랑스 사회주의자들의 동화주의적 입장은 제국의 유지 필요성을 인정하는 동시에 식민지의 개혁을 염두에 둔 그야말로 타협에 불과했다. 여기에 인도차이나를 포함한 식민문제에 관심도, 아는 바도 적었던 데에다 우선순위도 낮은 상황에서 사회주의자들과 인민전선정부가 실제 식민지에 의미 있는 변화를 가져올 수는 없었다.65 식민정책을 인도차이나에서 실행하는 이들의 의식은 더욱 낮았으며 이전 정권들과 마찬가지로 탄압적이었다는 사실은 인민전선기 식민정책을 담당했던 인사나 인도차이나총독을 일일이 거명하지 않더라도 그리고 베트남공산주의자 탄압사건을 들추지 않더라도 명백하다. 식민모국 정부에 협력을 통해 프랑스 제국과 식민 구조를 자유화할 수 있는 가능성이 가장 있다고 본 대상인 인민전선정부가 이렇듯 식민정책에 '실패'하자, 파리의 가장 좌익 정부조차도 식민지민의 필요와 희망을 대변할 수 없다는 사실이 명백해졌다. 식민 모국과의 협력을 통한 개혁은 식민지민의 '실패'로 판명되었다. 베트남 공산주의자들에게 남아 있는 유일한 길은 독립과 해방이라는 민족주의

65_Cohen. William B., op. cit., 1972, pp. 368-374; Jean-Yves, Le Branchu, op, cit., 1937, pp. 128-129.

의 길이었다. 그러나 인민전선기 '민생'과 '민주'라는 구호 아래 '민족'의 문제는 설 자리가 없었다.

또 하나의 문제는 베트남공산주의자들이 취한 인민전선정부에 대한 협력이 가지고 있는 의미이다. 당시 베트남공산주의자들은 인민전선정부가 식민지에 독립이나 자치를 허용해 줄 정도로 '혁명적'이지 않다는 사실을 인식하고 있었다. 인민전선정부의 식민지 정책을 '희망'을 가지고는 보았으나 '환상'을 가질 정도는 아니었다. 그럼에도 불구하고 프랑스인민전선과 필요한 거리를 확보하지도 충분한 압력을 행사하지도 못했다. 이들이 식민지문제에 관해서는 우익 제국주의자와 별다른 차이가 없는 급진사회주의자들과, 반제투쟁에서 유보 없이 식민지민의 편에 서겠다고 했으나 인민전선의 입지를 약화시킬 것을 두려워하여 침묵하고 있던 프랑스공산당 사이에서, 실행의 결단을 내리고 있지 못한 사회주의자들에게 압력을 가할 수 있었다면 식민정책에 더 영향력을 행사할 수 있었을 것이다. 반식민주의자 세력을 규합하고, 트로츠키주의자들과의 통일전선, 그리고 프랑스 사회당 부문과의 이슈 전선을 형성한 데에는 긍정적인 평가가 필요하다. 특히나 베트남공산주의자들은 합법공간에서 민주적인 기본권은 차지하더라도 세금문제나 꾸옥 응우 확산 등 대중들의 필요를 대변하고 자신을 공개적으로 드러냄으로서 뿔 달린 그 무엇이 아니라 역량 있는 정치세력임을 입증할 수 있었다.

하나 더 고려해야 할 문제는 인민전선이 인도차이나공산당에게는 계급투쟁의 중단, 농민과 노동자의 식민정권과의 화합, 프랑스 정부와 식민정부에 대한 지지를 의미했는데, 이는 인도차이나공산당이 '값비싼' 대가를 지불해야 했음을 뜻한다. 베트남공산주의자들의 합법투쟁은 행동반의 불법화, 인도차이나대회의 취소, 저널에 대한 탄압과 같은 프랑스인민전선 정부의 '배신' 행위가 뒤따르거나 프랑스사회당의 지원이 없으면 명과 실을 모두 상실하게 되어 있었다. 쉬이 트로츠키주의자들의 비난의 화살을 피할 수 없었던 이유이다. 인민전선정부와 이념상 그리고 실제상 거리를 확보하지 못한 이유에는 베트남 공산주의자 간의 이념 통일이 되지 않았다는 점을 무엇보다도 강조해야겠다. 합법운동의 두 주요 동력인 스탈린주의자와 트로츠키주의자들이 결별한 시점에서 이들 간의 차이는 더욱 명확히 드러난다. 트로츠키주의자들에게는 인민전선하에 있는 제국주의도 여전히 제국주의이었다. 따라서 베트남 혁명운동의 전략도 이전과 크게 다르지 않게 일상에서의 계급투쟁과 반제투쟁을 통해 노동자 계급과 농민을 대상으로 '프롤레타리아적인' 방향과 내용을 갖는 혁명을 준비시키는 데에 있었다. 반면 스탈린주의자에게는 인민전선정부를 지지하는 것이 이 시기 가장 중요한 목표이자 전략이었다. 이에 방해가 된다면 노동자·농민운동 또한 자제되어야 했다. 인민전선정부에 대한 이와 같이 상반된 시각은 그 '배신' 행위가 드러날 때마다 강화되었다. 균열적 요소들은 스탈린주의자와 트로츠키주의자 간에만 있지 않았다. 스탈린주의자 내에서 '비밀부문'과 '합법부문' 사이에 그리고 트로츠키주의자 내에도 '비밀부문'과 '합법부문' 사이에도 있었다. 이렇듯 다양한 층차는 한 쪽으로 하여금은 인민전선 정부를 거의 무조건적으로 지지하는 방향으로 그리고 다른 한쪽으로 하여금은 비판하는 데로 나아가는 와중에서 베트남 공산주의자들은 인민전선 정부에 대한 태도 내지는, 압력을 행사할 수 있는 정책이나 기회를 잃었다고 할 수 있다.

제2부

일제지배하 조선인의 '정치참여'

이나미_일제시기 조선 자치운동의 논리

송규진_일제시기 참정권청원운동의 논리

최규진_조선 사회주의자들의 운동노선과
 '합법공간' 진출(1929~1945)

일제시기 조선 자치운동의 논리

이 나 미[*]

1. 머리말

이 글은 일제시기 조선자치운동의 논리를 분석해 보고자 하는 것이다. 이 시기 정치적 행위의 논리는 크게 독립운동론, 참정권론, 자치론으로 구분할 수 있다. 당시에도 신채호는 정치운동가들을 내정독립운동자, 참정권론자, 자치론자로 분류하였다.[1] 이 중, 참정권론과 자치론은 식민 통치에의 '참여' 논리인 반면, 독립운동론은 이에 대한 '저항'의 논리라고 할 수 있다. 기본적으로 '참여'란 기존체제를 인정하는 범위 내에서의 행위이기 때문이다. 대략적인 내용만 들자면, 참정

이 글은 『민족문화연구』 제44호(고려대학교 민족문화연구원, 2006. 6)에 수록된 논문을 수정·보완한 것임.
* 진실·화해를위한과거사정리위원회 전문계약직
[1] 안병직 편, 『신채호』, 한길사, 1983, 201~204쪽; 강명숙, 「20년대 초반 동아일보에 나타난 자치에 관한 인식」, 『역사와 현실』 통권 41호, 2001.

권 주장은 조선인도 일본 의회에 참여할 선거권·피선거권을 달라고 하는 것이며 자치론은 조선의 독자적 의회를 설치하고 내정문제는 조선인에게 맡길 것을 주장하는 것이다.[2] 이러한 조선인의 자치론을 분석함으로써 이 연구가 목적하는 바는, 왜 일제시대 자치론이 다른 식민지의 경우와 달리 저항의 논리가 아닌 협력의 논리가 되었으며, 또한 오늘날 이를 어떻게 평가해야 하는가 재논의하자는 것이다.

식민지 조선인의 자치운동에 대한 선행 연구를 살펴보면 자치론이 등장한 당시부터 연구되기 시작했다는 것을 알 수 있다. 백남운의 글[3]을 포함하여 당시 신문·잡지 등에서는 조선 자치론 및 타 식민지의 자치운동에 대한 글들이 많이 있다. 1980년대와 1990년대에 본격적인 학문적 평가 작업이 시작되었는데 주로 강동진, 박찬승, 김동명에 의해 연구되었으며 이 연구들은 대체로 자치운동이 일어나게 된 정세와 운동의 전개과정, 주도세력의 배경을 밝히는 데 주력하고 있다.[4] 2001년도에는 자치운동과 관련하여 보다 구체화된 주제의 논문들이 등장하였다. 재조 일본인과 조선 자치세력의 대응에 주목한 신주백의 연구, 유민회를 중심으로 자치를 지향한 정치세력을 살펴본 이태훈의 연구, 1920년대 초반의 동아일보의 자치론을 통해 '독립유보론'을 재검토한 강명숙의 연구가 그것이다.[5] 2004년도에는 최린의 자치운동을

2_일반적인 넓은 의미의 참정권에는 자치권 역시 포함된다고 할 수 있으나, 이 논문에서의 참정권 개념은 일제시기에 자치권과 구분되었던 참정권 즉 일본 의회에 조선인이 참여할 수 있는 권리라는 의미로 한정하고자 한다.

3_백남운, 「조선자치운동에 대한 사회학적 고찰」, 『현대평론』, 1927년 1월호.

4_신주백, 「총론: '자치'에 대한 관점과 접근방법」, 『역사와 현실』 39, 한국역사연구회, 2001, 참조.

5_신주백, 「일제의 새로운 식민지 지배방식과 재조일본인 및 '자치'세력의 대응(1919-22)」, 『역사와 현실』 39, 한국역사연구회, 2001; 이태훈, 「1920년대초 자치청원운동과 유민회의 자치 구상」, 『역사와 현실』 39, 한국역사연구회, 2001; 강명숙, 2001.

통해 자치세력의 자발성에 주목한 김동명의 연구와 아일랜드·인도의 민족운동과 조선의 자치운동을 비교한 박지향의 연구가 있으며 2005년도에는 자치론을 자유주의와 관련시켜 비판적으로 검토한 강정민의 연구가 있다.[6]

이러한 선행연구의 흐름을 보면, 대체로 초기에는 자치운동을 독립 포기 및 일제협력 운동으로 보고 비판한 연구가 주류였다고 한다면 최근으로 올수록 점차 자치운동이 가졌던 독자성과 협상능력을 재평가하고 더 나아가 자치운동을 비판했던 세력들이 갖는 한계까지 부각시키는 연구가 나타나고 있다. 예를 들면 박찬승은, 조선인의 자치론이 협력의 논리가 된 것에 대해 본질적으로 이는 독립운동의 유보 내지 포기를 전제로 한 것으로 보았으며, 이것이 갖는 관제적·타협적 성격과 그 계급적 기반에 주목하였다.[7] 그러나 다른 연구자들은 자치운동을 독립운동의 준비단계로 보기도 하며, 다른 식민국가의 경우 자치론은 저항의 논리가 되었다는 것을 강조하고 조선은 왜 그렇게 되지 못했나에 주목하고 있다. 박지향의 경우 자치론이 지지를 얻지 못한 것은 우선 조선이 유교문화의 영향으로 실리보다 명분을 중요시했으며,[8] 다른 식민지와 달리 사회주의와 민족주의가 동시에 전개됨

6_김동명, 「일제하 '동화형협력' 운동의 논리와 전개-최린의 자치운동의 모색과 좌절」, 『한일관계사연구』 21집, 2004; 박지향, 「아일랜드·인도의 민족운동과 한국의 자치운동 비교」, 『역사학보』 182집, 역사학회, 2004; 강정민, 「자치론과 식민지 자유주의」, 『한국철학논집』 16권, 2005.

7_박찬승, 「일제하 자치운동과 그 성격」, 『역사와 현실』 2호, 한국역사연구회, 1989.

8_박지향, 2004. 이 같은 주장은 자치론의 대표적 글인 이광수의 "민족적 경륜"의 내용과 유사하다. 이광수는 그 글에서 조선민족에게 정치적 생활이 없는 이유 중 하나는 "병합 이래로 조선인은 일본의 통치권을 승인하는 조건 밑에서 하는 모든 정치적 활동, 즉 참정권 자치권의 운동 같은 것은 물론이요 일본정부를 대수(對手)로 하는 독립운동조차도 원치 아니하는 강렬한 절개의식"이 있기 때문이라고 하였다 (이광수, 「민족적 경륜」, 『동아일보』 1924. 1. 임종국편, 『친일논설선집』, 실천문학사 1987, 74쪽). 차이점은 박지향은 '명분'이라고 하는 표현을 씀으로써 비실용

으로 인해 서로 견제하고 비판했기 때문으로 본다. 또한 인도와 아일랜드는 영국의 정치적 전통에 기본적으로 존경심을 갖고 있었지만 조선의 경우 일본을 전혀 신뢰하지 않은 것도 이유로 제시되었다.[9]

이 글의 결론은 자치운동이 기본적으로 독립운동을 포기하고 일제에 협력한 운동이라는 것이다. 왜냐하면 다른 식민지에서의 자치운동은 저항세력이 전개했던 것과 달리 조선에서는 일제에 협력적인 세력이 주도했다는 점을 무엇보다도 간과해서는 안되기 때문이다. 이 글은 이처럼 조선 자치운동이 일제협력운동이란 점을 밝히기 위해 우선, 기존 연구가 상대적으로 소홀히 한 자치운동의 논리에 주목하고자 한다. 자치운동에 대해서는 등장 배경, 전개과정, 운동의 성격에 대한 연구가 많이 진행되었으나 그 논리자체에 대한 연구가 부족하다. 자치운동의 논리에 주목할 경우 왜 다른 식민지에서와는 달리 조선의 자치운동이 비판의 대상이 될 수밖에 없었는지 잘 드러난다. 즉 그 논리 자체가 상당히 달랐으며, 특히 자치권의 개념 및 평가가 매우 달랐다. 또한 이 글은 자치운동의 논리를 명확히 보기 위해, 그것이 갖는 다른 정치행위 논리와의 관계 즉 독립운동과 참정권운동의 논리와의 관계를 살펴보고자 한다. 그동안 학계에서는 자치론과 참정권이 따로 떼어져서 각각 연구되거나 때로는 그 둘이 혼동되어 논의되었는데 여기서는 이 둘의 입장을 명백히 구분하고 또한 그 둘과 거기에 독립운동론을 같이 놓고 논의하고자 한다. 그래야지만 그 각각의 성격을 제대로 파악할 수 있다고 본다. 즉 독립운동론, 자치론, 참정권론을 하나의 스펙트럼 위에 놓고 이것들이 각각 어떠한 자리를 차지하고 있으며 서로는 서로를 어떻게 규정하고 있는지, 또한 시간적으

적 · 비합리적 요인을 강조했다면 이광수는 '절개의식'이라는 표현을 사용함으로써 비타협적 · 도덕적 요인을 더 강조했다는 점이다.

[9] 박지향, 2004, 88~92쪽.

로 봤을 때 각각의 운동은 어떠한 방향으로 나아갔는지 봐야 한다. 이렇게 함으로써 자치운동이 왜 일제에 대한 저항운동이 아닌 협력운동이 되었는지를 더 잘 파악할 수 있다.

2. 자치 개념과 식민지 자치론

1) 참정권론, 자치론, 독립론의 관계

참정권과 자치권은 그 근본 원리에 있어서 서로 반대되는 개념이다.[10] 참정권이 통합을 지향한다면 자치권은 분리를 지향한다. 참정권을 주장하는 것은 정부의 일에 적극 참여하겠다는 의지의 표명이지만, 자치권의 주장은 기본적으로 중앙정부에 대해 불신하며 간섭받지 않겠다는 뜻이다. 즉 참정권의 확산은 한 사회의 시민이 '국민'으로 전환되는 국민형성과정의 핵심[11]이지만 자치는 특정 지역 또는 집단에게 중앙정부의 영향으로부터 부분적 독립을 인정해 주는 것이다.[12] 따라서 참정권이 국민국가를 건설하려는 근대의 논리라면 자치권은 개별집단의 특수성을 강조하는 탈근대의 논리이다.[13] 그러므로 참정

10_일제시기에 조선인들이 참정권론자와 자치론자로 나뉘어 서로 비판하였다는 것이 그 증거라 하겠다.

11_조찬수, 「미국의 국민형성과 민주주의: 제도, 계급, 시민권」, 『아세아연구』 110호, 아세아문제연구소, 2002, 223쪽.

12_Hans-Joachim Heintze, "On the Legal Understanding of Autonomy", Markku Suksi(ed.), *Autonomy: Applications and Implications*, The Hague: Kluwer, 1998, p. 7.

13_자치론은 역사적으로 접근할 때 식민주의 시기의 논리이지만, 오늘날 탈근대주의와 함께 세계주의·지역주의 경향 그리고 신자유주의 경향과 더불어 국가의 위상과 역할이 감소되면서 다시금 부상하고 있는 논리라고 할 수 있다. 탈근대주의를 지향하는 역사학자들이 식민지 시기 자치론을 긍정적으로 재평가하는 경향도 이와 무관하지 않다고 보여진다.

권은 일치, 단결, 애국심을 강조하고 자치권은 차이, 다양성, 다문화주의를 강조한다. 때로 자치주의의 이러한 분리주의적 성격은 통치세력에 저항하는 여러 세력이 서로 단결하는 것을 방해함으로써 통치자의 지배를 도울 수 있다.[14]

참정권과 자치권이 식민지에 적용될 경우 그 의미의 맥락은 독립국에서의 경우와 달라지게 된다. 독립국이 아닌 식민지의 경우, 보다 궁극적인 정치적 목표는 '독립'이라고 할 수 있다. 즉 식민지에는 독립이라고 하는 보다 중요한 목표가 존재하게 되므로 이때 참정권과 자치권은 독립이라고 하는 상위 목표의 하위에 자리잡게 된다. 그리고 이것이 독립과 어떠한 관계를 갖게 되는 가에 따라 그 평가가 달라지게 된다. 즉 참정권과 자치권은 독립을 지향하는가 아닌가에 따라 상호간의 관계와 평가가 결정된다. 따라서 이러한 측면만 놓고 보더라도 하나의 주권국가 내에서 행해지는 참정권·자치권의 근대성·민주성 논리가 그대로 식민지에 적용될 수 있는 것이 아니라는 것을 알 수 있다.

조선인을 비롯한 식민지인의 참정권 주장은 제국 국민이 갖는 정치적 권리를 똑같이 달라고 하는 것으로 식민지의 독립을 명백히 부정하는 것이며 식민지와 본국 간 동화를 통한 식민지의 완전한 소멸을 희망하는 것이다. 즉 조선의 참정권론은, 조선이 이미 일본이 되었으므로 일본인과 같은 권리를 달라고 하는 것이다. 반면 자치론은 조선

---

[14] 이러한 이유로 미국은 자국에 연방주의를 채택하였으며 실제로 효과적으로 반대세력의 통합을 막고 있다. 현재 이라크에 실시하고자 하는 연방주의도 마찬가지 이유에서 적용된 것이다. 이렇게 볼 때 일제시대 조선에 행해진 지방자치는 조선의 독립과 — 더 나아가 자치와도 — 전혀 관계가 없거나 오히려 방해되는 요인으로 작용할 여지도 있다. 따라서 이 시기 지방자치가 확대되어 조선 자치로 갈 수 있다고 하는 일부 주장은 위와 같은 점을 고려할 때 별로 설득력이 없다. 오히려 지방자치는 그 지역이 한 국가의 일부임을 분명히 하는 것으로 동화주의라고 할 수 있다.

이 일본과는 다르다는 것을 강조하는 것이다. 그러나 독립운동가들처럼 조선이 다른 나라와 같이 평등한 독립국가여야 함을 주장하는 것이 아니라, 조선이 '식민지'임을 분명히 하고 있는 경우이다. 따라서 참정권론이 동화주의의 입장이라면 자치론은 식민주의를 표방한 것이라고 할 수 있다. 즉 자치론은 조선이 독립국가가 아님을 인정하면서 일본과 다르다는 것을 분명히 한 것이라고 했을 때에, 이는 조선의 특수한 '식민지성'을 강조한 것이므로 자치주의야말로 진정한 식민주의라고 할 수 있다. 따라서 일부 연구자들이, 참정권을 주장하는 것은 일본에 협조하는 것인데 반해 자치는 독립으로 나아가는 전략으로 이해하였으나, 이처럼 자치론의 본질적 내용은 식민주의임을 분명히 하고 있는 것이다.

또한 앞서 언급했듯이, 조선의 자치운동을 인도의 자치운동과 비교하여 조선의 자치운동 역시 인도의 경우처럼 독립운동의 하나로서 긍정적으로 평가될 수 있는 것이었는데 당시 조선의 상황으로 인하여 그렇게 되지 못했다고 하는 주장이 있다. 그러나 이는 조선과 인도를 그 역사적·사회적 맥락의 차이를 무시하고 단순 비교한 오류를 범한 것이라고 하겠다. 즉 '상대적 등가성'을 무시한 오류이다. 인도와 조선은 매우 다른 조건하에서 식민지가 된 나라이다. 인도의 경우 '자치'나 평화적 비폭력 운동마저도 매우 급진적인 것이 될 수 있는 나라였다. 오랜 세월 인도 민족은 분열되어 있었고 늘 타 민족의 지배하에 있었기 때문에 특별히 영국의 지배가 불만스러울 이유가 없었다.[15] 또한 "민중에게는 무기가 없고 기율이 없고 결합력이 없어 상호신임의 관념이 乏"하였기 때문에 영국 정부와 서로 싸워서는 승산이 없다는 것을 깨달아 간다는 비폭력운동을 전개한 것이다.[16]

---

[15] 인도인들은 그들이 가장 중요시하는 종교적 실천을 위반하게 하는 행위를 강요하자 비로소 저항하기 시작했으며 그것이 세포이의 난이다.

따라서 인도의 '자치'는 조선의 '자치'가 아닌 조선의 '독립'과 등가성을 갖는다고 봐야 한다. 즉 인도의 자치 개념과 조선의 자치 개념을 동일선상에서 비교할 수 없고 인도의 '자치'와 조선의 '독립'을 비교해야 한다. 앞서 언급한 인도의 조건으로 인하여 인도에서는 자치보다 상위 개념인 '독립' 개념이 조선의 경우처럼 강하게 주장되지 않았다. 네루를 비롯한 급진론자들이 자치가 아닌 독립을 주장하긴 했으나 이는 후에 등장한 것이고 그 세력도 크지 않았다. 자치를 주장한 간디를 비롯한 국민회의의 영향이 훨씬 컸다고 볼 수 있다.17

따라서 인도의 '자치'는 조선의 경우처럼 '독립' 개념의 하위에 위치했다기보다 독립개념을 대신한 개념이었다고 할 수 있다. 이는 심지어 당시 자치를 주장한 『동아일보』의 인식에서도 드러난다. 인도인들이 지향한 자치는 캐나다와 같은 것이라고 할 수 있는데, 『동아일보』 역시 캐나다, 호주, 남아프리카 공화국은 독립국이나 다름없는 자치령이라는 것을 인식했다.18 『신민』에 따르면, 영국은 인도에 새 의회를 개설하기로 하였으나 "피로서라도 완전한 자치를 얻고자 하는 인도인의 만족을 사기에는 어림 없었"으며 많은 군중이 모여 "영국정치의 소멸, 인도자치의 도래를 축복하였다"19고 하였다. 그렇기 때문에 인도의 자치운동은 타협운동이 아닌 저항운동이며 독립운동이었다고 볼 수 있는 것이다. 결과적으로도 인도의 자치운동은 독립운동

16_ 記者 역, 「거인 인도의 동요」, 『신민』 25, 1927, 25쪽.

17_ "排英운동의 최고조라 할 것은 간디의 전성기 즉 1921년경이었다." 記者 역, 1927, 23쪽.

18_ 「영제국의 발달」, 『동아일보』 1921. 6. 27; 강명숙, 2001, 288쪽. 다음의 글에서도 같은 인식을 볼 수 있다. "영국의 통치가 필경은 그들 피치자의 이익될 것을 선언하여왔으나 장래는 그들로 하여금 그들의 자치를 처리케 할 것이다… 인도를 해방하라 인도를 독립케 하라는 소리는 각 방면의 英人들도 부르짖게 되었다. 記者 역, 1927, 21쪽.

19_ 記者 역, 1927, 23쪽.

으로 나아갔다. 이는 조선의 경우 자치운동이 참정권 운동으로, 더 나아가 완전한 황민화로 나아간 것과는 반대의 길을 갔다고 할 수 있다.

또한 인도의 자치 즉 '스와라지' 개념은 독립 개념의 위상을 가질 뿐 아니라 그 이상의 매우 넓은 의미를 지니고 있다. 즉 스와라지는 제국 내 자치령에서 완전한 자치 즉 독립에까지 이르는 넓은 개념이며 또한 개인적 자율까지 의미하는 정신적 의미마저 갖고 있다. 따라서 이러한 자치 운동을 우리의 자치운동과 같다고 할 수 없다. 이러한 스와라지 운동가는 조선의 자치론자처럼 참정권론자 즉 동화론자로 변절하지 않았다. 이들은 인도 대표가 영국 의회에 참여해야 한다고 주장한 적이 없다. 또한 이들은 조선의 협력자들이 일본화를 외친 것처럼 영국화를 외치지 않았다. 간디가 영국적 전통을 존중하긴 했으나 궁극적으로는 인도화를 강조하였으며 더 나아가 영국도 인도화할 것을 주장했다. 간디에 의하면 영국 것은 하나도 본받을 것이 없는 것이었다. 그러나 조선의 정치참여론자는 참정권론자이건 자치론이건 간에 기본적으로 일본을 본받아야 한다고 생각했고 결국은 일본화를 주장하였다.

따라서 이러한 본국과 식민지 간의 차이, 또한 참정권·자치 개념의 공간적 시간적 차이를 무시하고 일단 같은 것으로 전제한 다음 논의를 전개하는 것은 부적절하다 하겠다. 그래서 본 장에서는 조선의 정치참여 논리를 보기 앞서 자치 일반의 개념을 정리하고, 서구에서 그전부터 전개되어온 전통적 논의를 살펴보고자 한다. 이는 조선의 자치 개념이 어떠한 특징을 갖는지를 보는 데 도움이 될 것이다.

2) 식민지 자치론

국제법에 의하면 '자치'[20]는 한 국가의 영토 일부가 특정 문제에 있어서는 그 스스로 통치하도록 법과 규약에 의해 권위가 부여된 것이며 이는 그 스스로의 국가를 형성하는 것이 아닌 것에 한한다.21 특히 내정문제는 그 스스로 통치한다는 것이 주요 내용이다. 현재 학계의 여러 범주에서 사용되고 있는 자치 개념을 종합해 볼 때, 자치는 크게 세 가지 즉 역사적·행정적·내면적 개념으로 사용되고 있다. 역사적 개념의 자치는 일제시대를 포함하여 식민지 시기의 특징적 개념으로 나타난다. 행정적 개념으로서의 자치는 지방자치를 줄인 개념이거나 혹은 다민족국가의 지역적 자율성을 주장하는 개념으로 사용된다. 내면적 개념으로서의 자치는 개인 내면의 자율성을 의미한다.

본 논문에서 다루어질 '자치'는 역사적 의미를 가진 것으로, 이것은 식민지 내정을 누가 담당하느냐가 중시되면서 등장한 개념이다. 즉 이는 식민주의 역사와 더불어 나타난 것으로 제국주의 국가와 식민지 간의 관계를 규정하기 위해 제시된 개념이다. 오랜 세월 동인도회사의 직원으로 종사하면서 자유와 대의제에 관한 사상을 발전시킨 존 스튜어트 밀(John Stuart Mill)에 의하면 자치가 허용될 수 있는 식민지는 캐나다, 호주, 뉴질랜드와 같이 유럽인종이 주민으로 있는 경우로서 영국인과 같은 단계의 문명화가 진행된 곳에 한정하였다.22 이들

20_자치는 home rule, self rule, self-government 등을 번역한 것이다.
21_Heintze, 1998, p. 7.
22_J. S. Mill(이태일 역), 『밀의 자서전』, 박영사, 1984, 217쪽; John Stuart Mill, "Lord Durham's Return", *Westminster Review*, XXXII(1838); Eileen P. Sullivan, "Liberalism and Imperialism: J. S. Mill's Defense of the British Empire" *Journal of the History of Ideas*, Vol. 44, No. 4. 1983. p. 606. 인종주의와 식민통치의 관계에 관한 것은 염운옥, 「영국의 식민사상과 사회진화론」, 『일본과 서구의 식민통치 비교』, 도서출판 선인, 2004년 참조. 일본 지식인들 역시 사회진화론의 영향을 받아 자유평등의 권리 등 인권은 천부적인 것이 아니라 우승열패의 결과로 발생하는 것이라 주장하였다. 박홍규, 「일본의 식민사상의 형성과정과 사회진화론」, 『일본과 서구의 식민통치 비교』, 도서출판 선인, 2004, 73쪽.

국가는, 내정문제는 자신이 결정하고 외교 또는 국제적 문제, 국방, 공적 토지문제는 영국에서 결정하는 것이 바람직하다고 여겨졌다. 식민지의 대표가 제국의회에 파견되는 것을 고려했던 - 참여민족을 유럽인종에 국한하기는 했으나 - 아담 스미스(Adam Smith)는 자치론이 아닌 참정권론을 주장한 것이라 할 수 있다. 그의 구상은 각 개별국가들이 모여 하나의 국가를 이루는 연방제와도 흡사했다고 할 수 있는데 자치론자들이 참정권론을 반대한 것과 마찬가지로 존 스튜어트 밀 역시 이러한 구상에 반대했다. 그에 의하면 어떤 영국인이 자신의 운명을, 3분의 1은 영국계 미국인, 나머지는 남아프리카와 호주인들로 구성된 의회에 맡기고 싶겠는가 반문하였다. 또한 덧붙여 과연 캐나다와 호주의 대표들이 영국인, 아일랜드인, 스코틀랜드인의 이익과 견해에 관심을 갖겠는가 하고 질문하였다.23

그에 의하면 자치가 허용되어서는 안되는 지역은 아시아와 아프리카와 같은 야만적이고 비문명화된 지역으로서 이런 곳은 영국이 시혜적인 독재를 베풀어야 하는 곳이었다.24 그는 국제법과 국제도덕이 모든 지역에 통용되는 것이 아니라고 하면서 문명국과 야만국 간에 차이를 두어야 한다고 했다. 특히 민족주의와 독립을 향한 열정은 오로지 문명화된 국민에게만 해당되는 가치였다. 즉 독립과 민족성은 신성한 의무지만, 야만족에 있어서는 명백히 해악(a certain evil)이며, 좋게 봐도 '의심스러운 선(questionable good)'이라고 하였다. 비문명국은 문명국의 직접 지배를 통해 개선되어야만 하는 것이었다.25

그렇다면 식민지인은 자신들을 어떻게 바라보았으며 이들에게 자치는 어떤 의미를 갖는가. 또한 이것은 조선의 자치론과 어떻게 다른

23_Sullivan, 1983, p. 606.
24_Sullivan, 1983, p. 606.
25_Sullivan, 1983, p. 610.

가. 우선 대표적인 식민지 자치운동가인 간디는 인도 문명이야말로 "의심할 바 없이 최상의 것"이며 영국을 비롯한 서양문명은 사람들을 노예상태로 빠뜨리는 것이라고 비판했다.26 영국 의회에 대해서도 인도가 그것에 참여해야 한다든가 아니면 인도에도 영국의회와 같은 것을 세워야 한다고 주장한 것이 아니라 오히려 영국 의회는 "좋은 일을 단 한가지도 해내지 못"한다고 비판하였다.27 의회에서 "가장 훌륭한 사람이 민중에 의해 선출된다고들 생각"하지만 사실 "의원들이 위선적이며 이기적이라는 점은 누구나 인정"한다는 것이다.28 따라서 "의회는 진정으로 노예 상태의 상징"29이라는 것이다. 이러한 점은 일본 의회에 참여하기를 간절히 바란 조선 참정권론자와도 매우 대조가 되는 부분이라 하겠다. 또한 조선의 참정권론, 자치론자들은 실력양성론을 계승하여 조선의 전통에 자부심을 갖기보다는 서구나 일본과 같이 빨리 근대화되어야 한다고 주장해 왔다. 그러나 간디는 "인도는 세계를 구제할 무엇을 가지고 있기는 하나 세계로부터 배워야만 할 것은 아무것도 없다"고 하였으며 "인도의 구문명은 결코 소멸되지 않을 것"이라고 하여 강한 민족적 자부심을 드러냈다.30 따라서 간디는 영국이야말로 인도화해야 한다고 하면서 "영국이 인도화한다면 우리는 그들과 함께 살아갈 수 있"31다고 하였다.

두 번째로 인도의 자치운동은 독립운동의 위상을 갖는 것이었다. 아일랜드와 인도의 경우 자치는 오랫동안 민족주의 운동의 목표였다.

26_ M. Gandhi(안찬수 역), 『힌두 스와라지』, 강, 2002, 103쪽.
27_ Gandhi, 2002, 41~42쪽.
28_ Gandhi, 2002, 42~43쪽.
29_ Gandhi, 2002, 53쪽.
30_ 一記者 역, 1927, 24쪽.
31_ Gandhi, 2002, 104쪽.

완전 독립을 주장하는 세력이 오히려 소수이며 영향력도 미미했다. 그러다가 이러한 민족주의 운동이 마지막 단계에서 자치가 아닌 독립으로 그 요구가 변했다.32 인도의 경우는, 온건한 주장에서 점차 강력하게 변한 경우라고 할 수 있다. 1885년 인도국민회의의 요구는 단지 영국인들과의 대화를 시작하자는 것이거나, 참사회나 문관제에의 참여라는 온건한 것이었다. 그러다가 20세기 초 과격파가 대두하면서 1907년에 자치정부를 목표로 설정하였다. 이는 캐나다와 같은 지위를 인도에 부여할 것을 요구하는 것이었다. 1903년경부터 '제국 내 자치정부' 혹은 '식민지 자치정부'라는 모호한 용어가 사용되다가 나이로지(Nairoji)가 '스와라지' 개념을 사용하면서 그것에 무게를 실어주었다.33 『힌두 스와라지』 중 "현재 인도 전역에 자치(Home Rule)의 물결이 일어나고 있습니다. 모든 국민들이 독립(National Independence)을 바라고 있는 듯이 보입니다"34라는 구절을 보아도 자치는 곧 독립과 같은 개념으로 이해되고 있었음을 알 수 있다. 이를 볼 때 자치는 독립과 전혀 다른 것, 심지어 독립을 포기한 것으로 비판되었던 조선의 경우와는 매우 다르다는 것을 알 수 있다.

세 번째로 인도의 스와라지 운동은 제국주의 협력 운동이 아니라 반제국주의 저항운동이었으며 아일랜드의 자치운동 역시 마찬가지로 저항운동이었다. 아일랜드인의 자치획득의 과정은 무력항쟁주의를 노선으로 하는 민족해방 전선의 통일적이고 지속적인 대영투쟁을 기반으로 얻어낸 것이었고 그것을 허가해 준 영국은 계속적인 지배를 위

32_박지향, 2004, 63쪽.
33_박지향, 2004, 72쪽. 이때의 '스와라지'의 의미는 이후에 쓰였던 의미와 달리 영국인들이 존중하고 귀히 여기는 정의를 인도에서도 실현해 달라는 것이었다. 박지향, 2004, 73쪽.
34_Gandhi, 2002, 17쪽.

해 불가피하게 양보한 것이었다.[35] 인도의 간디는 그동안 외부 세계에 주로 비폭력을 지향한 평화운동가로 과도하게 부각되어왔으나 그의 투쟁의 동기와 과정은 시민불복종과 자발적·비타협적 저항운동으로 특징지을 수 있다 하겠다.[36] 그는 투쟁하는 것과 구속되는 것을 두려워하지 않아야 한다고 주장하였다.[37] 그는 영국인들의 문명에 대해 "적의를 품고 있다"고 하였으며,[38] "사악(邪惡)과 비협동"은 "정선(正善)과 협동"과 마찬가지로 식민지인의 의무라고 하였다.[39] 또한 조선의 자치운동가들이 일제에 끊임없이 자치를 '청원'했던 것과는 달리, 그는 "모든 사람이 자기 힘으로 자치를 획득해야 한다"고 하면서 "다른 사람이 나를 위해 얻어주는 것은 자치가 아니라 외치"라고 하였다. 더 나아가 그는 온건파에게 "단순한 청원은 우리의 명예를 실추시키는 것이며 우리가 열등하다고 고백하는 것이다"라고 하였다.[40] 또한 이들은 조선의 참정권론자, 자치론자들이 일제와의 협력을 통한 조선의 평화와 질서를 강조한 것과 달리 "자치 속에서의 무정부 상태가 질서잡힌 외치보다 더 낫다"고 주장하였다.[41]

네 번째로 인도의 자치는 보다 포괄적인 개념으로 정신적 영역까지 포함한 것이었다. 간디에 의하면 "진정한 자치(Home Rule)는 자기 자신에 대한 자치(Self-rule or self control)"라고 하였다.[42] 따라서 정치적

35_유효종, 「일제하 자치운동에 관한 사회학적 고찰」, 『연세사회학』 3호, 1984, 160쪽.
36_오현철, 「제도정치의 부패와 시민사회의 반란: "시민불복종"과 낙선운동의 정치학적 정당성」, 『정치비평』, 한국정치연구회, 2000, 222쪽 참조; 이나미, 「존 스튜어트 밀의 식민주의론」, 『정치비평』, 한국정치연구회, 2003, 245쪽.
37_Gandhi, 2002, 31~32쪽.
38_Gandhi, 2002, 173~174쪽.
39_一記者 역, 1927, 24쪽.
40_Gandhi, 2002, 164쪽.
41_Gandhi, 2002, 164~165쪽.

독립 그 이상의 완전하고 궁극적인 독립을 지향한 것으로, 정치적 독립보다도 더 상위의 개념이라고도 할 수 있다.

위와 같은 내용을 볼 때 간디의 스와라지 운동은 일본 협력의 가장 중요한 논리가 되었던 문명개화, 평화유지와는 완전히 반대되고 있다는 것을 알 수 있다. 즉 간디는 영국 의회를 포함하여 영국 문명, 서양의 근대 문명을 비판하고 있다는 점에서 문명개화론과는 반대된다. 또한 질서잡힌 외치보다 무정부상태의 자치가 낫다는 인식에서 조선의 평화를 위해서는 외치가 어쩔 수 없다고 하는 동양평화론의 인식과는 전혀 다르다고 하겠다. 이러한 점에서 일본 문명의 우수함을 인정하고 조선의 평화를 무엇보다 중시한 조선의 참정권론자와 자치론자는 완전히 반대된다고 할 수 있다.

3. 식민지 조선의 자치운동과 자치론

1) 조선 자치운동의 등장 배경

조선에 자치론이 처음 등장하게 된 계기는 윌슨의 민족자결주의와 관련하여서이다. 이후 일부 민족주의자들은 당시 자유, 평등을 강조한 국제사조에 고무되어 조선 독립을 위해 외국의 지원을 얻고자 하였으나 기대가 무산되자 독립청원운동에서 실력양성운동으로 전환하게 된다. 실력양성운동은 주로 교육과 경제 분야에 한정된 것이었는데 이들은 경제적 자유를 위해서는 최소한도의 권력, 즉 정치적 권리가 필수불가결하다는 것을 깨닫고 총독부에 접근하여 자치의회의 개설과 같은 최소한의 정치적 권리를 얻어 보자는 타협적 자치론을 제창

42_Gandhi, 2002, 173~174쪽.

하게 된 것이다.43 즉 동아일보를 포함하여 자치론자들이 등장한 이유는, 민족의 완전한 독립을 지향해서라기보다는 정치권력 없는 경제적 실력양성이 어렵다는 것을 절감했기 때문이다. 이러한 동아일보의 입장에 대해 "동아일보는 그 사상의 기조를 부르주아 자유주의에 두고 민족이란 간판을 억지로 붙들고 있다"고 비판되기도 하였다.44

민족자본의 성장에는 보호관세, 금융자본의 지원, 외래자본의 투자 제한이 필수적이다. 1922년 10월 동아일보의 주필 장덕수는 "사업을 하려 해도 자금을 유통할 수가 없다. 선은(鮮銀)이나 식산은행은 과연 조선인을 위해 세운 것인가 (…) 공업도 산물도 기술도 없다. 농업은 수전(水田)의 3분의 1이 일본인의 손에 있다. 먹을 길이 없기 때문에 불평이 일어난다. 우선 첫째로 조선인이 발전하기 위하여 보호를 해주지 않으면 안된다"고 하였다.45 이때 민족개량주의자들과 민족자본가들은 두 가지 입장을 취했는데, 첫째는 일제의 지배를 인정하면서 자치권 등 일정한 정치적 권리를 요구하는 것이고 둘째는 독립을 지향하면서 일단 경제적 실력양성에 열중하는 것이었다. 대자본가들은 첫째 즉 예속의 길을, 중급규모의 자본가들은 두 번째 실력양성우선을 택하였다.46

이렇듯 자치론을 주장한 인사들의 대부분은 자산층 인텔리였다. 이들은 외국 특히 일본 유학을 경험한 지식층이며 국내에서 상당한 사회적 지위를 총독부로부터 인정받고 있던 인사들이고 또한 주로 토지

43_강정민, 2005, 16~17, 20쪽. 이들은 "정치와 경제는 호상 분리치 못할 관계가 있는 것이니 정치권을 박탈당한 자에게 경제권이 없으며, 경제권이 없는 자에게 정치권이 없을 것은 당연한 원리원칙"이라고 주장하였다. 조중용, 「물산장려운동과 오인의 관찰」(2), 『동아일보』 1923. 3. 26; 강정민, 2005, 21쪽.
44_「현하 신문잡지에 대한 비판」, 『개벽』(1925. 11), 51쪽; 강정민, 2005, 27쪽.
45_박찬승, 1989, 178쪽.
46_박찬승, 1989, 179쪽.

자본가적 위치에 있었던 인사들이었다. 이들의 이러한 지위와 계급적 이해관계는 민중의 역량에 대한 불신으로 이어지고 이것이 민족적 투쟁을 통한 독립이 어렵다고 인식하게 한 것이라 할 수 있다. 이들은 자신이 갖고 있는 부와 사회적 지위를 보존하는 한에서의 가능한 방법을 모색하였는데 이는 주식회사 설립을 완료할 당시의 동아일보 발기인 55명의 배경을 보면 알 수 있다. 대부분 일제 문화정치의 회유 대상자인 박영효 등의 상층부 한말 귀족과 대지주 및 대자본가들로 채워졌다.[47] 이들의 참여는 우연적으로 된 것이 아니라 김성수 개인과의 친분과 그의 권유로 이루어졌다. 따라서 시종일관 동아일보가 문화주의를 내걸고 자치운동의 기관지 역할을 했다고 했을 때 이러한 자치운동의 본질이 무엇인가 하는 것은 자명하다 하겠다.[48]

이들 자치론자들은 다른 식민지의 자치운동에 지대한 관심을 가지며 모방하고자 했다. 또한 자치론자들은 자신에게 향해지는 비판을 의식하여 자신들의 운동은 인도의 스와라지운동과 같은 것으로 주의의 타락이 아니라고 주장했다. 박문희는 "내가 실행할 의도가 있었다 하더라도 그것은 인도의 스와라지운동과 같은 것인 이상 반드시 주의의 타락은 아니다"라고 하였다.[49] 그러나 분명한 차이는, 인도를 비롯

[47] 자치청원운동은 박영효를 회장으로 하는 유민회가 최린계와 동아일보계보다 먼저 전개하였다(이태훈, 2001). 유민회가 재야 기득권 세력의 결집체라면, 최린계와 동아일보계는 유력한 신흥정치세력으로서, 자신들이 주도하는 자치운동을 구상하였다. 동아일보는 창간 직후부터 각국 식민지배유형의 변화를 게재하면서 식민지 조선에서의 자치의 가능성을 면밀히 검토해 왔다(강명숙, 2001). 김정인, 「일제강점기 천도교단의 민족운동연구」, 서울대학교 박사학위논문, 2002, 87쪽.

[48] 유효종, 1984, 157~158쪽. 이들이 열성적으로 추진한 물산장려운동도 "민족의 이익이니 혹은 대중의 이익이니 농가의 이익이 아니라 경성방직 등 대규모 방직회사의 창립과 융성을 도우는 것이라"는 당시의 비판이 있었다. L생, "썼던 탈을 벗어나는 물산장려"『개벽』, 1923년 10월호, 52~59쪽; 유효종, 1984, 158~159쪽.

[49] 박찬승, 1989, 202쪽.

한 다른 식민지의 경우 자치론에서 독립론으로 나아갔다면, 조선의 많은 자치론자들은 이와는 반대로 자치론에서 참정권론으로 나아갔다는 것이다. 인도나 아일랜드는 자치운동에서 시작했으나 이후 독립으로 그 요구를 전환하였다. 그러나 조선의 경우는 그 반대의 길을 갔다. 즉 자치운동이 초기에는 독립을 지향한 정치운동이었다 하더라도 결국 이들은 완전한 동화를 향해 나아갔던 것이다.

이렇듯 자치론은 참정권론 즉 일본에의 완전동화와 독립운동론 간의 가운데 위치했다고 할 수 있다. 이러한 그들의 입장은 친일적이라는 비판50과 독립운동의 전단계라고 하는 정당화 두 가지 요소를 다 갖고 있다. 따라서 자치론과 나머지 둘의 논리와의 공통점과 차이점을 알아볼 필요가 있다.

2) 조선 자치운동의 논리

(1) 참정권운동에 대한 비판과 찬성

식민지 조선에서 자치운동은 참정권운동과 어떤 관계였는가. 초기에 이 둘의 관계는 상호비판적이었다. 참정권 논의가 나온 후 동아일보는 1922. 3. 6 사설에서 "조선인의 참정권문제-내지연장주의의 불가"라는 글을 실었다. 송진우는 신간회에 참여하던 1927년 말경 『朝鮮及滿洲』 발행인과의 사담에서 자신은 참정권 운동에는 반대한다는 입장을 밝히면서 "그것보다는 조선에 조선의회를 만들어 예산은 물론이오, 조선의 정치는 조선인으로서 논의할 수 있게 해주면 좋겠다고 생각한다"고 말했다.51 또한 일본의 자치론자 역시 조선의회를 따로

50_"근래 조선사회에는 자치운동이라는 一風說이 있어 적지 않게 士人의 비판거리가 되고 있다." 백남운, 1927.

51_『朝鮮及滿洲』 1928년 2월호 35쪽; 박찬승, 『한국근대정치사상사연구』, 역사비평사,

설치할 것을 주장하면서 조선인에게 참정권을 주는 것을 반대했다. 그 이유는 참정권을 주게 되면 아일랜드의 경우처럼 일본 의회에서 조선의원들이 캐스팅 보트를 쥐게 되고 일본의 무산정당과 손을 잡게 될 수 있다는 것이다. 또한 조선이 일본 문제를 일본이 조선 문제를 자신의 이해관계가 없는 데도 다루게 되는 불합리가 있다는 것이다.[52] 이는 제국의회의 식민국가 참여를 주장한 아담스미스에 반대한 존 스튜어트 밀의 논리와도 동일하다.[53] 또한 일본 자치론자들은 조선인들에게 자치권을 주더라도 조선이 독립할 힘이 없으므로 조선독립의 염려는 없다고 보았다. 오히려 자치권이 부여되면 독립운동이 수그러들게 될 것이고 치안유지에 큰 도움이 될 것이라고 주장되기도 하였다.[54]

반면 참정권론자는 자치론이 대두하자 맹렬히 비판했다. 1925년 11월 경성일보 사장 副島道正이 "총독정치의 근본의"라는 글을 써서 자치론을 주장하자 일본인 단체, 국민협회 등 친일단체는 이를 맹렬히 비판했다.[55] 김환 역시 다음과 같이 자치론을 비판했다.

> 조선의 자치로 조선 민족의 행복과 이익을 구하는 道이라고 논하는 자가 有하다. 此는 思치 안이함의 甚한 논이니, 若 조선을 일본의 식민지 자치령으로 하야, 敢히 국가를 조직한 一分子의 책임을 盡하야, 국정에 참여하는 권리를 획득치 못하고, 일본의 주권하에서 僅히 자활을 謀한다하면, 此는 병합의 본의에 背戾될 (것이다).[56]

1992, 345쪽.
52_박찬승, 1989, 181쪽.
53_Sullivan, 1983, p. 606.
54_박찬승, 1989, 181~182쪽.
55_박찬승, 1989, 180~181쪽.

즉 자치론은 조선을 완전히 일본 식민지로 인식하는 것이고 병합의 본의에 반대된다는 것이다. 이는 독립론자가 아닌 참정권론자 입장에서 볼 때조차도, 자치론이 조선의 식민지성을 분명히 하고 있다는 것을 알 수 있다.

그러나 참정권론과 자치론은 기본적으로 일본에 협조하고 일본의 우위와 지배를 인정한다는 점에서 차이를 보이기 어렵다. 참정권론자에서 자치론자로 전환하는 경우도 볼 수 있다. 즉 "일반민 사이에는 민원식에 대한 반감이 깊고, 비난 공격이 많아서, 민의 부하에 속하는 최강 예종식은 동파의 형세가 불리하고, 신변의 위험 등이 있다고 해서 자치파에 전입했다고 한다"는 내용도 보고되었다.57 이와 같은 내용은 그나마 자치파가 참정권론자들보다는 덜 비판받았다는 사실을 보여준다. 그러나 참정권론자들이 쉽게 옮겨갈 수 있을 정도로 자치파 역시 기본적으로는 같은 친일적 입장을 갖고 있었음을 보여준다. 그렇기 때문에 자치론자들은 참정권론자들과 마찬가지로 대중의 비판을 샀다. 예를 들면 아베가 최린에게 공식적으로 자치운동을 전개할 것을 요구하자 최린은 자치운동의 필요성은 인정하면서도, 총독부로부터는 시기와 의심을, 조선 측으로부터는 '변절자로 불리는 것'을 이유로 들어 곤란하다고 말했다.58 또한 이후 대체로 많은 자치론자들이 동화주의로 귀결했다는 것이 이들의 친일 증거이다. 아베가 총독에게 보낸 1921년 11월 29일자 편지에는 다음과 같은 내용이 있다.

> 앞서 이광수라는 자의 안을 보여드렸던 조선인개량문제는 문화운동파로 그 방향을 전화토록 암시를 주셨는데 피차 서로의

56_ 김환, 「국민협회의 본령」, 『시사평론』 341호(1927. 1) 11쪽; 마츠다 도시히코, 『일제시기 참정권문제와 조선인』, 국학자료원, 2004, 166쪽.
57_ 고경 26490호 「경성민정휘보」; 마츠다 도시히코, 2004, 154쪽.
58_ 김동명, 2004, 159쪽.

이득이라고 생각됩니다…오늘날의 형세로 보아 민원식·선우순 따위의 운동으로는 도저히 일대세력을 이룩하기에는 어렵고 간접사격으로 설설 조선인 사이에 열망이라든가 신용있는 인사와의 사이에 양해를 얻도록 일을 꾸미는 외에 좋은 방책이 없다고 생각되와 여쭙는 것입니다. 여기에는 이번에 가출옥한 위인들 중 특히 최린이 안성마춤의 친구입니다.[59]

이광수와 마찬가지로 결국 종국에 최린은 동화론자로 변절하게 된다. 1933년 무렵 공황에 따른 체제적 위기를 경제통제와 사상통제를 통해 극복하려는 움직임이 더욱 강화되자 최린의 천도교 신파는 정치활동을 포기하고 수양제일주의를 강조하기 시작한다. 그러던 중 1934년 최린이 중추원 참의로 취임하면서 친일로의 방향전환을 공식화했다. 최린은 자신의 선택이, 일본이 조선에서 벌이고 있는 행위들을 비판함으로써 우리 민족을 위해 최대의 이익을 얻기 위함이라고 변명했다. 이 시기에 최린과 신파뿐 아니라 대부분의 우파 진영이 운동력을 상실하고 친일로의 방향전환을 선언하고 나섰다. 이에 주도권을 확보했다고 판단한 일제 당국은 좌파는 물론 우파도 압박하여 완전한 친일로의 방향전환을 꾀했다. 마침내 최린은, 일본민족과 혼연일체가 되어 잘 일치합작하여 나아감으로서만 자립적 실력을 확충할 수 있다는 취지하에 시중회를 결성하여 '신생활의 건설'과 '내선일가의 결성'을 표방하게 된다. 또한 시중회를 조직하자마자 조선인에게도 징병제도를 실시해야 한다고 하면서 병역의 의무까지 다하여 바친 뒤 일본 내지인과 같이 참정권도 달라고 하자고 하였다. 즉 이는 자치운동조차 포기하고 내지연장주의에 입각하여 일본인과의 동등한 국민으로서의 자격을 달라고 하는 참정권운동으로 방향을 전환한 것이다.[60] 또한 그

59_강동진, 『일제의 한국침략정책사』, 한길사, 1980, 3-4장.
60_김정인, 2002, 158~163쪽.

는 대동방주의를 제창하면서 현하의 국제정세하에서 동아 제민족은 일본을 맹주로 하여 매진할 것, 특히 조선으로서는 내선융합, 공존공영이 민족갱생의 유일한 길이라고 주장하였다.61 그는 결국 자치운동에서 출발하였으나 완전한 일본인이 되기 위한 참정권 획득 노력으로 귀결하였고 그것을 위해 조선인에게 제국주의 전쟁에 나가라고 권유했던 것이다. 최린은 조선인이 황국신민이 된 것을 기뻐하며 일본을 위해 "있는 힘을 다 바치자"고 다음과 같이 강조하였다.

> 우리들 반도 민중은 창씨도 하였고 기쁜 낯으로 제국군인이 되어 무엇으로 보나 황국신민이 된 것이다. 이제부터는 있는 힘을 다하여 연성을 쌓아서 군국의 방패로서 부끄럽지 않은 심신을 만들어두지 않으면 안된다.62

(2) 독립준비론과 독립불능론

초기에 동아일보는 민족국가를 형성하지 못하면 완전한 자유가 없고 발전도 없기에 민족이 독립을 원하는 것이며, 인간의 기본적 욕구라고 보았다. 자치로 번영을 누린다고 하더라도 독립이 없으면 인간의 기본적 욕구를 막기 때문에 독립이 필요하다고 본 것이다. 이러한 내용은 1920년의 글로서, 1922년까지의 동아일보는 자치를 탐색하거나 단계적 독립론의 한 과정으로 구상했다고 볼 수 있다.63 지배국의 입장에서도 독립을 위한 자치 훈련과 식민지배를 위한 자치 두 가지가 있을 수 있다. 이는 미국의 필리핀 자치 정책에도 드러나는 것으로 1921년 공화당은 "독립을 위한 자치의 훈련"을 폐기하고 "식민지배

61_박찬승, 1989, 208~209쪽.
62_매일신보 1942. 5. 10; 임종국 편, 1987, 262쪽.
63_신주백, 2001, 58, 61쪽.

를 위한 자치"로 회귀했다.64 당시 국민협회 김상회에 따르면 일시적 방편으로 자치를 요구하는 파와 영구적 최선방법으로 자치를 요구하는 파가 있다. 전자는 "희망과 사상이 독립요구자와 대략 동일하되 다만 시세를 양찰하는 정도에 차이가" 있을 뿐이며 후자는 조선이 독립을 얻기 어렵다고 판단하고 "일본의 주권하에서 속령자치를 행"할 것을 요구하는 것이다.65 1927년에 자치론은 세 가지로 분석되기도 하였다. 첫째는 자치권 획득이 대중의 당면이익이 된다고 내세우는 파, 둘째로는 고급지식별 혹은 중산계급 이상의 재산벌로서 자치운동을 당면이익으로 보기보다 독립운동의 한 단계로 보는 온화파, 셋째로는 기회를 포착하여 자기의 정치사환욕을 추구하는 데 몰두하는 간웅벌 분자66 등이 그것이다.

단계론적 운동론을 피력한 안창호는 "독립에 도달하는 한 계제로서 철저한 자치권획득이 필요하다"고 하였다. 일부 일본인 역시 조선인의 자치론이 "정치적 훈련을 쌓기 위해 우선 자치를 요구하고 다시 내정독립을 달성하며, 궁극적으로 민족의 독립에 도달하려는 것으로 간주하였다. 마찬가지로 서상일은 우선 "우리의 준비와 용의가 없지 아니할 수 없는 것"이라 하여 "자치권획득을 아니하고 국제상세의 변화를 고대하기 보담 자치권획득을 하고서 국제상세의 변화를 봉착하였다 하면 해방선상에서 어떤 불리가 있을 것인가"고 반문하였다.67

이러한 자치론의 또 하나의 특징은 '정치적인 것'의 중요성을 매우 강조하고 있다는 것이다. 우선 정치적 훈련을 위한 합법적 항쟁을 옹

64_권오신, 「미국의 필리핀 독립가능성 제기와 그것의 번복문제」, 『미국사연구』 5(1997), 92쪽; 강명숙, 2001, 292쪽.
65_김상회, 「조선통치에 관한 사견(2)」, 『시사평론』 2호, 1922, 2~3쪽.
66_김만규, 「타협과 비타협-우리는 정치운동에 대하야 어떠한 태도를 취할까」, 『조선지광』 1927. 2. 6쪽; 박찬승, 1989, 209쪽.
67_박찬승, 1989, 211~212쪽.

호하는 실력양성론이 그 대표적인 것이라 할 수 있다. "민족 백년대계를 위해 민력을 함양하고 실력을 양성하며, 가슴깊이 민족의식을 간직하고 당국의 시정 및 시설의 결점에 대해서는 합법적 수단에 의하여 항쟁함으로써 서서히 정치적 투쟁훈련을 쌓아야 하며, 청년운동, 농민운동에 전력을 기울여 장래 이들을 전위로 하여 확고하고 건실한 발판을 점하면서 궁극의 목적에 도달해야 할 것"68이라는 것이다. 따라서 정치조직의 중요성이 매우 강조되었으며, 이는 '정치적 중심단체론' 또는 '정치적 결사' 등의 표현으로 나타났다. 이들은 "전 조선 민중을 대표할 만한 일치의 정신으로 조직된 공고한 기관이 없는 것이 가장 걱정"이라고 하면서 "아직까지 우리의 손에 정치의 세력이 없는 까닭으로 아무리 현하와 같이 전 민족이 파산을 당하더라도 구제의 길이 없"다고 강조한다.69 이는 앞서 언급한 대로 정치조직 없는 경제활동의 어려움을 나타낸 것이라 하겠다. 자치론의 대표적인 글이라 할 수 있는 이광수의 "민족적 경륜" 역시 정치적 결사를 조직하자는 것이다. 즉 "조선 내에서 허하는 범위 내에서 일대 정치적 결사를 조직"하여 이 결사로 하여금 "당면의 민족적 권리와 이익을 옹호"하고 "장래 구원한 정치운동의 기초를 이루"게 할 것70이라 하였다. 이광수는 조선인의 절개 의식을 비판하면서 허용되는 범위 내에서의 정치적 결사를 조직할 필요가 있다고 주장한다. 그 이유는 민족적 권리와 이익을 옹호하고 조선인을 정치적으로 훈련시키고 단결하게 한다는 것이다. 그러나 그 최종적인 목표는 결코 조선의 독립이라고 하지 않고, 정치적 결사가 생장하여 그 스스로 결정하도록 하자고 하고 있다. 산업적 결사와 교육적 결사의 중요성도 언급하나 이것들은 결코

68_박찬승, 1989, 212쪽.
69_『개벽』 66호 1926 2월호 38~39쪽; 김동명, 2004.
70_임종국 편, 1987, 74~75쪽.

정치적 색채를 띠어서는 안된다고 강조하고 있다.71 이미 그 논리에서 조선독립에 대해 소극적임을 알 수 있다. 최린 역시 교육과 식산을 강조하면서 위기일수록 흥분하지 말고 침착하게 우리의 진로를 개척해야 한다고 주장하였다. 또한 1923년 민족적 중심단체의 필요성을 제기하면서 사회주의 운동은 일부 계급만을 위한 부문운동이라고 비판하였다.

이렇듯 자치운동은 독립운동의 전제라고 주장되었으나 실제로는 일제 지배하에서의 일정한 정치권력을 획득하는 것이 목적이었다. 단계적 운동론은 단지 구실에 지나지 않았으며 사회적 지지 기반도 갖추지 못했다. 민족자본가 상층조차 이러한 운동에 합류하는 것을 망설였다는 것이 그 증거라 할 수 있다. 또한 일제의 자치제 실시 구상은 독립으로 가려는 길을 열어주려는 것이 아니라 오히려 막으려는 것이었으므로 현실성이 부족했다고 할 수 있다. "만일 영국 국민이 1886년 글랏스톤의 최초 자치법안을 의회에 제출한 때에 허가할 아량을 가졌던들 금일 애란 자유국과 같은 사실상의 독립국을 만들 필요는 없었다"는 언급에서도 이는 시사된다.72

백남운은 준비론과 단계적 운동론에 입각한 자치론을 '계획적 자치론'이라 하여 친일파의 '종속적 자치론'과 구분했으나 그는 그렇다 하더라도 다음과 같이 비판했다.

> 비록 '계획적 자치운동'이라도 실제상 취정배의 소위 활동적 충동을 만족시킬 뿐이고 대체로는 조선민중의 실익을 기대할 수 없을 것이다. 자치운동은 민족적 기혼을 마춰시키는 동시에

71_임종국 편, 1987, 82쪽.
72_「통치군의 유혹-중앙조선협회의 성립을 듣고-」, 『조선일보』 1926. 2. 6; 박찬승, 1989, 214쪽.

계급통일의식을 교란하고 종국에는 사회분열의 계기가 되고 말 것이다. 현실의 범위 내에서 거세한 정치를 요구하는 것 보담은 명일을 동경하는 충직한 노동이 오히려 생활가치가 거대하다.73

자치운동을 독립운동의 전단계로 파악하기 어렵게 하는 또 하나의 이유는 많은 경우 자치론자들이 독립운동과 자치운동은 서로 다른 운동이라고 생각했기 때문이다. "손병희는 그전부터 조선독립운동을 할 것인가, 아니면 자치운동을 할 것인가를 우리에게 이야기해왔다"는 오세창의 진술을 봐도 이는 알 수 있다.74 즉 독립운동과 자치운동은 다른 선택이었던 것이다. 더 나아가 자치론자들은 독립은 불가능한 것으로 생각했다. 최린은 "조선독립이 오늘날 불가능하다는 데 대해 확신"하고 있다고 하였다.75 최린은 프랑스 체재 중 서한을 통해 아일랜드 수상의 말을 빌어 다음과 같이 말함으로써 조선독립의 어려움을 시사하였다.

> 자신들도 독립은 했지만 그 규모가 너무 작아 체면을 세우고 살아가는 데 매우 곤란하여 독일이나 프랑스 등 다른 강대국의 힘을 빌리지 않으면 독립의 체면을 지킬 수 없다. 그러나 그들의 힘을 빌리는 데는 다대한 희생을 치룰 각오 없이는 안된다. 역시 다투기는 해도 수백년의 역사상 밀접한 관계를 가지고 있는 영국과 타협해서 나갈 수밖에 없다.76

자치론은 독립운동이 불가능하다고 생각하는 것일 뿐 아니라 독립

73_ 백남운, 1927, 49~50쪽.
74_ 박찬승, 1989, 171쪽.
75_ 강동진, 1980, 424~425쪽.
76_ 김동명, 2004, 171쪽.

운동을 불가능하게 만들고자 하는 일제 정책을 돕는 것이었다. 예를 들면 아베 미쯔이에가 총독 사이토에게 보낸 보고 서간에 의하면 아베는 독립을 주장하는 세력이 조선의회의 일원으로 선출되는 것은 일본의 조선'통치를 가장 명확하게 승인하는 것을 증명하는 것'이라고 했다.77 실제로 최린은 "조선의회의 설치가 조선 민심의 안정을 꾀하는 데 있어 가장 긴요"하고 "나도 민중의 신임만 얻으면 반드시 조선의회의 한 사람이 되기를 사양치 않겠"다고 하고 있다.78

(3) 타협주의와 현실주의

자치론자들은 공통적으로 '타협'의 중요성을 강조하고 있다. 동아일보는 "혹은 운하되 애란인민이 최후 이상에 철저하지 못하고 중도에 그쳐서 타협에 구안(苟安)을 도(圖)함은 불가하다는 자 유(有)하나 그러나 이는 인성(人性)을 부지(不知)하는 자이며 더욱이 정치의 여하한 것을 각(覺)하지 못하는 자"79라고 하였다. 따라서 인간의 본성상, 정치의 특성상 이상보다는 타협을 선택하는 것이 당연하다는 것이다. 이렇듯 자치론자들은 곧잘 독립론과 자치론을 이상주의와 현실주의로 비교하면서 자신의 논리를 정당화하였다. 예를 들면 동아일보는 1922년 아일랜드가 영국과 맺은 조약문제를 놓고 완전한 독립을 주장하는 벨레라와 자유국 인정을 주장하는 그리피스를 비교하면서 이를 이상과 현실의 충돌로 보았다. "그리피스가 오직 이상에만 주(走)하지 아니하고 오히려 현실에 취(就)하야 제2의 최선을 구한 것은 요컨대 그 일신의 이익을 위하야 지위를 위하야 한 것이 아니라 국민 일반의 요망과 그 전도를 살펴서 한 것이 분명하다"80고 강조하였다. 그러나

77_ 김동명, 2004, 159쪽.
78_ 강동진, 1980, 424~425쪽.
79_「평화의 애란」, 『동아일보』 1922. 7. 13.

아일랜드 자유국은 자치국이라기보다 사실상 독립국이라고 할 수 있다.[81] 또한 이러한 주장에서 알 수 있는 것은, 일반적으로 자치론자들이 자신의 이익과 지위를 위해 운동한다는 비판이 있다는 것이다.

자치론자들이 자신의 입장을 정당화하면서 운동의 궁극적 목표보다는 전략·전술적 차원을 강조하는 경향이 두드러졌다.

> 세계대세와 조선인의 각성은 일본 위정가의 의지를 도저히 그대로 고집할 수 없는 동시에 소위 일본의 백년대계로 보아서 조선에서의 형식적이나마 조선인심의 격앙을 진설(振洩)케 할 조선인의 자치권 요구를 거부할 수 없는 입장에 처하야 있다. 그러면 피차의 전략전술적 견지에서 일 보의 후퇴가 이 보의 전진을 의미함에서 일본과 조선의 균형은 국제적 상세의 돌변이 일어나기까지 어느 동안은 결국 자치권부여와 자치권획득의 일치점에 귀착될 필연성을 가지고 있다.[82]

이러한 전략·전술의 강조 역시 다른 식민지의 자치론과 구별되는 부분이다. 예를 들면 인도의 스와라지는 전략·전술과 같은 하나의 '수단'이 아니라 결국 인도의 독립 그 자체와 거의 같은 의미라고 할 수 있다. 인도의 자치론자들은 인도에 캐나다와 같은 지위를 줄 것을 요구하였는데 이는 사실상의 독립국의 지위라고 볼 수 있다. 뿐만 아니라 스와라지는 더 나아가 개개인의 정신적 자립을 의미하는 궁극적 목적이 되는 개념이다. 따라서 조선의 자치론이 전략전술로서 많이 강조되었다면 인도의 자치론은 목적에 가까운 개념이라고 하겠다.

그런데 이러한 전략전술로서의 자치론이 조선에서 비판을 받은 이

80_「애란의 정국」, 『동아일보』 1922. 4. 20.
81_박찬승, 1989, 213쪽.
82_「합법운동과 비합법운동에 관한 사건」, 282~283쪽; 박찬승, 1989, 216쪽.

유는 그것이 실제로 독립을 위한 전략전술이 된 것이 아니라 결국은 독립을 방해하는 전략전술이 되고 말았기 때문이다. 아일랜드의 경우 이들은 자치운동을 계속하다가 1919년에 독립으로 목표를 전환했다. 이후 영국과 무력충돌을 야기하다가 1922년 영국과의 협상을 통해 자치권만을 인정받는 아일랜드자유국이 되었다. 이는 독립을 목적으로 무력충돌까지 가야 겨우 자치를 인정받을 수 있는 현실을 반영한다. 그러므로 자치만을 주장했을 때는 그 자치마저도 얻기가 어려운 것이다. 따라서 독립운동을 하는 것이 보다 현실적인 선택이라고 할 수 있다. 그러나 손병희는 "독립은 허용되지 않는다 해도 자치는 허용될 것"[83]이라 하여 미리부터 협상의 상한선을 정하고 그것을 노출하는 전략적 오류를 범했다고 할 수 있다.

이들의 이러한 타협적 성격에 대해서는 많은 비판이 뒤따랐다. 안재홍은 이들에 대해 "조선인의 공리론적 점진주의자와 저들 통치군들의 호응에 의하여 조선 대중의 돌진적 또는 좌경적 기세를 줄이고자 타협운동이 출현"[84]할 것으로 예견하였으며 이들은 "반드시 통치군들과 연락되고 호응함이 아니고서는 용이하게 출동하지 못할 것이오 그들 통치군의 양해 혹은 종용 아래 비로소 있을 수 있을 것이니 (…) 더 나아가 관제적 타협운동이므로 그 시작부터 잘못된 것"이라고 파악한 것이다. 백남운 역시 자치는 통치국가의 이익을 보존하는 범위 내에서 원주민의 정치적 반항을 줄이고 통치상의 경비 지출을 적게 들인다는 장점이 있기 때문에 통치국이 시행하는 것으로 피정복민이 자발적으로 자치를 주장하는 경우는 드물다고 하였다.[85] 일제 역시 여러 가지 이유로 자치책을 암시하였으며 이것이 자치운동이 타협운동

83_ 박찬승, 1989, 172쪽.
84_ 「조선 금후의 정치적 추세」, 『조선일보』 1926. 16~19쪽.
85_ 백남운, 1927, 47~48쪽.

이란 증거라고 할 수 있다.86

(4) 식민주의

앞서 언급했듯이, '자치'는 한 국가 내의 일부 지역에 대해 특정 문제에 한하여 그 지역 주민이 결정하도록 하는 것을 의미하며 그 지역이 자신의 독자적 주권을 갖지 않을 것 즉 독립국가 수립을 지향하지 않을 것이 전제로 된다. 따라서 그 지역의 고유성과 종속성이 동시에 보장되는 것이라고 할 수 있다. 백남운에 의하면 자치는 '식민정책의 고도(高度)형태'로서, 정복국이 자신의 이익을 확보하기 위하여 식민지의 기성문화, 풍속, 습관, 신념 등을 준거삼아 적응할 만한 통치책을 수립하는 것이며 이것이 근세식민정책의 추세라고 하였다. 따라서 "원래 정치적 자치는 정복군이 피정복군에 대한 통치책의 일 범주에 불과한 것"으로 "원칙으로는 피정복군이 자발적으로 자치를 주장하는 경우는 극히 희소한 것이고 만일 주장하게 된다면 정복군의 통치상 번뇌를 반증할 수 있을 뿐"이라고 하였다. 즉 정복국은 원칙적으로 동화정책을 추구하나 통치대상국이 이에 적합지 못할 경우 과도정책을 채용하게 되는데 그것이 자치통치라는 것이다.87

또한 조선의 자치론자들은 일정한 조직기반을 가지고 대중적으로

86_그러나 이러한 일제의 암시는 일제의 실제 정책하고는 반대되는 것이라고 안재홍은 평가하였다. "근자 통치군들은 때때로 조선의 자치책을 암시 혹은 명언하는 바 있다. 그러나 그 반면에는 오인의 항상 지적하는 바와 같이 군비의 증설, 교통망의 완비 및 각종 경제정책의 약진적 시설로 혹은 조선인의 실생활의 사명(死命)을 제(制)하려 하고, 따라서 물질적 고압이 스스로 수족을 놀릴 수 없게 하고자 한다. 무릇 경제적으로 사명을 제하고 정치적으로 자유를 허여한다는 것은 허울좋은 체면정치라 할 수 있다." 「애란문제와 조선문제」, 『조선일보』 1926. 11. 4; 박찬승, 1989, 215쪽. 이러한 안재홍의 일제 정책에 대한 비판은 영국이 인도에 철도건설을 하는 등 산업화를 하는 것에 대한 간디의 비판과 흡사하다.

87_백남운, 1927, 47쪽.

운동을 추진하기보다는 전적으로 일본 지배 당국의 입장변화에서 자치의 가능성을 찾았다는 점에서 저항운동이 아니었다.88 이에 반해 간디는 힘이 없는 청원은 전혀 효과가 없다고 하였고 대중운동을 중시했다. 이는 그만큼 조선에서 자치론이 대중적 지지를 얻지 못했다는 것을 증명하는 것이기도 하다. 그렇다면 왜 이들은 대중적 지지를 얻지 못하였는가. 이는 자치론의 주도세력이 저항세력이 아니기 때문이었고 또한 그것을 증명하듯이 결국에는 독립을 포기하였기 때문이다. 이러한 이들의 생각은 초기의 글에서도 드러난다. 동아일보의 기자는 "만일 영국이 인도에 애란 같은 자치령의 지위를 주면 그들은 만족한 뜻을 표하리라. 그들의 평소의 말을 들으라. 다쓰는 일찍이 '인도가 독립되어 일본과 러시아의 침략주의에 희생됨보다도 영국의 큰 품에 안기어 민족적 문화를 발현하는 것이 인도의 득책이 아닐까' 하였다"라고 썼다.89 독립운동은 저항운동이나, 자치는 일제의 허용을 필요로 하는 것이었고 또한 그렇기 때문에 자치론자들은 청원을 통한 운동을 지속했다.

이들은 기본적으로 일본의 우위를 인정하고 일본을 본받아야 한다는 생각을 갖고 있었다. 자치청원서 첫머리에 밝힌 병합에 대한 평가에는 "한국이 일본 덕분에 세계적 인종경쟁에서 오늘날과 같은 지위를 유지할 수 있었다"고 쓰고 있으며 그런 점에서 일한관계의 기본적 원칙은 '일본 및 조선 양민족이 상호융합단결하여 세계적 경영에 당하여야' 한다고 주장했다. 그런데 일제의 통치방식이 상호융합단결이란 원칙에서 벗어난다는 것이다. 즉 조선인참정권의 부정, 관리임용의 차별, 교육기회의 부재, 일본이민에 의한 조선인 구축 등의 방침은 '조선인의 이해휴척은 돌보지 않고 일본인을 조선에 이식시켜 조선인

88_이태훈, 2001, 79쪽.
89_함상훈, 「英印원탁회의를 둘러서」, 『동광』 18(1931. 2).

의 조선이 아니라 일본인의 조선으로 하는데 근본 대방침이 있다'는 것이다.90

이러한 점은 참정권론자들과의 공통점과 차이점을 보여준다. 양 민족의 상호융합단결이란 면에서는 같은 입장이나 조선은 조선인의 조선으로 남아 있어야 한다는 것이 다른 점이다. 이는 일제의 조선 지배를 인정하면서 일본과의 차이를 주장하는 것이라 하겠다. 즉 조선의 특수성을 강조한 것인데 이는 동시에 조선의 열등성을 인정한 것이라 하겠다. 유민회는 "조선민족은 스스로 특수한 역사, 문화, 언어, 풍속 관습 등을 가지고 있기 때문에 이를 무시하고 일본민족에 동화시킨다는 것은 도저히 불가능하다"고 하였다. 또한 "일본인의 조선지배는 강자가 약자를 지배하는 것이므로 공평한 지배라는 것은 근본적으로 불가능하다"고 하면서 "공평한 지위를 부여한다 하더라도 지력과 부력이 불평등한 조선인으로서는 영원한 열등신세를 벗어날 수 없다"고 보았다. 이에 유민회가 제시한 대안은 다음과 같다 (1) 조선은 조선인에 의해 다스려져야 한다는 방침을 중외에 선포하여 민심을 안정시켜야 한다. (2) 최단기 내에 조선의회 설치 (3) 조선총독의 감독아래 조선정부 설치 (4) 언론 출판 집회 결사의 자유 인정하고 이에 저촉되어 시행되고 있는 특별법령 폐지 (5) 교육 제도 확장, 보통교육, 의무교육, 고등교육기관 완비. 이는 한말 보호국 체제와 흡사한 것으로, 이러한 유민회의 자치구상은 국민협회 김상회에 의하면 기본적으로 독립을 염두에 두지 않은 속령자치로 파악되었다. 즉 내지연장주의 외에는 모두 반대한 국민협회가 이 구상을 식민지지배에 부합하는 것이라고 평가한 것이다.91

90_이태훈, 2001, 86~87쪽.
91_이태훈, 2001, 87~89쪽.

영구한 방법으로서 속령자치를 요구하는 자의 주장은 조선민족과 태화민족의 융화는 영구히 바랄 수 없는 바인 까닭에 양자가 분리각립함이 지당하나 조선의 자력으로만은 그 독립을 유지하기 어려우며 또 일본의 조선의 거취여하에 의하여 국방상에 안위가 결정되며 그 대륙발전상에 사활이 걸려있으므로 국운을 걸어도 조선을 해방할 리가 없다고 생각하고 오히려 조선은 일본의 주권하에서 속령자치를 행하면 조선은 조선의 역량에 상당히 만족하여 불평불만이 없을 것이며 일본은 제삼자가 조선에 대해 간섭하는 것이 없으므로 국방상, 대륙발전상 별 위협과 저해를 느끼는 것이 없을 것이니 현재와 같이 항상 불안정한 관계를 지속하기 보다는 이 방법에 의하여 양자간의 관계를 일신하여 양자의 장래에 대한 사명을 확정함이 양민족의 행복이며 영원히 극동의 평화를 유지하는 근본책이라고 생각하는 자이다.[92]

동광회의 1922년 청원서는 "천황 폐하 통치 아래 조선의 내정을 독립"이라는 표현을 쓰고 있다. 또한 동시에 군사와 외교를 제외한 모든 정치를 조선인에게 실시할 것을 주장하고 총독정치 철폐를 주장하였다. 그러나 동광회 조선총지부는 내지연장주의를 부정하고 총독정치를 비판하였으므로 총독부는 국민협회와 달리 즉각 해산시켰다.[93] 총독존재를 부정했다는 점이 유민회와의 차이이며 이는 어떤 자치론이던지 일본의 기본입장을 부정하는 것이면 존재할 수 없다는 것을 보여준다.

이렇듯 자치운동은 독립운동과 달리 저항운동이 아니었으므로 일본의 허락을 필요로 하는 것이었으며 일제의 정책에 위배되어서는 유

---

[92] 김상회, 1922, 3쪽.
[93] 신주백, 2001, 59~60쪽.

지될 수 없는 것이었다.94 무엇보다 자치론은 일본의 지배와 지도를 인정하고 조선의 열등성을 인정한 것이므로, 자치론이야말로 완전한 식민주의 논리라고 할 수 있다.

4. 맺음말

이 글은 일제시기 조선 자치론을 평가하기 위해, '독립-자치-참정'이라고 하는 스펙트럼 내에서 자치가 어떻게 위치지워지는가를 보았으며 시간적으로 어떻게 변화되어갔는가를 주목하였다. 또한 조선의 자치 논리가 다른 식민지 특히 인도의 경우와 어떻게 다른가를 봄으로써 그것이 협력운동이었다는 점을 결론지었다. 무엇보다도 자치운동이 다른 식민지의 경우 더 격렬한 독립운동으로 강화되어갔다면, 조선의 경우는 당시 거세게 일어나고 있는 독립운동의 기운을 오히려 약화시키고 민족운동을 분열시키는 역할을 하였다. 자치론의 대표적 글인 이광수의 "민족적 경륜"에 의하면, 인생의 적은 기술, 수토, 질병이라고 하여 우리의 적이 일제가 아님을 암시함으로써 민족주의 운동을 부정하였고, 정치적 결사 이외는 정치적 색채를 띠어서는 안 된다고 주장함으로써 조선인 단체들이 일제에 저항하게 되는 것을 반대하였다.95 당시는 사회주의 운동이 전성기에 이르고 상해에서 임시정부가 선포되었으며 만주에서는 항일 독립군의 활동이 활발하고 무장 항일 투쟁을 선언한 신채호의 조선혁명선언이 발표되었던 때라 이 사설이 나가자 각계에서 비난과 성토의 여론이 들끓었다. 특히 동경 유학생들이 10단체 대표들을 규합하여 동아일보 배척운동을 전개하기로

94_"조선 내에서 허락되는 범위 안에서 일대 정치적 결사를 조직하고", 『동아일보』 1924년 1월 3일.

95_임종국 편, 1987, 79, 82쪽.

결의하였으며 성토문을 작성하여 발송하였다. 따라서 이렇듯 조선의 자치운동은 그 등장부터 독립운동을 돕는 것이 아닌, 독립운동을 방해하는 역할을 하였으며 이후에도 독립운동의 준비론이 아닌 동화주의의 준비론이 되었다. 자치론자들은 1930년대 초 신간회 해체 이후 본격적인 친일파로서의 길을 갔다. 1931년에 윤치호, 박희도 등이 신우회를, 1934년 최린 일파가 시중회를 조직, 내선일체를 주장하여 완전한 친일로의 타락을 보여주었다.[96]

이들은 이후 참정권론을 주장함으로써 완전한 황민화를 추구하게 된다. 완전한 동화요 친일 논리인 참정권론에 대해, 그나마 '근대적'인 점은 인정하려고 하는 기존 연구 경향이 있으나, 참정권론자들은 이후에 그러한 논리마저도 전쟁동원의 필요 앞에 완전히 내던지고 전근대적인 무조건적 희생과 충성을, 그것도 일본인이 아닌 같은 조선인에게 요구하게 된다. 이런 이유로 인도를 비롯한 다른 식민지의 자치운동은 자발적·저항적 운동이었던 반면에 조선의 경우는 관제적·타협적 운동으로서 결국 일본에 의해 이용당했으며 일제에 협력한 것에 불과했다고 결론지을 수 있다.

---

[96]_유효종, 1984, 152, 161쪽.

227

일제시기 참정권청원운동의 논리

송 규 진*

1. 머리말

일반적으로 참정권은 광의의 개념과 협의의 개념으로 구분할 수 있다.1 조선에서 참정권청원운동은 참정권의 개념 가운데 협의의 개념을 적용하여 조선지역에서 대표를 파견하여 일본제국 의회에 참가하고자 하는 목적으로 전개된 것을 의미한다. 원래 식민지에서의 참정권문제는 제국주의국가의 식민정책을 파악하는 데 핵심적인 사안일 뿐 아니라, 식민지 민중의 '저항과 협력'을 이해하는 데에도 매우 중요한 요소라 할 수 있다.2 그런데 이 책의 다른 식민지 사례연구와 비교해 볼 때 조선과 같이 식민지인의 대표를 선출하여 제국의회에 참

이 글은 『사총』62(역사학연구회, 2006. 3)에 수록된 논문을 수정·보완한 것임.
* 고려대학교 아세아문제연구소 연구조교수
1_참정권은 사전적 의미로 볼 때 국민이 국정에 직접·간접으로 참여하는 권리를 말한다. 대표적인 것으로는 선거권, 피선거권을 들 수 있다. 일제시기 참정권 논의가 주로 선거권, 피선거권에 대한 것이었으므로, 여기서는 국정에 직간접적으로 참여한다는 광의의 개념보다는 협의의 개념으로 선거권·피선거권에 한정해서 보기로 한다.
2_이 책의 총론 참조

여하고자 하는 참정권청원운동은 세계사적으로 특이한 운동이었다고 평가할 수 있다.3

1910년 조선을 병합한 일제는 기본적으로 동화주의정책을 실시하면서도 일본과 조선의 '법역'을 달리하면서 '무단통치'를 자행했다. 그러나 1919년 조선인의 식민통치 반대운동인 3·1운동이 발발하자 지배체제를 재편할 수밖에 없었다. 이른바 '문화정치'로의 전환이다. 비록 '문화정치'가 민족분열을 통해 안정적인 식민통치를 위한 목적으로 실시되었다 하더라도4 조선인들에게는 합법적인 정치활동을 영위할 수 있는 조건이 마련된 것이었다. 이런 상황에서 독립운동을 지속적으로 전개한 많은 조선인들이 있었다. 또한 일제의 탄압을 받지 않은 환경을 마련하고 조선인의 각종 권리를 일제에 직접 요구함으로써 조선사회로부터의 지지를 얻어서 운동세력을 확대하고자 한 조선인들도 있었다. 후자의 정치운동은 최근에 많은 주목을 받고 있는데5 그 가운데 일제의 논리에 가장 충실했던 것이 참정권청원운동이었다.

조선에 참정권을 부여하는 문제는 일제 측에서 논의가 이루어졌는데 그 허구성을 밝힌 것은 강동진이었다.6 그는 일제 측의 자료를 분석하여 총독부가 참정권문제를 정책적 의도로 매사에 이용했음을 밝혔다. 참정권청원운동은 총독부의 부추김을 받은 직업적 친일분자가 3·1운동 이후 험악한 민중의 반일감정을 희석시키기 위해 전개한 정치선전의 일환에 지나지 않는다는 것이다. 최유리는 일제 말기 조선에서 참정권이 일부 인정받긴 했지만 실질적인 참정권 부여가 아닌

3_ 이 책의 다른 지역 식민지 사례연구 참조.
4_ 강동진, 『일제의 한국침략정책사』, 한길사, 1980 참조.
5_ 이에 대한 연구사 정리는 김동명, 『지배와 저항, 그리고 협력』, 경인문화사, 2006 참조.
6_ 강동진, 『일제의 한국침략정책사』, 한길사, 1980 참조.

기만적인 조치에 지나지 않았다고 평가절하했다. 전시라는 특수상황에서 조선인의 징병을 원활하게 하기 위한 목적으로 실시되었다는 것이다.7

김동명은 조선총독 사이토 마코토가 참정권부여문제를 제기한 것이 형식적인 것에 머물렀다는 것을 비판하고 당시의 조선정황이 참정권부여를 실질적으로 현실화시키는 작업을 해야 할 정도로 긴박했다고 주장했다. 당시 조선의 '반일감정'을 잠재우기 위해서는 참정권을 실질적으로 부여해야만 할 상황이었다는 것이다. 그는 총독부가 자치주의지배체제로 전환할 것을 검토, 제안, 좌절하기까지 일련의 과정을 식민지 상황에 초점을 맞추고 자료들을 폭넓게 수집해서 종합적으로 검토했다. 또한 당시의 총독부로서는 동화주의지배체제를 내세워 조선에서 귀족원 의원을 선출한다거나 '중의원의원선거법'을 실시하는 것, 자치주의지배체제로의 전환을 의미하는 '조선의회'의 설치 구상 따위가 아무리 제한되고 불완전한 것이라고 할지라도 획기적인 정책 전환이었다고 주장했다.8

이 밖에 총독부의 참정권 부여구상을 일제의 '외지' 참정권문제, 또는 일제의 다민족국가체제 구상이나 일제의 '자기개혁', 또 조선인의 정치운동에 대한 대응책과 관련해서 논의한 연구가 있다.9 이들 논의는 총독부의 참정권 구상이 저항세력이 강했던 당시 조선의 상황에 대처하기 위해 '협력' 세력을 확대하기 위한 모색이었으며, 제국주의의 전개 또는 성격을 식민지 외의 상호작용 속에서 찾아야 한

7_최유리, 「일제 말기 참정권 논의와 그 성격」, 『梨大史苑』 28, 1995 참조.

8_김동명, 2006 참조.

9_駒込武, 『植民地帝國日本の文化統治』, 岩波書店, 1996; 小熊英二, 『'日本人'の境界 沖繩・アイヌ・臺灣・朝鮮 植民地支配から復歸運動』, 新曜社, 1998; 박찬승, 『한국근대정치사상사연구-민족주의우파의 실력양성운동론-』, 역사비평사, 1992 참조.

다는 것이다.

　제국주의의 정책에 대한 식민지인의 대응이라는 차원에서 참정권 청원운동 단체를 정면으로 다룬 것으로는 마츠다 도시히코의 연구를 들 수 있다. 마츠다 도시히코는 국민협회의 참정권 요구운동은 일본이 조선 식민지 지배의 이념으로 내걸었던 내지연장주의에 편승하여 20여 년간 전개되었음을 밝혔다. 특히 국민협회의 활동은 식민지 지배권력으로부터 자립을 지향한 것은 아니었으나 적어도 체제 내의 엘리트라고 하는 특정한 계층의 조선인을 기반으로 하여 고유의 권리를 확대하려 했고, 이 과정이 총독부의 현실정책과 반드시 일치하는 것은 아니었음을 밝혔다.[10]

　마츠다 도시히코의 연구를 통해 국민협회가 참정권청원운동으로 조선사회에 일정하게 영향력을 확보하기 위해 지속적으로 노력했다는 것을 알 수 있다. 다만 그의 연구를 통해서는 국민협회의 참정권청원운동이 당시 조선사회에서 어떤 역사적 의미를 갖고 있었는지, 대부분의 조선인들에게는 거부되었던 이유가 무엇인지를 구체적으로 이해할 수 없다. 또한 일제의 동화주의 논리에 충실했음에도 일제로부터 받아들여지지 않았던 이유도 파악할 수 없다.

　본 연구는 이런 문제의식으로부터 출발했다. 마츠다 도시히코의 주장처럼 국민협회의 참정권청원운동과 같이 조선사회에 지속적으로 실시된 운동도 많지 않았다. 그리고 국민협회의 논리가 총독부의 정책과 반드시 일치한 것도 아니었다. 그런데도 조선인들에게 받아들이지 않았던 이유를 해명하기 위해서는 참정권청원운동이 어떤 논리에 입각했는지를 먼저 밝혀야 할 것이다. 기존연구에서는 참정권청원운동에서 제기되었던 논리에 대해서는 상세히 분석하지 않았다.

10_松田利彦, 『일제시기 참정권문제와 조선인』, 국학자료원, 2004 참조.

이 글은 참정권청원론자들이 일제의 식민통치에 대해 어떤 논리를 가지고 대응했는가를 살피고 당시 조선인들의 정치운동에 대해 어떻게 인식하고 있었는지를 분석할 것이다. 이러한 접근을 통해 참정권 청원운동이 대다수 조선인들에게 거부되었던 이유와 참정권 청원운동에 관여한 사람들이 일제의 식민통치에 협력하고자 했음에도 식민당국에게 받아들여질 수 없었던 이유를 이해할 수 있을 것이다.

2. 참정권청원운동의 흐름

3·1운동 이후 일제는 '문화정치'를 제창하면서 내지연장주의에 의한 동화주의지배체제를 실시할 방침을 확정했다. 동화주의정책을 실시하기 위해서는 논리적으로 조선인에게도 일본인과 동등한 권리와 의무를 실시해야 했고 일본과 동일한 참정권을 부여해야 했다. 그러나 총독부는 중앙차원에서 참정권을 즉시 부여하지 않고 우선 지방자치제도를 실시한 다음 조선인의 '민도'가 높아지면 조선에서 선출한 의원을 제국의회에 보낸다는 정도의 계획을 수립했다.

그런데도 일제는 1920년에 설치된 지방자치제도를 점차 의결기관으로 하고 이어 '제국의회선거법'을 조선에 실시하여 조선출신 의원을 일본의회에 참가시킬 것이라며 대대적으로 선전했다.[11] 1920년 2월에는 민원식 외 105명의 연서로 제42회 제국의회 통상국회에 청원서 '중의원선거를 조선에 시행할 건'을 제출했다.[12] 이 청원서에서 국민협회는 조선인이 한국병합에 의해 일본제국의 '국민'이 되었는데

---

[11] 이 시기의 지방자치제도에 대해서는 손정목, 「이른바 '문화정치'下의 허울만의 지방자치」, 『한국지방제도·자치사연구 – 갑오경장~일제강점기–』(상), 일지사, 1992 참조.

[12] 國民協會宣傳部 編, 『國民協會運動史』, 1931, 9~13쪽.

도 일본은 조선인에게 헌법이 정한 가장 중요한 권리인 참정권을 부여하지 않았기 때문에 일본의 조선지배가 불안정하게 되었다고 주장했다. 또 조선인이 일본국민이라는 자각을 갖고 일본인으로 동화될 수 있도록 즉시 참정권을 부여할 것을 요구했다.

일본 정우회에서는 1920년 전반에 정무조사회에 식민지부회를 설치하고 조선에서 참정권을 실시하는 문제를 조사항목으로 채택하기도 했지만13 기본적으로 참정권청원에 대해 일본정계에서는 큰 관심을 보이지 않았다. 일본의회는 청원을 채택하지 않는 채 참고사항으로 정부에 송부했다. 국민협회는 1920년 7월에 다시 같은 내용의 청원서를 제43회 의회에 제출했다.14 그러나 일제의 반응은 계속 냉담했다.15 내지연장주의를 지론으로 하고 있었던 일본 수상 하라 다카시도 장래 적당한 시기에 조선에 참정권을 부여하는 데에는 찬성했지만 그것을 즉시 부여하는 데에는 반대했다. 일제는 조선에서 동화주의 지배체제를 실현한다고 하는 입장에서 원칙적으로는 참정권청원운동에 찬성하면서도 당시까지 일본인에게 동화되지 않는 조선인에게 동등한 권리를 주는 데에는 반대한 것이다.

일본 측의 반응이 여전히 차갑자 민원식은 다시 제44회 의회에서 참정권을 청원했는데 이때 양근환이 민원식을 살해했다. 민원식 살해사건은 일제로 하여금 참정권문제의 심각함을 환기시켜 주었고 의회에서 이 문제에 대한 진상조사가 이루어지기도 했다. 이는 국민협회 회원들을 고무시켜 참정권이 채택된 것으로 이해하게 했다.16

당시 조선총독부의 입장은 일반 조선인의 참정권은 전혀 고려하지

13_松田利彦, 2004, 146쪽.
14_國民協會宣傳部 編, 1931, 13~15쪽.
15_강동진, 1980 참조.
16_「參政權의 採擇」, 『每日申報』, 1921. 3. 26.

않고 있었으며 일부 친일 귀족들을 일본 귀족원에 참석하게 하는 정도의 정책만을 실행하고자 했다.17 그런데 일본 귀족원에서는 일부 친일 귀족에게 참정권을 부여하자는 주장에 대해 기본적으로 찬성한다고 하면서도 신중을 기해 실시해야 한다며 사실상 제한적인 참정권 부여마저도 거부하는 입장을 명확히 했다.18

국민협회는 내부 갈등 속에서도19 일본의 정우회에 참정권문제를 적극적으로 검토해 줄 것을 요청했다.20 결국 국민협회는 제45회 의회에 다시 참정권 건의안을 제출했다.21 정우회의 정무조사회, 정당간부, 정부 당국은 시간을 소모하고 아무런 합의를 이끌어 내지 못함으로써 참정권문제를 회기 내에 처리하지 못했다. 1924년에 국민협회는 3만 명이 연서한 건백서를 제출하는 등 계속적으로 참정권을 요구했다.22 당시 "조선에 중의원의원선거법을 시행하는 일은 내지연장주의를 구체화하는 것으로서 조선문제를 원만히 해결할 수 있는 유일한 방법이다"23라고 주장했던 일본 중의원 의원인 마츠야마 조지로는 1925년에 시국문제간담회 석상에서 조선총독과 정무총감이 이를 구체적으로 실행하기 위해 노력해야 한다고 주장했다.24 그는 1926년에 참정권 건백안을 제출하겠다며 양해를 구하기도 했다.25

17_「朝鮮貴族과 參政權」, 『每日申報』, 1922. 2. 23.
18_「朝鮮人參政權問題」, 『每日申報』, 1923. 3. 17.
19_「國民協會革新」, 『每日申報』, 1921. 4. 19.
20_「朝鮮人參政權問題를 論하야」, 『每日申報』, 1922. 3. 5.
21_「國民協會 請願提出」, 『每日申報』, 1922. 3. 8. 이후에도 국민협회에서는 청원서를 계속적으로 제출했다. 이에 대해서는 『每日申報』 참조.
22_「國民協會의 建白書」, 『每日申報』, 1924. 6. 2.
23_松山常次郎, 「朝鮮に於ける參政權問題」, 1924, 23~24쪽.
24_「參政權問題 總督總監에게 成案이 잇다」, 『每日申報』, 1925. 7.
25_「參政權問題」, 『每日申報』, 1926. 2. 6.

당시 자치론의 대변기관이라 할 수 있는 동아일보는 참정권청원운동에 대해 비판적인 입장을 견지하고 있었다.26 이러한 입장에 대해 고의준은 동아일보에서 국민협회의 참정권운동을 오해하고 있다며 참정권운동의 대중적 확산을 위해 노력했다.27

1925년 3월 일본에서 보통선거법이 성립된 뒤 제50회 의회에서 내무상 와카츠키 레이지로는 식민지의 참정권문제에 대해 "조선, 대만의 선거권에 대해서는 곧바로 선거권을 부여하기에는 이르다고 생각한다. 그들이 본법의 시행에 따라 더욱 희망을 가질지도 모르겠지만 일에는 순서가 있다"고 명확하게 반대의견을 피력했다. 이에 대해 국민협회 총무 이동우는 "시기상조라는 말로 이 중대한 문제를 유야무야하여 없애 버리려고 하는 느낌이 있는 것은 정말 안타깝다"고 하면서 "일본의 중앙정부가 얼마나 조선을 등한시하고 있는가를 생각하면 유감스럽고 참을 수 없다"는 담화를 발표했다.28

조선신문사와 조선공론사 등의 사장으로 근무했던 마키야마 코조는 1918년 제40회 의회에서 재일조선인의 선거권을 놓고 정부위원과 설전을 벌이기도 했는데29 1929년 제56회 의회에서는 국민협회의 참정권부여에 관한 건백서에 대해 정부가 어떻게 대응할 것인지 의견을 묻기도 했다. 이에 대해 조선에서는 아직도 완전한 지방자치제가 확립되지 않았고 자치적 훈련도 제대로 되지 않은 등, 여러가지 실정을 고려할 때 중의원의원선거법을 조선에 실행하는 것은 시기가 적절하지 않다고 반대의 입장을 밝혔다.30

26_「朝鮮人의 參政權問題」, 『東亞日報』, 1922. 3. 6.
27_「參政權要求에 對한 東亞日報의 誤解를 辯함」, 『每日新報』, 1923. 1. 8.
28_松田利彦, 2004, 169쪽.
29_재일조선인의 선거권 문제에 대해서는 松田利彦, 2004, 제1부 참조.
30_북악사학회 근현대사분과 편, 『帝國議會衆議院速記錄』 6, 太山, 1991, 105쪽.

이와 같이 참정권청원운동에 대해서 일제는 냉담한 반응으로 일관했다. 이후 사이토 마코토가 1927년 초에 조선에서 참정권문제에 대한 입안을 명령했지만 12월 총독에서 사임하여 작업은 중단되었다. 1929년 8월 사이토 마코토가 재차 총독으로 임명되자 12월경까지 총독부 내부에서 참정권문제에 대한 검토가 재차 거론되었다. 중의원의원선거법의 조선시행, 조선의회 설치의 양론에서 점차 후자를 축으로 하는 안이 굳어졌는데 결국 1930년 3월에 종래의 각 지방의 자문기구가 의결기관으로 격상하는 것으로 그쳤다.

참정권청원론자들의 요구가 일부 수용된 것은 일본의 전쟁수행과 더불어 조선인이 병역의무를 지게 되면서부터이다.[31] 이들은 조선인도 일본인처럼 병역의무를 지게 되었고 그 이유로 일제가 내세우고 있는 논리처럼 '皇民鍊成의 실이 완성의 경지에 이르게 된 것'이라면 당연히 '내선일체'의 구현을 위해서 참정권의 부여가 이루어져야 한다는 주장을 내세웠다.[32]

조선에 대한 참정권 부여가 법률로 실현된 것은 1945년 1월 일본의회를 통과한 법률 제34호 「중의원선거법중개정법률안」과 칙령 제193호 「귀족원령중개정안」에 의해서였다. 소수의 친일 조선인이 귀족원에 참여하는 방식으로 조선인 참정권문제가 결말을 맺게 되었다.[33] 그런데 중의원의 경우 그 시행 시기를 명시하지 않았기 때문에

31_이에 대해서는 최유리, 1995 참조.

32_近藤釰一 編,「第八十五回帝國議會說明資料」,『太平洋戰下終末期朝鮮の治政』, 友邦協會, 1961, 58~59쪽.

33_이러한 귀족원령이 공포되어 조선에서 7명이 칙임된 날 이들은 의정활동의 포부를 밝혔다. 이들의 공통된 점은 전쟁수행을 다짐하고 있다는 것이다. 이를 보아도 일본의 참정권 부여의 목적이 무엇이었나를 알 수 있으며 이들은 일본의 목적에 충실히 보답하겠다는 것을 보이고 있다.「榮光의 半島人 勅選發令」,『每日新報』, 1945. 4. 4.

사실상 실행의지는 매우 약했다고 할 수 있다.

이렇게 볼 때 참정권청원론자들의 요구는 일제가 패망할 때까지 기본적으로 받아들여지지 못했음을 알 수 있다. 가장 큰 요인은 참정권청원운동이 합법적인 청원의 테두리를 벗어나지 못했기 때문일 것이다. 참정권청원운동은 그들의 요구가 묵살되었을 경우 적극적인 행동을 취한 적이 없었다. 결과적으로 이러한 소극적 방식으로는 일제의 주목을 받기 어려웠다.

3. '내지연장주의'

1) 한국병합 긍정론

참정권청원론자들은 한국병합을 긍정적으로 평가했다. 중국에서 주나라가 진나라에 멸망당한 것과 마찬가지로 조선이 일본에 병합된 것은 당연한 것이며 조선역사를 자랑스럽게 생각할 필요가 없다고 주장했다.34 1920년에 제출된 국민협회의 제1회 청원에서는 '한일 양국의 합방은 필연적으로 이루어진 것'이라고 평가했다.35 한국병합은 일본과 조선이 대등한 조건으로 시행한 것으로 필연적 조치라는 것이다. 한국병합 과정에서 많은 조선인들이 희생당한 것은 그들의 고려 대상이 아니었다. 그들이 보기에 한국병합은 조선과 일본 국왕의 뜻을 받들어 정부의 협상으로 이루어진 것이며 인문의 고저, 빈부의 격차를 초월하여 차별을 두지 않고 양자의 합의하에 결행된 것이었다.36

34_「協成俱樂部의 時局講演會(七)」, 『每日申報』, 1919. 11. 10.

35_國民協會宣傳部 編, 1931, 10~13쪽.

36_金尙會, 「朝鮮統治에 關흔 私見(一)」, 『時事評論』, 창간호, 1922. 4(이하 金尙會, 「私見1」로 표기); 金阿然, 「朝鮮에 參政權을 附與하라」, 『時事評論』, 창간호, 1922. 4; 金丸, 「朝鮮時局史觀(五)」, 『時事評論』 2-2, 1923. 3 참조.

이를 통해 참정권청원론자들은 일제가 한국병합을 한 것에 대해서 대단히 긍정적으로 평가했음을 알 수 있다.

이러한 한국병합의 정신에 입각하여 조선 통치를 하기 위해서는 참정권을 부여하는 것이 필요하다고 주장했다. 참정권이 국민의 가장 중요한 권리임에도 조선에 관한 이해 문제가 오로지 일본 내 본토에서 선출된 의원에 의해 결정되고 있기 때문에 조선인을 국민으로 자각하게 할 수 없다는 것이다. 따라서 참정권이 부여되면 조선인이 국민다운 자각을 하게 됨으로써 조선인의 민심을 구하고 조선인을 다스리는 근본대책을 수립할 수 있다고 생각했다.[37]

참정권청원론자들은 한국병합이 세계의 대세와 일본과 조선 양국의 국정에 의하여 이루어진 것이고 그 정신에는 인류가 발전을 하려는 의도가 있었다고 높이 평가했다. 각 종족의 결합은 인류의 발전에 중요한 계기가 되었던 것으로 종족 간 결합을 통해 생활이 개량되고 문화가 증진되었다는 것이다. 이는 당시 제국주의 열강의 식민지배를 발전적인 것으로 해석한 것이라 할 수 있다. 그러한 점에서 내지연장주의는 인류의 이상을 실현하며 그 목적을 달성하는 최선의 방침이라는 것을 강조했다. 그런데 참정권운동세력은 일방의 의사 또는 주동으로 다른 쪽에게 굴종 또는 수동의 동화를 강요함은 본래의 취지에 어긋나는 것이라며 비판했다.[38]

한국병합을 옹호하면서도 일본에 고유한 역사가 있으며 특이한 문화가 있고 특수한 민족성이 있는 것과 마찬가지로 조선도 상당한 역사와 문화와 민족성이 있음을 강조했다. 또한 일본인이 모두 우수한 것은 아니고 조선인이 모두 열악한 것도 아니기 때문에 양자는 서로

---

[37] 國民協會宣傳部 編, 1931, 10~13쪽.
[38] 金尙會, 「朝鮮統治에 關흔 私見(二)」『時事評論』 2, 1922. 5(이하 金尙會, 「私見2」로 표기), 11~12쪽.

양보하고 서로 도움을 주고 취할 바는 취하고 버릴 바는 버려야 한다고 생각했다. 결코 일본인도 조선인 전체를 지배하면서 정치참여에서 배제하면 안된다는 것이다. 일본인이 조선을 단순히 식민지라 규정하고 억압하여 신뢰를 상실하면 한국병합의 취지를 벗어나는 것이라고 생각했다. 또한 조선인이 비애와 편견을 가져 자포자기하고 일본을 시기함으로써 한국병합의 이상을 몰각하거나 장래 진로를 암담하게 생각하도록 해서도 안된다고 주장했다.[39]

참정권청원론자들은 내지연장주의를 강조하면서도 또 한편으로 동화주의는 시대정신에 역행하는 것으로 비판했다.[40] 하지만 그들이 한국병합의 정신으로 강조한 내지연장주의도 '동화주의'라는 것을 고려하면 그들의 논리는 처음부터 현실과 괴리되었음을 반증하는 것이다.[41] 이러한 논리로 인해 당시 조선인들은 참정권청원론자들을 친일파로 규정하고 이들을 배척했다.[42]

2) 신일본주의

3·1운동 당시 경기도 고양의 군수였던 민원식은 1919년 8월 천황에 의해 '일시동인'이라는 칙어가 발표되고 일본 수상 하라 다카시의 지론인 내지연장주의에 기초한 '문화정치'가 새롭게 개시되는 상황에

---

[39]_金尙會, 「私見2」, 12~14쪽.
[40]_金尙會, 「私見2」, 12~14쪽.
[41]_1919년 10월에 작성된 총독부 경무국의 보고는 조선인의 정치활동을 독립파, 자치파, 동화파로 분류하고 "민원식 등은 '동화파'로 이미 협성구락부라는 단체를 조직하고 민간과 관헌 사이에 은근히 자기 세력을 얻으려 하고 있다"고 분석했다. 姜德相 編, 『朝鮮1』(『現代史資料』 제25권), みすず書房, 1966, 522쪽.
[42]_1923년 4월 광주청년회 총회에서는 참정권청원운동을 전개하고 있던 국민협회 회원이라는 이유만으로 丁秀泰를 배척하는 결의를 한 바 있다. 「光州청년의 총회」, 『朝鮮日報』, 1923. 4. 16. 이러한 사례는 당시 조선의 도처에서 발생했다.

서 1919년 8월 8일에 '협성구락부'를 조직했다. 이들은 1919년 10월
에는 신일본주의를 제창했다. 민원식은 신일본주의가 필요한 이유를
다음과 같이 밝히고 있다.

> 우리 조선의 근황이 실로 우려할 만하다는 것은 세간이 주지
> 하는 바와 같다. 혹자는 이를 세계적 사조의 영향을 받았기 때
> 문이라고 말하고 또 혹은 인심이 편협하여 세태를 판단하지 못
> 하기 때문이라고 한다. 두 개의 견해는 일면 긍정할 수도 있고
> 일면은 부정할 수 있다. 왜냐하면 우주 삼라만상은 모두 인간의
> 심리에 작용하지 않는 것이 없고 민심동요의 원인이 보다 복잡
> 하기 때문이다. 민심을 바로잡을 방도는 情理를 다하고 이해를
> 勸解하여 각성하는 외에는 없다. 내가 불초하나 하늘의 계시에
> 따라 신일본주의를 제창하는 이유는 이에 있다.[43]

신일본주의는 '일본과 조선 민족공동의 국가'인 새로운 일본제국의
신민으로서 권리를 요구하는 것이다. 조선인은 국가에 대해 충성을
맹세하고 생활 향상을 위해 노력함으로써 문명국민이 되도록 노력해
야 하며, 일본인은 조선인의 의사와 감정을 중시하고 제국 신민인 조
선인을 향상시키기 위한 노력에 대해 공정한 태도를 지녀야 한다는
것이다.

1920년 1월 협성구락부는 '국민협회'로 이름을 바꾸었다. 국민협회
는 자신들의 정치활동에 대한 주의 및 강령을 명확하게 밝혔다. 국민
협회 설립 취지의 핵심적인 내용도 신일본주의였다.

> 일본은 이미 과거의 일본이 아니고 조선의 토지와 인민을 포
> 함한 신일본이 되었다. 바꾸어 말하면 일본인만의 일본이 아니

---

[43]_國民協會宣傳部 編, 1931, 3쪽.

고 일본과 조선 양 민족의 일본이 되었다. 우리들은 이런 사실과 자각에 입각하여 일본인과 조선인에 존재하는 溝渠를 철거하여 혼연 일가가 되어 견고한 국가를 형성함으로써 일본인과 조선인이 공존하는 대의를 완수해야만 한다. 또 우리들은 일본과 조선의 구별이 만들어진 현재의 제도에 만족하지 않는다. 이것을 합일하려면 우리들이 산업을 장려하고 교육을 보급하여 생활의 안정과 人智의 개발을 도모해야 한다. 입헌국민이라는 자각을 환기시키고 동시에 자치관념을 함양하여, 참정권의 행사와 지방제도의 개혁을 촉진해야 한다. 더욱이 勞資의 조화와 부담의 균형에 대한 계책을 수립하여 사상의 선도, 사회개량 등 모두 시세에 순응해야 한다. 이를 수행하면 조선민족의 문화를 향상하고 행복을 증진하여 국력의 발전에 도움을 줄 것이다.[44]

이러한 입장에서 조선인이 일본국민이 되었으므로 합법적으로 참정권을 획득하기 위한 노력을 할 수 있다는 것이다. 다만 이를 위한 수단은 어디까지나 합법적으로 해야 한다고 주장했다. 그들의 표현에 의하면 조선인이 행동을 신중히 하면서 일본제국의 신민으로 정정당당하게 참정권을 요구하자는 것이다.[45] 다시 말하면 대일본제국이 일본과 조선 민족공동의 국가를 이룬 것은 '하늘의 뜻'이며 조선인은 대일본제국국민이기 때문에 합리적이면서 합법적인 노력을 통해 민권의 신장을 꾀해야 한다고 주장했다.[46] 서구 및 일본에서 참정권운동이 민권운동이었던 것과 같이 입헌사상의 발달과 민권의 신장을 도모하고 참정권 행사의 시기를 촉진할 것을 요구했다.[47]

한편 조선인의 문화를 향상하고 행복을 증진하여 국력을 발전시킬

44_「國民協會趣旨書」,『每日申報』, 1920. 1. 22.
45_閔元植,「騷擾의 原因과 匡救의 例案」,『每日申報』, 1919. 4. 10-16.
46_閔元植,「新日本主義」『每日申報』, 1919. 10. 19.
47_國民協會宣傳部 編, 1931, 9쪽.

것도 신일본주의임을 표방했다.48 교육을 진흥하고 지력을 양성하며, 산업을 장려해서 부력을 증진시켜 장래 선진국과 경쟁할 수 있는 실력을 양성하는 것이 최대의 급무라고 믿는다고 생각했다. 조선인이 실력을 양성하도록 독려하는 것은 내부에 속하는 일인데, 문명의 제도를 모방하고 입헌적 권리의 균점을 추구하는 것은 외형적인 일이라고 하면서 참정권의 분배를 요구하는 것은 필경 외형을 얻은 후에 내실을 만족시키려 하는 것이라고 주장했다.49

이들은 '신일본'이 된 조선은 이제 구악을 완전히 일소한 바람직한 사회로 발전했다고 생각했다.

> 부패한 사회, 고갈된 강토가 매우 청결하게 되었다. 민생은 도탄에서 구출되며 강산은 생기를 회복하여 일반 복리의 증진과 일반 생활을 향상함이 도저히 전일과 비교가 안 될 정도로 명료한 바 되었다. 일부 주창자도 결코 이를 부인하는 바가 아니다. 그러나 인간의 향상을 꾀하며 영달을 도모하려는 욕망은 결코 일정한 한도에 이르지 않는다. 병합후에 전개된 새로운 현실에서 조선의 청년은 그 향상과 영달을 계획하는 열정이 과거의 몇 배이며 이 복리와 환락을 얻으려한 욕망이 전일의 몇 배였다. 소수 특권계급에게 독점되었던 정치정권에도 참여하며 열강에게 받았던 약소국민의 모욕은 면한 것으로 확신한다.50

48_國民協會宣傳部 編, 1931, 7~8쪽.

49_閔元植, 「新日本主義」, 『每日申報』, 1919. 10. 19. 때로는 이와 같은 실력양성론을 통해 일본인과 조선인의 차별을 정당화하고 참정권은 실력양성 후 저절로 오는 것으로 파악하기도 했다. 즉 일본인과 조선인의 대우 차이는 일본인과 조선인의 부와 학력의 차이에서 오는 것으로 일본의 지도에 따라서 실력을 양성하면 참정권을 포함한 여러 권리는 저절로 획득할 수 있을 것이라는 것이다. 閔元植, 「先覺者의 奮勵를 望함」, 『每日申報』, 1919. 3. 11-19.

50_金尙會, 「私見1」, 7~8쪽.

그러나 이러한 현실인식은 당시 조선인의 현실과 완전히 동떨어졌으며 그들이 주장하는 논리와도 상당히 모순되었다. 한국병합 이후 조선인의 생활은 오히려 이전보다 열악한 상태가 되었으며[51] 정치참여에 대한 권리도 거의 존재하지 못했다. 이런 상황에서 전개된 신일본주의는 당시 대다수 조선인들로서는 도무지 받아들일 수 없는, 현실과 완전히 괴리된 논리에 지나지 않았다.

3) 무단통치 비판

참정권청원론자들은 참정권을 입헌정치가 이루어지는 국가에 있는 국민의 최대권리로 인식했으며 이러한 인식에 입각하여 참정권이 없는 국민은 국민으로서의 자격이 없는 것으로 평가했다.[52] 참정권청원론자들은 일제가 동화주의정책을 표방했음에도 조선을 일본의 '법역' 외로 두는 현실을 비판했다. 이런 면을 고려할 때 참정권청원론자들이 일제의 정책에 수동적인 입장에서 무조건적으로 따르고 일방적으로 협력했다고만 볼 수는 없다.

그러나 참정권청원론자들은 앞서 설명한 바와 같이 한국병합을 긍정적으로 평가하고 신일본주의에 입각하여 바람직한 사회로 변모했다고 주장하면서 보다 철저하게 '일본화'가 될 것을 주장했다. 조선과 일본의 양 민족이 내지연장주의를 명확히 이해하고 일본정부와 조선총독부 당국이 내지연장주의에 의하여 조선통치를 계획해야 하며 지식인도 내지연장주의를 받아들이려고 하는 자가 많기 때문에 양 민족의 장래가 밝다고 기본 입장을 표명했다. 다만 실행방법이 다소 미흡하고 철저하지 못한 점을 지적한 것이다.[53]

51_ 이에 대해서는 姜萬吉, 『日帝時代 貧民生活史 硏究』, 創作社, 1987 참조.
52_ 「朝鮮人參政權問題」, 『每日申報』, 1920. 2. 2.

당시 조선에서는 현실적으로 독립운동가들이 커다란 영향력을 행사하고 있었다. 참정권청원론자들은 그런 상황이 발생한 이유가 1910년대 일제가 무단통치를 실시했기 때문이라며 이를 비판했다. 무단통치로 인해 한국병합에 대한 희망은 절망이 되고 일본인에 대한 신뢰가 일본인에 대한 원한으로 바뀌었고 조선인들이 자포자기에 빠지게 되었다는 것이다.

> 한 때의 혈기로 그들은 이미 그 방향을 잘못하고 있으니 지난날에 동포를 위하여 분투했던 열혈은 금일에 조국을 저주하는 독혈이 되었으며 지난날에 앞길을 명찰했던 총명은 금일에 미세에 몽매한 頑冥으로 화하였다. 데라우치 총독의 시정방침에 현당국자의 정신이 조금만 있었으면 조선인 다수가 이와 같은 지경에 이르게 함이 없었을 것이다.[54]

다시 말하면 조선인들이 일제의 식민통치에 대해 부정적인 입장을 갖게 된 것은 무단통치를 실시하면서 조선인들에게 참정권을 부여하지 않았기 때문이라는 것이다. 참정권만 부여하면 일본의 입헌군주제 정치체제하에서 조선이 일본에 동화됨으로써 식민지로서의 성격을 벗어날 수 있다고 생각했다. 참정권을 부여하지 않았기 때문에 조선인들은 '망국'의식이 있었고 이러한 의식이 일제에 저항하는 수단으로 이용될 수 있다는 점을 우려했다.

인간은 정치적 동물로 정치적 욕망이 강하기 때문에 정치적 요구를 억압할 경우 프랑스의 혁명, 러시아의 혁명처럼 혁명이 발생할 수 있을 것으로 생각했다. 그들에게 3·1운동이 혁명으로까지 발전하는 것은 소름끼치는 것이었다. 3·1운동은 민족대표가 민족자결주의를 오

---

[53] 金尙會, 「私見2」, 9쪽.
[54] 金尙會, 「私見1」, 6쪽.

해함으로써 발생했는 데도 이에 조선민중이 적극적으로 가담한 것은 일제가 무력으로 조선인들의 정치적 요구를 억압했기 때문이라고 생각했다.55 한국병합에 의해 조선이 일본 영토에 포함되고 조선인은 일본국민이 되었는 데도 '국민'으로서 대접을 받지 못했다는 것이다. 이런 점에서 일방적으로 조선인에게 일본에 복종하도록 강요하는 동화책만으로는 동화를 실현하는 것이 결코 쉽지 않다고 인식하고 있었다.56

프랑스와 마다카스칼, 미국과 필리핀의 관계는 영토도 멀리 떨어져 있고 종족적으로 완전히 다르지만 이와 달리 일본과 조선은 영토도 근접할 뿐만 아니라 종족적으로도 同根同種으로 어원, 문자가 같으며 풍습이 비슷하기 때문에 여러 가지 점에서 동화에 유리한 점이 있다고 주장했다. 그런데도 한국병합으로 조선을 일본의 영토로 만든 이후에도 한국병합의 목적을 달성하기 못했던 이유는 조선인을 완전히 동화시키지 못했기 때문이라고 생각했다.57

이들이 파악한 동화에 대한 의견은 다양했다. 먼저 낙관적인 견해를 들자면 일본과 조선 양 민족은 과거에 동근동종이었으며 일본과 조선 간에는 우열강약의 차이가 있으니 열약자인 조선이 우강자인 일본에 자연스럽게 동화될 것이라는 것이다. 이에 반해 동화의 필요성을 역설하면서도 동화가 쉽지 않음을 역설한 논자들이 있다. 일본과 조선이 각각 분리된 지 오래되어 각자 고유한 역사와 특이한 문화를 조성하게 됨으로써 풍습의 차이와 심성의 차별이 있으며, 분리 이후에 타 종족과 빈번하게 결합하여 본래의 내실에 변화를 가져왔다는 것이다. 그와 같은 견해에 입각해서 일본과 조선의 양 민족이 동근동

55_金尙會, 「私見1」, 8쪽.
56_金尙會, 「私見2」, 11쪽.
57_金尙會, 「私見2」, 9~10쪽.

종이었다는 사실만으로 다시 그 상태로 돌아갈 가능성이 있다고 판단하는 것은 문제가 있다며 다음과 같이 주장했다.

> 원시시대에는 종족의 우열은 곧바로 정복자, 피정복자의 관계를 생기게 하고 열패자는 우월자에 대해 전적으로 복종을 할 수 밖에 없다. 그러나 현재에는 우수한 역사와 문화를 가졌다고 믿는 민족성이 되었으니 우자에게 전적으로 복종하여 자기의 풍습, 자기의 성정을 완전히 버리기에는 각 종족의 자기문화에 대한 의식이 너무 근거가 심화되었다.[58]

이와 같이 참정권청원론자들은 기본적으로 동화를 주장하면서도 실행 가능성에 대해서는 여러 견해가 있을 수 있음을 지적하면서 동화를 실현하기 위한 방법을 보다 신중히 선택해야 한다고 생각했다. 이러한 점에서 조선인의 입장을 무시한 일제의 일방적인 통치만으로는 그들이 추구하는 동화가 실현될 수 없다는 비판도 했다.

그런데 이러한 무단통치 비판은 조선인의 관점에서가 아니고 일제의 입장에서 일제가 표방하는 논리와 현실의 불일치를 비판한 것이다. 일제의 한국병합을 철저하게 옹호했던 상황에서 그들은 '민족차별정책'이 엄연히 유지되고 조선인을 극단적으로 파멸에 이끌었던 무단통치는 뜻밖의 것이었으므로 비판하지 않을 수 없었다. 따라서 그들의 무단통치 비판은 식민통치 극복과 저항의 논리가 아닌, 보다 철저하게 일제에 순응하려는 차원에서 이루어진 맹종의 논리였다.

58_金尙會, 「私見2」, 10~11쪽.

4. 독립운동과 자치론 비판

1) 독립운동 비판

일제의 통치체제를 전면적으로 부인하는 3·1운동은 그들이 염원하는 동화로 가는 길을 가로막는 가장 우려할 만한 사태였다. 따라서 그들은 이런 사태가 다시 발생하지 않도록 하기 위해 독립운동에 반대하는 입장을 명확하게 밝혔다. 그들은 일제의 민족차별정책을 비판했지만 일본인과 다른 대우를 받는 것은 일본인과 조선인의 부와 학력의 차이에서 비롯된 것으로 일본의 지도에 따라서 실력을 양성하면 참정권을 포함한 여러 권리는 저절로 획득할 수 있을 것이라고 주장했다.59

그들이 파악한 독립운동가는 크게 '대내적 타성에 의한 자'와 '대외적 자극에 의한 자'로 분류할 수 있다. '대내적 타성에 의한 자'는 한국병합시에 이를 반대했고 그 이후에도 계속 일관되게 일제에 저항한 세력을 의미한다.60 '대내적 타성에 의한 자'들은 독립을 달성할 수 있는 실력이나 당시 세계정세나 국내정세 등을 고려하지 않고 불가능한 행동을 하고 있는 것으로 평가절하 했다. 다시 말하면 독립운동가가 자신들의 행동이 불리한 일임을 알면서도 타성에 의해 이를 중지하기 어렵다는 것이다. 또 한편으로 독립운동가는 일반인에게 그 존재를 인식시키면서 생활을 유지하는 자라고 평가했다.61 이는 그들 스

59_「先覺者의 奮勵를 望함」, 『每日申報』, 1919. 3. 11.
60_참정권청원논자들은 일제하 독립운동을 지속적으로 전개한 세력을 대내적 타성에 입각한 자로 분류한 것인바 이 주장은 독립운동론의 변화와 새로운 세력의 등장을 전혀 설명할 수 없다.
61_金尙會, 「私見1」, 4~5쪽.

스로도 일반 조선인들이 독립운동을 염원하는 사람들이 많았다는 것을 인정한 것이라 할 수 있다.

주목되는 것은 독립운동을 평가절하하면서도 비상한 경우와 비상한 기회에 봉착하지 않으면 그들의 생존 중에는 독립운동을 계속 지속할 것이라고 주장함으로써 일제하에 독립운동이 계속 이어질 것이라고 예견했다는 것이다.[62] 또한 독립운동이 봉건지배층에 의해서가 아니라 그에 저항했던 세력에 의해 이루어졌음을 지적하기도 했다.

> 병합에 절대 반대의사를 표시하여 일제에 철저하게 반대행동을 하게 한 것은 정몽주, 성삼문으로 자임하여 그러한 것도 아니고 그들이 노령으로, 샌프란시스코로 달아난 것은 백이숙제를 모범하여 그런 것도 아니다. 그들의 대부분은 동서노소로 갈려 분쟁에 몰두하여 매관매작을 일삼아 2천 만 민중의 피를 빨아들이고 삼천리강토를 약탈한 특권계급에게 일대 반기를 든 유순한 청년이었다. 수백년 간의 부정부패가 극도에 달한 조선사회에 일대 수술을 시행하지 않으면 도저히 사지의 고통에서 벗어나기 어려움을 자각한 청년이었다. 극동의 대세를 고찰하여 일본에 접근하며 일본을 신뢰하여 병합을 추진함은 결코 일진회만이 아니다. 그들은 병합의 정신에는 찬성했으나 그 실행방법 즉 병합후의 제반조치에 대하여 불평이 있었다. 그들은 병합에 의하여 이전의 비참함을 탈각하여 조선에 일대 혁신을 가져올 기회가 도래했다고 생각했다.[63]

'대외적 자극에 의한 자'는 민족자결주의에 영향을 받아 3·1운동

---

[62] 물론 독립운동가들을 극단적으로 힐하하는 언사를 빠뜨리지는 않았다. "그 주장을 버리고 그 행동을 고치는 것은 그들의 정신상 자살과 육체상 자멸을 불러오는 결과를 가져올 것이다" 金尙會, 「私見1」, 5쪽.

[63] 金尙會, 「私見1」, 5~6쪽.

을 주도했던 민족대표를 의미하는 것이다. 이들은 한국병합에 반대했다기보다는 한국병합 이후 처한 환경과 생활에 대하여 불평불만을 가진 상황에서 세계의 개조, 민족자결이라는 외부환경에 의해 영향을 받아 일시적으로 일제에 저항했다고 생각했다.

> 이 방법에 의하여 이탈할 수 있다고 믿고 윌슨씨를 절대권력자의 구세주로 받들어 민족자결주의를 만고불변의 진리로 받들어 그들이 절규하는 한 마디는 쉽게 윌슨씨의 동정과 원조를 얻어 윌슨씨의 세력은 충분히 그들의 목적에 도달케 하리라고 믿으며, 적어도 그들이 절규하고 행동하는 것이 조만간 실현될 것으로 믿어지는 민족자결주의 적용의 기운과 시기를 촉진하는 최상방법으로 믿었다.[64]

또한 3·1운동 당시 일제가 저지른 만행에 대한 책임을 독립운동가에 떠넘기고자 했다. 일제가 독립운동을 무자비하게 탄압했고 이 과정에서 많은 희생을 겪은 상황에서, 민중을 독립운동으로 이끌면 민중을 간접적으로 살해하는 행위라며 극단적인 비난을 서슴지 않았다. 이러한 논리는 당시 조선인들로서는 받아들이기 힘든 것이었기 때문에 그들의 정치적 영향력을 약화시키는 계기가 되었다.

> 윌슨을 절대구세주로 받들며 민족자결주의를 만고불변의 진리로 숭배하여 무용한 운동에 다대한 희생을 제공했다. 다수 동포를 몰아 함정에 빠뜨린 결과에 대해서 결코 그 죄를 면할 수 없을 것이다. 더욱이 그 때의 선동자로 교묘한 수단 혹은 요행에 의해 법망을 빠져 나갔거나 혹은 단기형으로 방면된 후 위정당국자에 아첨하여 일신의 안부를 도모하며 일면 허장성세로 혈기의 청년과 일부 민중을 격동케하여 그 일신의 안녕과 명예

---

[64]_金尙會,「私見1」, 7쪽.

를 도모하는 자에 대해서는 실로 동포를 간접으로 살해하는 자
라 할 것이다.65

  그들은 조선인은 대일본제국의 국민이 되었기 때문에 자신들처럼 합리적이고 또 합법적인 노력을 했을 경우에 장기적으로 민권의 신장을 기할 수 있다고 생각했다. 그런데도 반국가적 사상을 품거나 혹은 조선의 독립을 계획하는 것과 같은 것은 대의에 벗어나고 명분에도 반하는 것이기 때문에 독립운동을 하면 오히려 조선인에게 피해를 가져오게 하는 폭거에 지나지 않는다고 생각했다. 하지만 그들이 생각한 대로 조선인의 민권은 도무지 신장되지 않았기 때문에 그들의 독립운동 비판은 현실적으로 전혀 설득력을 갖지 못했다.66

2) 자치론 비판

  참정권청원론자들은 독립운동은 물론이고 자치론(조선의회 설립론)도 한국병합의 정신에 어긋난다고 비판했다. 1919년 11월 1일에 열린 협성구락부의 시국강연회에서는 김명준과 김환이 강연을 하면서 조금씩 조선인의 정치참여문제를 거론했다. 이들은 모두 3·1운동과 같은 독립운동이 조선인에게 이익이 되지 않는다는 것을 명확하게 하면

65_金尙會,「私見1」, 11쪽.

66_그들은 독립운동가들을 공직이나 돈을 줘서 회유할 수 있는 존재로 판단했다. "독립운동자에게 관공리의 직으로써 餌를 삼아 회유하고 彼等의 사업에 자금을 융통하고 … 反히 병합의 聖詔를 奉體하야, 내선일가의 實을 擧함에 노력하고, 합리적 합법적으로 조선 민중의 권리를 신장하야 영원한 행복을 求코저 하는 단체나 혹은 개인에 대하는 원조를 주저하고 비호를 吝惜하야, 기 사업을 하여금 意와 如히 진정치 못하게 하는 것을 유감이라는 바이다. 김환,「민심의 전환기를 察하야 사상 선도에 노력하라」,『時事評論』339호, 1926. 11, 9쪽(松田利彦, 2004, 166쪽에서 재인용).

서도 조선인은 자치를 원할 필요가 없고 일본인과 동등하게 되기만 바란다고 주장했다.67

민족분열정책의 일환으로 조선총독부에서 자치문제를 흘리면서 자치운동에 대한 관심이 고조되자 참정권청원론자들은 긴장했다. 이런 상황에서 자치론자인 소에지마 미치마사의 사설이 『경성일보』 지상에 실리자 국민협회는 갑자구락부 및 보천교와 공동으로 반대의 뜻을 표명했다. 또 국민협회 총무 이동우는 자치는 고식적 차선책에 불과하고 일본의회에 조선인의원을 보내는 것에 대해 경계하는 논의는 일본인과 조선인이 원래 '동일 민족'인 것을 잊어버린 '잘못된 민족관'에 입각한 것이라고 비난했다.68

참정권청원론자들은 자치가 조선 민족의 행복과 이익을 구하는 길이라고 주장하는 논리가 조선을 일본의 식민지 자치령으로 하여 국가조직의 책임을 다하려는 것으로 평가했다. 이 경우 국정에 참여하는 권리를 획득하지 못하고 일본주권하에서 겨우 자활을 도모하는 정도에 지나지 않기 때문에 한국병합의 본질에 위배되는 것이라고 비판했다.69 이러한 비판에 대해 마츠다 도시히코는 자치론과 대비되는 내지연장주의형 참정권 부여의 장점을 적극적으로 제시하지 못했다고 평가하기도 하지만70 나름대로의 논리는 일관성을 견지한 것으로 평가할 수 있다.

이와 같이 자치론에 대해서 비판을 하면서도 일부 수용하려는 시도가 국민협회 내부에서 등장했다. 1925년 1월 민원식 사후 회장을 지냈던 김명준을 대신하여 윤갑병이 새로 회장에 취임한 뒤 연설하면서

67_「協成俱樂部의 時局講演會」, 『每日申報』, 1919. 11. 4.
68_松田利彦, 2004, 165쪽.
69_松田利彦, 2004, 166쪽.
70_松田利彦, 2004, 167쪽.

자치론을 일부 수용하는 태도를 취했다.71 그는 여러 방안을 제시했다. 먼저 조선의 민력과 민도가 곧바로 일본과 동일한 중의원의원선거법을 시행하기 어려운 상황에 있다면 조선에 잠정적 특수기관인 의회를 설립하고 조선에 관한 입법과 예산에 협찬하는 권리를 부여하라고 주장했다. 이는 조선인에게 참정권을 부여하지 않는 논리를 공박한 것이라 할 수 있다. 또 이러한 방법 외에 귀족원에 조선인을 참여시키라고 주장했다. 그리고 문화 정도가 향상된 경성을 비롯하여 몇 구역을 정해서 중의원의원선거법을 실시하는 방안도 제시했다.72

그런데 자치론 수용문제는 내부에서 커다란 분란을 일으키게 되었다. 전 회장 김명준, 총무 김환 일파는 조선인 사상의 동요는 아직 안정기에 이르지 못해, 적극적 행동이 오히려 일반의 반감을 다시 일으킬 것이기 때문에 당분간 현재의 상태를 유지하고 시세의 추이에 따라 서서히 일을 도모하는 것이 현명한 조치라고 주장하면서 윤갑병의 입장을 공격했다. 윤갑병은 국민협회가 거의 유명무실한 상태에서 적극적으로 활동해서 국민협회의 발전을 도모해야 한다고 주장했다. 결국 이런 대립은 윤갑병이 사표를 제출하는 형태로 마무리되었다.73

참정권청원론자들에게 가장 거북한 대항자는 자치파들이었다. 그런데 그들은 자치파를 크게 두 부류로 나누어서 '일시적 방편으로 자치를 요구하는 자'와 '영구적 최선방법으로 속령자치를 요구하는 자'로 구별하여 파악했다.

'일시적 방편으로 자치를 요구하는 자'는 현실적인 측면을 고려하여 일시적으로 자치를 요구하지만 궁극적으로는 독립운동을 목표로 하고 있다고 생각했다. 이들은 당시의 조선인의 역량, 환경의 추세로

71_松田利彦, 2004, 167~168쪽.
72_「國民協會 第十回大會」, 『每日申報』, 1925. 1. 22.
73_松田利彦, 2004, 169쪽.

는 조선이 독립할 가능성이 거의 없을 뿐만 아니라 국제적으로 다른 나라가 조선독립을 원조할 가능성은 거의 없기 때문에 일단 실력양성을 한 뒤 기회가 오면 독립을 실행하려는 입장에서 단계적으로 독립을 준비하는 자라고 판단했다.[74]

일본과의 동화를 꾀했던 참정권청원론자들의 눈으로 볼 때는 '일시적 방편으로 자치를 요구하는 자'는 기본적으로 독립운동가와 별반 다름이 없었기 때문에 더 이상 특별한 설명이 필요하지 않았다. 따라서 이는 독립운동가와 마찬가지로 조선인에게 커다란 불행만을 안길 것으로 평가했다.

참정권청원론자들은 조선은 자력으로 독립을 유지하기 어려웠고 또 일본도 대륙 침략을 꾀하는 상황에서 조선이 국방상 중요한 위치를 점하고 있기 때문에 조선이 독립하도록 방치할 가능성은 없다고 판단했다. 이런 상황에서 자치파 가운데 '영구적 최선방법으로 속령자치를 요구하는 자'는 일정한 논리적 근거를 지니고 있다고 생각했다. 조선은 일본의 주권을 인정하고 속령자치를 실행하는 것이 불평불만이 없는 길이며 일본도 다른 나라에 조선을 넘겨주지 않고 계속 보유할 수 있기 때문에 서로에게 도움이 될 수도 있다는 것이다. 또 그것이 영원히 극동의 평화를 유지하는 방책이라고 생각할 수도 있다는 것이다. 그렇다고 참정권청원론자들이 '영구적 최선방법으로 속령자치를 요구하는 자'의 논리를 그대로 인정한 것은 아니다. '영구적 최선방법으로 속령자치를 요구하는 자'는 독립을 반대하고 조선인과 일본인이 계속 융화되기를 원하면서도 기본적으로 양자를 분리하고자 하기 때문에 모순적임을 지적했다.[75]

참정권청원론자들은 조선에서 '조선과 일본 민족의 고매한 이상과

---

[74]_ 金尙會, 「私見2」, 2쪽.
[75]_ 金尙會, 「私見2」, 3쪽.

영원한 행복을 목표'로 하는 동화를 꾀하지 않고 모순적인 자치파의 논리가 성행하는 현실을 개탄했다. 자치론은 '일부 모리배의 비열한 행위에 의해 받은 사소한 감정과 얼마되지 않은 기간에 몇몇 위정자가 취한 정책에 의해 생겨났다는 것이다. 일부에서 가지고 있는 감정을 민족 전체로 확대해석하여 영구적으로 속령자치를 실행해야 한다고 판단하는 것은 '너무 경솔하다'고 평가했다. 한국병합 이후 조선의 발전상이 상당히 많은 데도 무단통치하의 일부 정책이 잘못되었다고 하여 그것을 한국병합 전체가 잘못되었다고 확대해석하는 것을 경계해야 한다는 것이다.

> 현재 조선통치가 일제의 통치가 실시된 이래 각 방면에 걸쳐 개량미화된 점이 많으며 현대도 개량진보를 계획함에 다대한 노력을 아끼지 않는 바이지만 일본인의 일부에 대한 감정과 몇몇 위정자의 정책에 다소 결점이 있는 것에 의해 자치를 요구함은 그 근거가 너무 박약하다고 할 수 있다.[76]

속령자치에 대해서는 기형적인 국가의 조직형태라고 규정했다. 식민지 지역이 실력을 갖추어 충분히 독립국으로 유지될 수 있고, 본국과는 여러 가지 점에서 차이가 있고 풍습도 특수한 상황에서 본국과 동일한 제도와 동일한 법률을 실행할 경우에 여러 가지 불편과 고통을 느끼지만 독립을 할 경우 본국에 대한 역사적 관계와 국제적 이해관계에 문제가 발생할 수 있기 때문에 이를 사전에 피하고자 나타난 국가의 조직형태라는 것이다. 당시 속령자치의 대표적인 지역으로 영국의 영향권에 있는 캐나다와 호주를 주목했다.[77]

76_ 金尙會, 「私見2」, 3~6쪽.
77_ 金尙會, 「私見2」, 7쪽.

조선의 경우는 캐나다와 호주와는 완전히 다르다고 평가했다. 그런데도 조선에 속령자치를 요구하는 자는 이에 대한 충분한 계산을 하지 않고 일시적 감정을 이용하여 이러한 논의를 전개하고 있다고 주장했다. 그들이 판단할 때 속령자치를 요구하는 근본정신은 본국으로부터의 분리독립이다. 그렇다면 처음부터 독립을 요구하는 것이 당연한 데도 속령자치를 요구하는 이유는 독립을 이루기가 불가능하다는 것을 알고 있으면서도 자신들의 정치적 영향력을 확대하려는 의도 때문이라는 것이다. 속령자치론을 주장할 경우 3·1운동과 같이 '무용한 희생만을 제공하는 외에 아무런 소득이 없을 것이므로' 조선인을 우려하고 조선인의 행복을 바란다면 이런 입장을 폐기해야 한다고 주장했다.[78]

또한 경제적인 측면에서도 자치론자의 주장이 조선의 실상과 전혀 부합되지 않음을 지적했다. 한국병합 이후 조선이 일본정부에 받은 보조금은 평균 1천만 원에 가까우며 당시 일본에서 차입한 국채액은 1억 6천6백만 원에 이르고 있기 때문에 조선총독부는 재정문제로 상당한 고심을 하고 있었다. 이런 상황에서 자치를 실시하면 산업이 위축되고 문화가 퇴보하여 조선인의 부담은 가중될 것이라고 주장했다.[79]

---

[78] 金尙會, 「私見2」, 7~8쪽.

[79] 그들은 사회의 조직과 국가제도는 생활을 유지 향상하며 복리를 획득 증진하는 수단이자 방법이라며 일본으로 철저히 동화해야 그것을 보장받을 것이라고 착각했다. "독립을 희망하고 자치를 요구하며 내선일체를 주장함은 그 목적이 이에 의하여 생겨난 결과 즉 독립을 획득하여 생활이 향상 미화되며, 속령자치를 실현하여 생활이 향상 미화되며, 내선일체가 완성됨에 의해 생활이 향상 미화되는 결과에 있는 것이다. 결코 독립 그것이 최종 목적이 아니며 자치 그것이 최종 목적이 아니며 내선일체 그것이 최종목적이 아니다. 현재 조선인의 실력과 사정이 독립을 획득함으로써 가히 조선인의 생활을 향상하며 조선인의 복리를 증진할 계산과 자신이 있다면 독립을 계획함이 가할 것이다. 자치에 의하여 이를 획득할 계산과 자신

영원한 행복을 목표'로 하는 동화를 꾀하지 않고 모순적인 자치파의 논리가 성행하는 현실을 개탄했다. 자치론은 '일부 모리배의 비열한 행위에 의해 받은 사소한 감정과 얼마되지 않은 기간에 몇몇 위정자가 취한 정책에 의해 생겨났다는 것이다. 일부에서 가지고 있는 감정을 민족 전체로 확대해석하여 영구적으로 속령자치를 실행해야 한다고 판단하는 것은 '너무 경솔하다'고 평가했다. 한국병합 이후 조선의 발전상이 상당히 많은 데도 무단통치하의 일부 정책이 잘못되었다고 하여 그것을 한국병합 전체가 잘못되었다고 확대해석하는 것을 경계해야 한다는 것이다.

> 현재 조선통치가 일제의 통치가 실시된 이래 각 방면에 걸쳐 개량미화된 점이 많으며 현대도 개량진보를 계획함에 다대한 노력을 아끼지 않는 바이지만 일본인의 일부에 대한 감정과 몇몇 위정자의 정책에 다소 결점이 있는 것에 의해 자치를 요구함은 그 근거가 너무 박약하다고 할 수 있다.[76]

속령자치에 대해서는 기형적인 국가의 조직형태라고 규정했다. 식민지 지역이 실력을 갖추어 충분히 독립국으로 유지될 수 있고, 본국과는 여러 가지 점에서 차이가 있고 풍습도 특수한 상황에서 본국과 동일한 제도와 동일한 법률을 실행할 경우에 여러 가지 불편과 고통을 느끼지만 독립을 할 경우 본국에 대한 역사적 관계와 국제적 이해관계에 문제가 발생할 수 있기 때문에 이를 사전에 피하고자 나타난 국가의 조직형태라는 것이다. 당시 속령자치의 대표적인 지역으로 영국의 영향권에 있는 캐나다와 호주를 주목했다.[77]

76_金尙會, 「私見2」, 3~6쪽.
77_金尙會, 「私見2」, 7쪽.

조선의 경우는 캐나다와 호주와는 완전히 다르다고 평가했다. 그런데도 조선에 속령자치를 요구하는 자는 이에 대한 충분한 계산을 하지 않고 일시적 감정을 이용하여 이러한 논의를 전개하고 있다고 주장했다. 그들이 판단할 때 속령자치를 요구하는 근본정신은 본국으로부터의 분리독립이다. 그렇다면 처음부터 독립을 요구하는 것이 당연한 데도 속령자치를 요구하는 이유는 독립을 이루기가 불가능하다는 것을 알고 있으면서도 자신들의 정치적 영향력을 확대하려는 의도 때문이라는 것이다. 속령자치론을 주장할 경우 3·1운동과 같이 '무용한 희생만을 제공하는 외에 아무런 소득이 없을 것이므로' 조선인을 우려하고 조선인의 행복을 바란다면 이런 입장을 폐기해야 한다고 주장했다.[78]

또한 경제적인 측면에서도 자치론자의 주장이 조선의 실상과 전혀 부합되지 않음을 지적했다. 한국병합 이후 조선이 일본정부에 받은 보조금은 평균 1천만 원에 가까우며 당시 일본에서 차입한 국채액은 1억 6천6백만 원에 이르고 있기 때문에 조선총독부는 재정문제로 상당한 고심을 하고 있었다. 이런 상황에서 자치를 실시하면 산업이 위축되고 문화가 퇴보하여 조선인의 부담은 가중될 것이라고 주장했다.[79]

---

[78] 金尙會, 「私見2」, 7~8쪽.
[79] 그들은 사회의 조직과 국가제도는 생활을 유지 향상하며 복리를 획득 증진하는 수단이자 방법이라며 일본으로 철저히 동화해야 그것을 보장받을 것이라고 착각했다. "독립을 희망하고 자치를 요구하며 내선일체를 주장함은 그 목적이 이에 의하여 생겨난 결과 즉 독립을 획득하여 생활이 향상 미화되며, 속령자치를 실현하여 생활이 향상 미화되며, 내선일체가 완성됨에 의해 생활이 향상 미화되는 결과에 있는 것이다. 결코 독립 그것이 최종 목적이 아니며 자치 그것이 최종 목적이 아니며 내선일체 그것이 최종목적이 아니다. 현재 조선인의 실력과 사정이 독립을 획득함으로써 가히 조선인의 생활을 향상하며 조선인의 복리를 증진할 계산과 자신이 있다면 독립을 계획함이 가할 것이다. 자치에 의하여 이를 획득할 계산과 자신

영원한 행복을 목표'로 하는 동화를 꾀하지 않고 모순적인 자치파의 논리가 성행하는 현실을 개탄했다. 자치론은 '일부 모리배의 비열한 행위에 의해 받은 사소한 감정과 얼마되지 않은 기간에 몇몇 위정자가 취한 정책에 의해 생겨났다는 것이다. 일부에서 가지고 있는 감정을 민족 전체로 확대해석하여 영구적으로 속령자치를 실행해야 한다고 판단하는 것은 '너무 경솔하다'고 평가했다. 한국병합 이후 조선의 발전상이 상당히 많은 데도 무단통치하의 일부 정책이 잘못되었다고 하여 그것을 한국병합 전체가 잘못되었다고 확대해석하는 것을 경계해야 한다는 것이다.

> 현재 조선통치가 일제의 통치가 실시된 이래 각 방면에 걸쳐 개량미화된 점이 많으며 현대도 개량진보를 계획함에 다대한 노력을 아끼지 않는 바이지만 일본인의 일부에 대한 감정과 몇몇 위정자의 정책에 다소 결점이 있는 것에 의해 자치를 요구함은 그 근거가 너무 박약하다고 할 수 있다.[76]

속령자치에 대해서는 기형적인 국가의 조직형태라고 규정했다. 식민지 지역이 실력을 갖추어 충분히 독립국으로 유지될 수 있고, 본국과는 여러 가지 점에서 차이가 있고 풍습도 특수한 상황에서 본국과 동일한 제도와 동일한 법률을 실행할 경우에 여러 가지 불편과 고통을 느끼지만 독립을 할 경우 본국에 대한 역사적 관계와 국제적 이해관계에 문제가 발생할 수 있기 때문에 이를 사전에 피하고자 나타난 국가의 조직형태라는 것이다. 당시 속령자치의 대표적인 지역으로 영국의 영향권에 있는 캐나다와 호주를 주목했다.[77]

---

[76] _金尙會, 「私見2」, 3~6쪽.
[77] _金尙會, 「私見2」, 7쪽.

조선의 경우는 캐나다와 호주와는 완전히 다르다고 평가했다. 그런데도 조선에 속령자치를 요구하는 자는 이에 대한 충분한 계산을 하지 않고 일시적 감정을 이용하여 이러한 논의를 전개하고 있다고 주장했다. 그들이 판단할 때 속령자치를 요구하는 근본정신은 본국으로부터의 분리독립이다. 그렇다면 처음부터 독립을 요구하는 것이 당연한 데도 속령자치를 요구하는 이유는 독립을 이루기가 불가능하다는 것을 알고 있으면서도 자신들의 정치적 영향력을 확대하려는 의도 때문이라는 것이다. 속령자치론을 주장할 경우 3·1운동과 같이 '무용한 희생만을 제공하는 외에 아무런 소득이 없을 것이므로' 조선인을 우려하고 조선인의 행복을 바란다면 이런 입장을 폐기해야 한다고 주장했다.78

또한 경제적인 측면에서도 자치론자의 주장이 조선의 실상과 전혀 부합되지 않음을 지적했다. 한국병합 이후 조선이 일본정부에 받은 보조금은 평균 1천만 원에 가까우며 당시 일본에서 차입한 국채액은 1억 6천6백만 원에 이르고 있기 때문에 조선총독부는 재정문제로 상당한 고심을 하고 있었다. 이런 상황에서 자치를 실시하면 산업이 위축되고 문화가 퇴보하여 조선인의 부담은 가중될 것이라고 주장했다.79

78_金尙會, 「私見2」, 7~8쪽.
79_그들은 사회의 조직과 국가제도는 생활을 유지 향상하며 복리를 획득 증진하는 수단이자 방법이라며 일본으로 철저히 동화해야 그것을 보장받을 것이라고 착각했다. "독립을 희망하고 자치를 요구하며 내선일체를 주장함은 그 목적이 이에 의하여 생겨난 결과 즉 독립을 획득하여 생활이 향상 미화되며, 속령자치를 실현하여 생활이 향상 미화되며, 내선일체가 완성됨에 의해 생활이 향상 미화되는 결과에 있는 것이다. 결코 독립 그것이 최종 목적이 아니며 자치 그것이 최종 목적이 아니며 내선일체 그것이 최종목적이 아니다. 현재 조선인의 실력과 사정이 독립을 획득함으로써 가히 조선인의 생활을 향상하며 조선인의 복리를 증진할 계산과 자신이 있다면 독립을 계획함이 가할 것이다. 자치에 의하여 이를 획득할 계산과 자신

자치론은 즉각적인 독립을 부정한다는 측면에서 많은 문제를 내포했음에도 장기적으로 볼 때 독립운동을 지향하고 있다는 환상을 조선민중들에게 심어줌으로써 일정기간 영향력을 행사할 수 있었다. 반면 참정권청원론자들은 독립을 해서는 안된다는 논리를 일관성 있게 주장했는데 일제에 영합하기 위해 조선민중들의 독립에 대한 의지를 철저하게 외면함으로써 조선민중들에게 부정적인 인식을 받게 되는 계기가 되었다.

5. 맺음말

조선인의 전면적인 저항에 부딪친 일제는 '문화정치'를 실시하면서 당시까지 금지했던 언론·출판·집회·결사의 자유를 어느 정도 인정했다. 또 제한적이긴 했지만 조선인의 정치활동도 일정부분 허용하기도 했다. 이런 상황을 이용해서 조선인은 다양한 정치활동을 전개했고 일제도 조선인의 정치활동을 적절하게 자신들의 통치수단을 위해 이용하기도 했다. 조선인의 정치활동은 크게 저항과 협력으로 나눌 수 있다. 일제는 조선인들의 저항운동에 대해서는 철저하게 탄압했다. 협력운동에 대해서도 때로는 허용하기도 했지만 자신들의 체제를 위협한다고 판단할 때는 가차 없이 탄압했다. 조선인의 정치운동 가운데 일제에 가장 협조적인 것이 참정권청원운동이다.

참정권청원론자들은 조선인이 대일본제국의 국민이 되었기 때문에 참정권청원운동처럼 합리적이고 또 합법적인 노력을 했을 경우에 민

이 있다면 자치를 요구함이 가할 것이다. 내선일체에 의하여 이를 달성할 계산과 자신이 있다면 내선일체에 노력함이 가할 것이다. 현재 조선인의 실력이 이를 허락하며 장래 조선인의 이익과 행복이 증진될 바의 수단과 방법을 선택함이 가할 것이다. 어찌 그 방법인 제목의 미명에 현혹하여 그 최종목적을 망각할 수 있겠는가." 金尙會, 「私見2」, 8~9쪽.

권의 신장을 기할 수 있다고 생각했다. 조선인을 일본인으로 동화시키는 것을 궁극적인 지배목적으로 한 동화주의 지배체제는 논리적으로 보면 참정권청원론자들의 주장처럼 정치적 측면에서 일본본토와 동일한 참정권을 부여해야 했다. 하지만 일제의 입장에서 조선인에게 참정권을 부여하는 것은 현실적으로 많은 어려움이 있었다. 이런 논리적 모순을 은폐하기 위해 조선총독부가 자주 거론했던 것이 조선의 '민도'가 대단히 저급했다는 것이었다. 조선총독부는 조선의 '민심'을 호도하기 위해 조선의 '민도'가 향상되면 우선 완전한 지방자치제도를 확립하고 그다음에 중앙차원의 참정권을 부여한다고 했다. 그러나 기본적으로 참정권문제는 일시적으로 조선인을 회유하는 수단으로 이용되었을 뿐 전시체제 말 '귀족원'에 일부 친일조선인이 들어간 것을 제외하고는 실제적으로 조선인이 일본정치에 참여할 수단은 전혀 없었다.

참정권청원론자들은 한국병합이 세계의 대세와 일본과 조선 양국의 국정에 의하여 결행된 것이고 그 정신에는 인류가 발전을 하려는 요구에 의해 결행된 것으로 높게 평가했다. 신일본주의는 일본과 조선 민족공동의 국가인 새로운 일본제국의 신민으로서 권리를 요구하는 것이었다. 조선인은 국가에 대해 충성을 맹세하고 생활 향상을 위해 노력함으로써 문명국민이 되도록 노력해야 하며 일본인은 조선인의 의사와 감정을 중시하고 제국 신민인 조선인을 향상시키기 위한 노력에 대해 공정한 태도를 지녀야 한다는 것이다. 이러한 논리는 현실에서는 이루어지지 못했고 조선인들은 참정권청원론자들을 친일파로 규정하고 이들을 배척했다.

그런데 참정권청원론자들이 일제의 식민통치에 무조건 수동적으로 따르기 만한 것은 아니다. 무단통치는 내지연장주의에 역행하고 조선인의 저항만을 불러 올 뿐이라는 입장도 표명했다. 이런 이유로 그들은 '민족차별정책'이 엄연히 유지되고 조선인을 극단적으로 파멸에 이끌었던 무단통치를 비판하지 않을 수 없었다. 일제가 표방하는 논리와 현실의 불일치를 일제의 입장에서 비판한 것이다. 그러나 조선에서 참정권운동세력의 무단통치 비판은 식민통치 극복과 저항의 논리가 아닌 철저하게 순응하려는 협력의 논리였다.

참정권청원론자들은 조선의 독립운동가와 자치파에 대해서는 극단적으로 비난하는 수준에 머물렀다. 일제의 통치체제를 전면적으로 부인하는 독립운동은 그들이 염원하는 동화로 향하는 길을 가로막는 것이었다. 독립운동이 오히려 조선인에게 피해를 가져오게 하는 폭거에 지나지 않는다고 비난했다. 자치론에 대해서는 크게 두 세력으로 분류했다. '일시적 방편으로 자치를 요구하는 자'는 기본적으로 독립을 지향하고 있다며 독립운동가와 같이 비난했으며 '영구적 최선방법으로 속령자치를 요구하는 자'에 대해서는 조선의 여건상 전혀 이루어질 수 없는 것으로 평가했다. 이러한 논리는 일제에 영합하기 위해 조선민중들의 독립에 대한 의지를 철저하게 외면하는 것으로 조선민중들에게 부정적인 인식을 받게 되는 계기가 되었다.

또한 일제의 식민통치에 저항하는 과정에서 발생한 피해 책임을 일제보다는 독립운동가에 돌리고 기다리면 언젠가 일제가 조선인에게 민권을 향상시킬 것이라고 회유하는 참정권청원론자들에 대해 대다수 조선인들은 등을 돌렸다. 일제도 조선인의 정치활동 세력 가운데 자신들의 논리에 가장 충실한 참정권운동에 대해서 냉담한 입장을 취했다.

식민지배자의 입장에서는 식민지사회에서 일정한 영향력이 있어야 자신들의 협력대상자들로 선정하고 그 세력을 키우려 했을 것이다. 조선인들에게 큰 영향력을 행사할 수 없었던 참정권청원운동에 대해서 일제마저도 큰 관심을 기울이지 않았던 것이다.

조선 사회주의자들의 운동노선과 '합법공간' 진출(1929~1945)

최 규 진*

1. 머리말

1920년대에는 이른바 '문화정치'라는 상대적으로 열린 공간에서 사회주의자들이 공개적인 정치활동을 할 길이 조금이나마 열려 있었다. 그들은 여러 '표면단체'에서 '표면운동'을 할 수 있었다. 사회주의자들은 무산자동지회, 화요회, 북성회, 서울청년회 등의 사상단체를 만들었다. "겉으로는 교양을 목표로 삼는 척하지만, 속으로는 공산주의 선전을 목표로 삼는" 대중 단체도 만들었다.[1] 사회주의자들은 주요 국면마다 합법공간을 어떻게 활용해야 할지 고민하기도 했다.[2] 보

이 글은 『대동문화연구』 제56집(성균관대학교 동아시아학술원 대동문화연구소, 2006. 12)에 수록한 논문을 수정·보완한 것임.
* 대진대학교 강사
[1] 박헌영 신문조서, 김남식·심지연 편저, 『박헌영 노선비판』, 세계, 1986, 116~117쪽.
[2] 1920년대 사회주의운동과 합법공간 진출에 대해서는 1920년대 사회주의자들의 변혁론과 통일전선전술, 대중 활동, 조선공산당의 프랙션 활동 등을 모두 아울러 폭넓게 분석해야 한다. 특히 주·객관 정세나 일제 지배정책과 긴밀하게 연관지어 파악해야 한다.

기를 들면, 1920년대 초 화요회가 북성회를 평가하면서, "북성회의 합법 노선은 어느 정도 우리 것과 일치 한다"고 했다.3 1920년대 사회주의자들이 '합법 공간' 활용을 중요하게 여기고 있음을 보여준다. 처음부터 사회주의단체들은 거의 빠짐없이 합법적 대중단체에 자신의 영향력을 확대하려 했다. 조선노동공제회, 조선 노동대회, 조선청년연합회, 서울청년회 등과 같은 합법 공개단체 결성에 앞장섰다.4

 민족주의 진영을 어떻게 평가하고 민족주의자들과 어떤 관계를 맺을 것인가 하는 것이 합법공간 활용의 핵심이었다.5 사회주의자들이 합법공간에 진출한 모습이 가장 두드러지게 나타난 것은 1927년 신간회 창립에서다. 사회회주의자와 비타협민족주의자가 '계급동맹'을 했던 신간회는 1920년대 후반 사회주의자들이 어떻게 정치에 참여하고,6 합법공간에서 무엇을 하려 했는지 뚜렷하게 보여준다.7

 1930년대는 모든 면에서 1920년대와 크게 달랐다. '전쟁과 혁명의 시대'인 1930년대에 일제는 '문화통치'라는 허울 좋은 가면마저 벗어버리고 혹독한 탄압을 퍼부었다. 일제의 탄압 속에서 1928년 조선 공산당은 해체되었다. 사회주의 활동가들에게 혹독한 비합법 상황이 닥

3_이정 박헌영 전집편집위원회, 『이정 박헌영 전집』 1권, 역사비평사, 2004, 59~60쪽.
4_임경석, 『한국 사회운동의 기원』, 역사비평사, 2003, 125쪽.
5_사회주의운동을 시작할 무렵부터 민족주의 단체와 관계 맺는 방법을 둘러싸고 사회주의 정파들은 서로 날카롭게 대립했다. 자세한 내용은 임경석, 2003, 447~452쪽.
6_이 글에서 말하는 사회주의자들의 '정치참여'란 어떤 개인이나 집단이 식민권력과 선거에 참여하는 것과 같은 좁은 뜻의 정치참여가 아니라, 현실운동에 이러저러한 영향을 미치고 대중투쟁과 관계 맺으려는 행위 모두를 일컫는다. 또 '합법공간'이란 사회주의자들이 대중과 공개적으로 만날 수 있는 영역을 뜻한다.
7_일제는 조선 사회주의자가 1920년대 전반은 '표면단체'를 조직하여 계몽과 선전을 주요 사업으로 여기는 시기로 보았고, 1920년대 후반은 "표면운동에 더욱 박차를 가하고 비합법 지하운동을 병행하는 시기"로 보았다. 朝鮮總督府 警務局 編, 『最近に於ける朝鮮治安狀況』, 1938, 9쪽.

쳐왔고, "조선 전체가 하나의 감옥처럼 되었다"[8] 조선 사회주의자가 식민권력에 참여하여 자신의 뜻을 펼치거나, 프랑스 인민전선기의 베트남처럼 '저항을 위한 협력'[9]을 할 수 없었다. 설령 식민지 조선에서 일제가 허락한 정치 영역이 있다 하더라도, 거기에 참여하는 순간 이미 사회주의자이기를 포기한 것이었다. 전향을 거부한 조선 사회주의자에게 '저항' 말고는 달리 길이 없었다.

1936년 프랑스에 인민전선정부가 들어서자 인도차이나 공산당은 선거에 참가하고 저널과 책 출판 등 공개적이고 합법적인 수단으로 대중과 관계 맺기에 나섰다.[10] 그러나 조선 사회주의자들은 '전시 파시즘 체제' 속에서 일제의 엄청난 탄압을 받으며 당재건운동과 혁명적 노동조합・혁명적 농민조합운동 같은 비합법 운동에 운명을 걸 수밖에 없었다. 그럼에도 진공이 아닌 현실에서 운동을 해야 했던 조선 사회주의자들은 어떻게든 대중에게 자신의 영향력을 미치려 했다. 계급에 뿌리내리려 했던 사회주의자들로서는 여러 수단을 써서 대중과 만나고 그들에게 '대중적 비밀사업'을 하는 노력을 게을리 할 수 없었다. 합법공간 진출이야말로 사회주의자들이 정치에 참여하는 큰 축이었다. 사회주의주의자들의 정치참여와 합법투쟁은 '당과 계급의 문제'와 직접 맞닿아 있다.

마르크스주의 당 개념에 따르면, "공산당은 노동계급의 일부이며 그것도 가장 선진적이고 가장 자각한, 따라서 가장 혁명적인 부분"이다. 당이란 프롤레타리아와 반프롤레타리아 전체 대중을 올바른 길로

---

[8] 사공표, 「조선의 정세와 조선 공산주의자의 당면 임무」(1929), 배성찬 편역, 『식민지 시대 사회운동론연구』, 돌베개, 1987, 84쪽.
[9] 노영순, 「인민전선기 베트남공산주의자들의 합법투쟁」, 비교역사연구회 연구발표문, 2006, 1쪽.
[10] 노영순, 2006, 2쪽.

이끌기 위해서 사용하는 '조직적 정치적 지렛대'이다.11 이처럼 마르크스주의자들은 당 개념과 계급 개념을 엄밀하게 구분하면서도, 공산당이 모든 계급·계층과 늘 긴밀하게 결합할 것을 강조한다. 어떻게 그럴 수 있는가. 사회주의자들은 비합법뿐만 아니라, 자신 앞에 펼쳐진 모든 합법공간을 활용하고 대중 조직 안에서 활동할 것을 제시했다. 무엇보다 사회주의자는 여러 조직 안에서 체계적인 조직 활동과 교육 활동을 해야 한다. 또 사회주의자는 노동자 대중 조직도 기피하지 않는다. 대중조직이 명백히 반동적 인종차별적인 성격을 갖고 있을 때조차도 사회주의자는 일정한 상황에서는 이 조직에 참가하고 그것을 이용해야 한다.12 사회주의자는 "비공산주의적 환경 속에서 공산주의 정책을 수행할 기관"13인 당 프랙션 활동도 늘 염두에 두었다. 나아가 그들은 부르주아지의 연단을 '대중투쟁의 보조적 거점'으로 활용하는 것마저도 적극 고려한다.14 '대중과 관계 맺기'에서 사회주의자들은 선전·선동 활동은 중요하다. 그러나 사회주의자들은 부분적 요구를 내건 대중투쟁에 어떻게든 개입하는 것을 무엇보다 중요하

11_「프롤레타리아 혁명에서 공산당의 역할에 대한 테제」(1920), 『코민테른 자료선집』 1, 동녘, 1989, 148쪽.

12_위의 자료, 150쪽.

13_「당의 조직구성」(1925), 『코민테른 자료선집』1, 동녘, 1989, 214쪽.

14_"(대중투쟁의) 보조적 거점 가운데 하나가 부르주아지의 연단이다. … 선거 캠페인에 참가하고 의회 연단에서 혁명적 선전을 한다는 것은 혁명운동이나 정치생활 밖에 머물러 있던 노동자층을 정치적으로 획득하는 것이 특별히 중요하다. 공산주의자가 지방자치기관 내에서 다수를 차지하는 경우에는 다음과 같은 활동을 해야 한다.… 일정한 상황하에서는 지방자치제를 지방노동자대표소비에트로 대체할 것…. 선거 캠페인 그 자체는 가능한 한 많은 의석을 확보하려는 정신에서가 아니라 대중을 혁명적으로 동원하는 정신으로 해야 한다."「공산당과 의회주의에 관한 테제」(1920), 『코민테른 자료선집』1, 동녘, 1989, 305쪽. '의회연단의 활용'에 대해서는 A. 바다에프 지음, 이덕렬 옮김, 『볼셰비키는 어떻게 의회를 활용하였는가』, 들녘, 1990을 참조.

게 여겼다.15 사회주의자들은 대중 스스로 정치적 경험을 갖게 만드는 무대로서 통일전선전술을 활용하려 한다. 사회주의자들의 갖가지 전술과 조직론은 사회주의 영향력을 확대하고 대중투쟁을 활성화하려는 데 초점이 맞추어져 있다.

민족해방 과제까지 떠안아야 했던 식민지 조선 사회주의자들도 이러한 사회주의운동 일반 방침에서 크게 벗어나지 않았다. 그러나 사회주의와 대중운동의 결합은 시간과 장소, 주 객관 정세에 따라 크게 다를 수밖에 없다. 역사 상황을 구체적으로 추적하고 사회주의자들의 운동 방식을 세밀하게 분석해야 한다. 그러나 이 글에서는 코민테른 6차 대회 노선이 조선에 널리 퍼지고, 뒤이어 코민테른 7차 대회 노선을 수용했던 1929~1945년 시기를 중심으로 조선 사회주의자들이 어떻게 합법공간에 진출하여 '대중과 관계 맺기'에 나섰는지 윤곽을 살펴보려 한다. 아울러 기존 연구 성과를 참고하여 일본과 베트남 사회주의운동자들이 합법공간으로 진출했던 모습과도 일부 견주어 볼 것이다.

15_"공산당은 투쟁을 통해서만 발전할 수 있다. 아무리 작은 공산당도 단순한 선전과 선동에 머물러서는 안 된다. 당은 프롤레타리아의 모든 대중조직 내에서 전위가 되어야만 한다. 그리고 투쟁에 대한 실천적 제안을 작성함으로써, 프롤레타리아의 모든 생활요구투쟁을 추진함으로써 동요하는 후진 대중에게 어떻게 투쟁할 것인가를 보여주고 그림으로써 모든 비공산주의적인 당들의 배반적 성격을 대중에게 폭로해야 한다."「전술에 관한 테제」(1921), 『코민테른 자료선집』1, 동녘, 1989, 350쪽.

2. '계급 대 계급' 노선과 합법공간

1) 사회주의자들의 정세인식과 합법·비합법 규정

코민테른 6차 대회는 1930년대 초 조선 사회주의자들의 노선에 큰 영향을 미쳤다. 그 대회는 '자본주의 일반적 위기 3기론'에 뿌리를 두고 혁명적 정세론을 내놓았다. 처음에 몇몇 조선 사회주의자는 객관 정세가 혁명적인 것은 인정했지만, 노동계급 조직화와 의식화 같은 주체역량이 미약함을 들어 정세가 퇴조기라고 판단하는 일도 있었다. 그러나 시간이 흐를수록 거의 모든 사회주의자가 나라 안팎의 정세가 혁명적 상황이라고 보았다. 사회주의자들이 보기에 "대중이 좌경화하고 있음"은 의심할 나위 없었다.16 사회주의자들은 조선에 밀어닥친 경제공황으로 노동자가 궁핍화하고, 그에 따라 노동자투쟁이 격렬해졌다고 판단했다.

조선 사회주의자들은 비록 조선의 객관 정세가 혁명화하고 있기는 하지만, 아무런 걸림돌 없이 혁명으로 곧바로 나아갈 것이라고 생각하지는 않았다. 그들은 다음과 같은 부정적 요소 네 가지를 지적했다. 첫째, 일본제국주의가 휘두르는 '백색공포'였다. 일제는 "반동역량(군대, 경찰, 밀정, 국수회 등)을 총동원하거나 전에 없던 야만적 학살 고문 등의 방법으로 모든 혁명적 투쟁을 진압"하고 있다.17 둘째, 조선 사회주의자들은 "자산계급과 지식분자 일부가 우경화하고 민족개량

16_이철악, 「조선혁명의 특질과 노동계급전위의 당면임무」(1929), 배성찬 편역, 1987, 163쪽.

17_러시아국립사회정치사문서보관소, 문서군 495, 목록 135, 문서철 174, Gorsky, 「현 순간의 조선의 일반 정세에 대한 약술」, 1930년 10월 1일, 1쪽.

주의가 드세지는 것"을 걱정했다. 사회주의자들이 보기에 '조선 개량파'는 날로 교묘하게 대중을 기만하고 있으며, 드러내놓고 자치운동 진영으로 넘어가고 있다.[18] 또 "개량주의자들은 혁명진영에서 도망하여 반동화하고 있으며, 신간회 간부 일부, 천도교당 일부와 동아일보파 흥사단 등의 민족 개량주의적 민족주의자들은 혁명운동에 어두운 그림자를 드리우고 있다."고 보았다.[19] 셋째, 조선 사회주의자들은 "민족지상주의자와 반동적 노동조합상층 일부 관료배,[20] 그리고 온갖 형태의 사회투기주의·청산주의·합법주의가 '사회주의자' 사이에 나타나는 것"을 걱정했다. 넷째, 조선 사회주의자들은 전위 역량과 대중조직이 아주 미약하다는 것을 혁명운동의 부정적인 요소로 들었다. 특히 모든 사회주의자들은 전위조직이 약한 데서 비롯된 여러 문제를 아주 심각하게 받아들였다. 그들은 "전위조직을 비롯한 계급 조직이 분산되고 미약하기 때문에 대중에게 목적의식적 지도와 적극적인 원조를 할 수 없어, 대중투쟁은 거의 빠짐없이 참담한 패배를 거듭하고 있다. 대중의 투쟁역량이 전위조직 속으로 다시 조직되지 못하고 있다"고 현실을 진단했다.[21]

사회주의자들은 1929년 원산총파업을 눈여겨보면서 대중이 혁명적으로 진출하고 있다고 느꼈다. 그러한 투쟁에 전위들의 '목적의식적'인 지도가 없음을, 그리고 전위 역량이 대중의 '자연생장성'에 크게 못 미치고 있음을 커다란 문제로 여겼을 따름이었다. 사회주의자들은

---

[18] 위의 자료, 2쪽.
[19] 러시아국립사회정치사문서보관소, 문서군 495, 목록 135, 문서철 164, 「조선 공산주의자의 정세 보고」, 1930, 2쪽.
[20] 러시아국립사회정치사문서보관소, 문서군 495, 목록 135, 문서철 186, 「조선공산당 함북준비위원회 보고」, 1932년, 2~3쪽.
[21] 이철악, 「조선에 있어서 볼세비키당의 결성과정과 사회투기주의의 박멸」(1929), 임영태 편, 『식민지시대 조선사회와운동』, 사계절, 1985, 163쪽.

당재건운동과 혁명적 대중운동을 하며 '투쟁을 통한 조직건설' 과정에서 대중을 자기 쪽으로 끌어들여야 한다고 생각했다. 이런 큰 원칙에는 뜻을 함께 하면서도 일부 사회주의자는 "알맞지 않은 공격적 투쟁, 조직, 슬로건을 내세우지 말고, 비밀운동을 굳세게 벌이면서 다음 공격을 준비하고 혁명세력을 잘 보전해야 한다"고 주장하기도 했다.[22]

그러나 거의 모든 사회주의자는 '합법·비합법을 교묘하게 배합'하는 투쟁을 하여 운동 영역을 넓히려 했다. 사회주의자들이 자신의 정치를 대중의 수준과 요구에 맞게 전달하고 대중과 함께 실천하는 '대중적 비밀사업'을 벌이려면, 합법공간을 적극 모색해야 했다. 국제 테제에서도 합법공간 진출을 늘 지적했다. 코민테른 '12월테제'는 "대중운동이 공공연한 정치투쟁으로 진입하도록 수단과 방법"을 찾으려면, "모든 합법적 가능성을 이용해야 한다"고 했다.[23] '프로핀테른'에서는 혁명적 노동조합 활동가들에게 다음과 같이 말했다.

> 합법적 활동과 비합법적 활동을 교묘하게 결합하는 것은 좌익의 성공적 활동을 위한 하나의 전제조건이다. 좌익은 노동자클럽·노동조합 클럽·야학교와 비슷한 합법단체를 만들어야 한다. 그때 끊임없이 고려해야 할 점은 이러한 보조조합이 결코 노동조합의 대용물이 될 수는 없다는 것이다.[24]

프로핀테른은 사회주의자들이 '보조조합'에만 매달리는 합법주의를 경계했다. 그러면서도 여러 '표면적 보조단체'가 노동자 정치에서

22_ 사공표, 「조선의 정세와 조선공산주의자의 당면임무」, 배성찬 편역, 1987, 115쪽.
23_ 「조선문제에 대한 코민테른 집행위원회의 결의」(임영태 편, 1985, 366쪽).
24_ 「조선의 혁명적 노동조합운동의 임무에 관한 테제-9월 테제-」(1930), 이반송·김정명 편저, 한대희 편역, 『식민지 시대 사회운동』, 한울림, 1986, 255쪽.

중요한 역할을 할 수 있음을 지적했다. '국제 공산청년동맹'의 지침은 합법·비합법의 관계를 잘 보여주기 때문에 좀 길지만 그대로 인용한다.

> 비밀사업에서 표면운동의 가능성을 충분히 이용하고 전면화시킴으로써 광범위한 노동청년대중과 연결할 수 있어야 한다. 표면적 또는 반표면적 대중적 보조단체를 공산청년동맹을 중심으로 하여 조직하는 일은 조선 공청 여러 단체의 임무이다. 공산주의단체가 아닌 이러한 대중적 단체는 비밀결사인 공청의 대중적 비밀사업을 은폐시키는 역할을 한다.
> 반제청년동맹, 적색 스포츠단, 노동자위단, 청년구락부, 자습회, 문맹퇴치, 야학, 마르크스주의 연구반을 갖는 학생단체 등 그 사업내용이 혁명적인 각종 단체는 농민조합청년부와 함께 보조기관이 된다. 표면단체에는 '충분히 혁명적이지 않은' 청년이 가입할 수 있다는 것을 구실로 모든 표면적 보조단체 조직에 반대하는 동지들이 조선 공청원 사이에 있을 때에는 그런 좌경적 성향과는 적극 투쟁해야 한다.
> 비밀단체인 공청을 '무산자 청년동맹'과 같은 표면 단체로 대치하려는 기도도 적극 배격해야 한다. 흉포한 경찰 테러가 격심한 정세에 비추어 조선에서는 혁명주의 단체가 표면적으로 존재할 수 없기 때문이다.[25]

이처럼 "혁명주의 단체가 표면적으로 존재할 수 없는" 상황에서 비합법 조직은 독자성을 유지하면서도 '대중사업'을 해야 했다. 나아가 비합법 조직은 새로운 합법조직을 조직하거나 기존 합법조직을 활용하여 대중과 접촉하는 영역을 넓혀야 할 임무가 있었다.

---

[25] 국제공산청년동맹 집행위원회, 「국제공산청년동맹(킴)의 조선공산청년동맹에 대한 지침」(1932), 이반송·김정명 편저·한대희 편역, 1986, 297쪽.

조선 사회주의자들은 합법·비합법의 관계를 계급 사이의 힘 관계로 보았다. 사회주의자들은 "합법성이란 무산 계급의 계급적 역량이 증대함에 따라 자본가 계급이 어쩔 수 없이 양보하는 것"으로 보았다.26 그들은 "비합법투쟁이란 지배계급의 억압 때문에 공공연한 활동이 봉쇄된 투쟁이 혁명적으로 전개되는 것"이라고 정의했다. 사회주의자들은 "비합법투쟁을 공공연한 합법성의 무대로 발전"시키는 데 앞장서야하며, "합법·비합법의 모든 전술을 자유롭게 구사하여 합법성을 끊임없이 확대시키려고 노력해야 한다"고 생각했다.27 조선 사회주의자들은 결코 '비합법주의자'가 아니었다.

2) '아래로부터의 통일전선' · '투쟁적 통일전선'과 합법공간

1930년대 초에는 민족 부르주아지를 적으로 여기며 타격하는 '식민지형 사회파시즘론'과 '아래로부터의' 통일전선전술이 널리 퍼졌다. 일제는 통일전선운동이 1920년대의 '계급종합운동'에서 1930년에는 '계급통일운동'으로 바뀐 것으로 파악했다.28 1930년대의 통일전선전술은 1920년대와 사뭇 달랐다.29 사회주의자들은 '아래로부터의 통

26_김영두, 「개량주의와 항쟁하라 – 원산쟁의에 대하여 전조선 노동자 대중에게」(1929), 배성찬 편역, 1987, 241쪽.
27_김민우, 「평양제네스트의 의의와 공산당의 활동임무」(1931), 배성찬 편역, 1987, 303쪽.
28_朝鮮總督府 警務局 編, 『最近に於ける朝鮮治安狀況』, 1938, 9쪽.
29_1920년대 중후반 조선 사회주의자들의 민족통일전선전술은 코민테른이 중국공산당에 권고했던 변혁론과 '4계급 블럭론'에서 영향 받은 것이었다. 실제로 코민테른은 중국에 적용했던 민족통일전선전술을 일정한 시간 차이를 두면서 조선에도 적용했다. 코민테른은 1924년 코민테른 5차 대회 뒤부터 조선 공산주의자에게 일관되게 '민족 유일당'이라는 민족통일전선 정책을 제시했으며, 1927년 '4월결정' 등을 통하여 '고려국민당'을 결성하도록 지시했다. 조선 사회주의자들이 펼쳤던 민

일전선'을 투쟁 속에서 통일전선을 만든다는 '투쟁적 통일전선'으로 이해하기도 했다.30 1930년대 초반 기관지 『꼼뮤니스트』를 발행하며 당재건운동에 나섰던 박헌영은 '아래로부터의 통일전선운동'의 핵심을 다음과 같이 정리했다.

> 이 통일전선전술은 민족개량주의자들과 협조하거나 타협하는 것이 아니다. 그것은 공산당이 노동대중과 농민들, 조직 미조직 도시빈민, 취업자나 실업자 모두에게 직접 호소하는 것이다. 그것은 공장과 농촌에 있는 대중을 끌어들이려고 개량주의자나 민족적 개량주의자들과 비타협적으로 투쟁하는 것이다. 지난 경험에서 세 가지 주요한 원칙에서 통일전선을 적용하는 데서 잘못이 있었다는 것을 기억해야 한다.
> 1. 통일전선전술을 실행하는 데서 공산당의 역할을 축소해서는 안 되고 각 대중 행동 속에서 지도력을 확보하기 위해 투쟁해야 한다.
> 2. 착취 받는 광범한 대중이나 근로 대중 특히 농민과 통일전선을 형성하면서 프롤레타리아 헤게모니를 좁히거나 포기하지 말아야 한다.
> 3. 동맹자들이 마음 내켜 하지 않거나 동요하는 경우에는 꼭 그들을 비판해야 한다. 오직 이렇게 해야만 결정적인 투쟁의 길로 그들을 끌고 갈 수 있으며 혁명적 정신을 가진 우리 당과 결합하게 할 수 있다는 것을 기억해야 한다.31

족통일전선전술을 살펴보면 중국국민당 노선과 매우 비슷한 길을 걷고 있음을 알 수 있다. 자세한 내용은 최규진, 『코민테른 6차 대회와 조선 공산주의자들의 정치사상 연구』, 1996, 성균관대학교 박사학위논문, 83~119쪽.

30_「조선의 범태평양노동조합 비서부 지지자에 대한 동비서부의 서신(書信)-10월 서신」(1931), 이반송 김정명 편저·한대희 편역, 1986, 265쪽.

31_러시아국립정치사회사문서보관소, 문서군 495, 목록 135, 문서철 179, J-Lee(박헌영), 「The basic task of our organ 『The Communist』」, 1931, 6쪽.

새로운 통일전선관을 세우면서 사회주의자들은 1920년대 주요 합법공간이었던 신간회를 다시 점검하기 시작했다. 사회주의자들은 1920년대 '고려국민당' 계획이 잘못이었다고 생각했다. 지난날 정당 형태로 통일전선을 만들려 한 것은 전위가 독자적인 행동을 포기한 것이었다고 보았다. 이제 조선 사회주의자들은 여러 계급이 '블록'을 이룬다는 옛 통일전선 방침에서 "다른 계급과 일시적으로 협동한다"는 쪽으로 전술을 바꾸기 시작했다.

사회주의자들은 그동안 '민족통일전선체'라고 여겨왔던 신간회가 혁명단체인가 아니면, 개량주의 단체인가를 묻기 시작했다. 이미 1929년 말, 코민테른에서는 "신간회란 부르주아지의 단체이며 민족운동에 대한 소유권을 주장하는 단체일 뿐이다"고 생각했다. 또 코민테른은 "일본 제국주의가 지배하는 가운데에서도 합법적으로 대회를 열 수 있다는 사실은 이 단체가 조선 혁명운동에 부정적이라는 것을 증명해준다. 신간회는 매우 중도적이고 민족개량주의 단체이며, 어떠한 경우에라도 혁명적이지 않은 단체다"는 판단을 내렸다.[32]

그러나 모든 사회주의자가 신간회를 똑같이 바라 본 것은 아니다. 그룹마다 달랐고, 한 그룹에서조차 일관된 방침을 세워 구체적인 대응을 하지 못한 일도 있다. 처음에는 신간회를 '투쟁의 조직'으로 만들고 계급적 성격을 강화해야 한다는 방침을 가지고 있다가, 차츰 신간회 해소 쪽으로 방향을 잡아갔던 그룹도 있다. 신간회 해소 원칙에 동의하면서도 얼마 동안은 신간회를 유지해야 한다는 절충적인 의견도 있었다. 그들은 "신간회와 노동총동맹 해소는 이론에서는 동의하지만, 지금 상황에서 볼 때 얼마동안 연락을 위해 그대로 둘 필요가 있다. 이들 단체는 그대로 두고 안에서 첨예분자를 좌익노동조합으로

---

[32] 「동방노력자공산대학 조선·일본반 합동회의 속기록」, 이정 박헌영전집편집위원회, 『이정 박헌영전집』 4권, 역사비평사, 2004, 198~199쪽.

끌어들여야 한다"고 주장했다.33 또 '콤뮤니스트 그룹'처럼 "좌익민족주의자를 폭로해야 한다"는 그들 나름의 원칙만을 되풀이 할 뿐, 신간회 해소에 대한 구체적인 방침이나 평가를 드러내지 않았던 경우도 있다. 태평양노동조합 계열에서 내세운 민족통일전선전술 방침을 보면, 그들이 신간회 해소를 주장했을 듯하지만, 현실은 그렇지 않다. 태평양노동조합 계열 활동가들이 신간회 해소에 반대한 사례가 있다. 다른 정파의 사회주의자들은 태평양노동조합 계열이 신간회 개조를 주장했다고 전하기도 한다.34

신간회를 해소하면서 합법공간의 주요 무대가 사라졌다. 일제 관헌 자료는 그때 상황을 다음과 같이 적었다.

> 1931년 마침내 신간회가 해체되자 청총과 농총 등의 민주주의적 표면운동은 침묵되었다. 계속해서 이미 설치되어 있던 노동조합 또는 농민조합을 혁명적으로 개조하거나 또는 지하에서 적색노동조합·적색농민조합에서 노동대중을 획득하고 실천투쟁을 통하여 당재건에 매진하려는 경향이 왕성하게 일어났다. 직접 공산당재조직을 기도하려는 계획과 서로 엇갈려 잠행운동은 더욱 복잡하게 되어갔다.35

'민주주의적 표면운동'은 사라지고 '잠행운동'만 복잡하게 일어났다는 일제 기록에서 사회주의자들이 정치참여 논리와 활동 무대를 크게 바꾸었음을 알 수 있다.

비합법활동을 하면서 생산현장과 결합하고 '볼셰비키 당'을 재건하려 했던 사회주의자들은 '아래로부터의 통일전선전술'을 주요한 방침

33_『現代史 資料』29, みすず書房, 1977, 314쪽.
34_최규진, 1996, 113~119쪽.
35_朝鮮總督府 警務局 編, 『最近に於ける朝鮮治安狀況』, 1933, 16~17쪽.

으로 삼았다. 그러나 이때마저도 합법·비합법의 관계를 적극 고민했다. '아래로부터의 통일전선전술'에 따라 혁명적 노동조합운동을 하려 했던 한 그룹의 경우를 보자. 이 그룹은 "직장에서 3명 또는 5명으로써 그룹(공장반)을 만들고, 공장 안의 친목회와 계 등의 합법단체와 연락을 유지하면서 아래로부터 위로의 조직 방법에 따라 그룹을 통일함으로써 공장분회(각 공장 좌익노동조합)를 건설"하려 했다.36 '이재유그룹'의 경우, 정태식을 통해 "경성제국대학 법문학부 안에서 일상투쟁을 일으키고 이를 통해 학생을 좌익적으로 지도하며, 적색 독서회 또는 문화 써클 등을 조직하여" 동지를 획득하려 한 일도 있다.37 그들이 문화 써클 등의 합법 영역을 활용하려 했음을 보여준다.

사회주의자들은 합법과 비합법 사이의 경계를 그어놓고 둘을 대립시키지는 않았다. 왜냐하면 합법과 비합법은 노동운동의 객관 조건과 주체적 역량에 따라 결정될 따름이기 때문이다. 식민지 시대 노동운동을 보면 1920년대 합법영역운동이라 해도 비합법 당조직이나 세포조직의 방침과 지시에 따른 일이 많았으며, 거꾸로 1930년대 비합법 노동운동 때에도 합법시기의 산별노조 방침이 여전히 유효했다.38

이른바 비합법운동 때에 합법공간을 적극 활용하려 했던 모습은 혁명적 노동조합 조직론에서도 보인다. 보기를 들면, 1930년대 초 '원산 적색노동조합 조직운동 사건'에서 사회주의자들은 원산노동연합회나 함남노동회 등의 기존의 합법단체에 들어가 '혁명적 반대파'를 결성하려 했다.39 또 비밀결사였던 '노농동맹'은 일제의 탄압을 피하려고

36_「산업별적색노동조합, 점원노동조합 조직협의 사건」, 조선총독부 고등법원 검사국 사상부, 『사상휘보』12(1937), 158쪽.
37_「조선공산당재건 경성지방협의회 사건」, 조선총독부 고등법원검사국사상부, 『사상휘보』16호, 1938, 267쪽.
38_김경일, 『한국노동운동사2, 일제하의 노동운동 1920~1945』, 지식마당, 2004, 264쪽.
39_조선총독부 고등법원검사국 사상부, 『사상휘보』 7, 237쪽.

조직 이름을 '노농동맹'에서 '농민상조회'로 바꾸어 활동했다.40 '남해공산주의자 전위동맹'은 '소비조합준비회'라는 형식을 빌려 활동하기도 했다.

사회주의자들은 노동총동맹에 대한 태도에 따라 합법공간을 바라보는 시각을 달리했다. 혁명적 노동조합운동을 시작할 무렵인 1929년에는 조선노동총동맹이 비록 여러 한계가 있고 어려움에 빠져 있지만, 노동총동맹 자체가 아무 쓸모없다거나 개량주의 단체로 탈바꿈했다고 본 사회주의자는 드물었다. 이 무렵, 사회주의자들은 "일제의 탄압으로 유명무실해진 노동총동맹을 계급적으로 강화하여 되살린다"는 방침을 가지고 있었다. '좌익 노동조합'을 확대 강화하고 의식분자를 노동총동맹에 보내어 우익을 고립시키려는 생각도 했다.41 노동총동맹을 각 공장과 기업을 기초로 다시 조직하고 개조하여 '산업별동맹'으로 만들어야 한다고 주장하기도 했다.42 "노동총동맹을 진실로 노동대중에 뿌리박은 활동, 경제투쟁의 전국적 체계로까지 발전시켜 나아가야 한다"는 주장도 했다.43 미묘한 차이가 있기는 하지만, 많은 사회주의자는 노동총동맹 안에서 자신들의 영향력을 키우고 그것을 고리로 삼아 경제투쟁을 활발하게 일으켜야 한다고 생각했다. 사회주의자들은 일제 탄압으로 "간판만 남은 노동총동맹"일망정, 예전에 확보했던 합법공간을 활용할 뜻이 있었다. 아직 코민테른도 노동총동맹에 대한 판단을 유보하고 있었다.44 그러나 다음 글에서 보듯이, 일부

40_조선총독부 고등법원 검사국 사상부, 『사상휘보』 9, 236쪽.
41_「共産黨朝鮮國內工作委員會事件檢擧に關する件」, 『現代史資料』 29, みすず書房, 1972, 325쪽.
42_사공표, 「조선의 정세와 조선공산주의자의 당면 임무」, 배성찬 편역, 1987, 118~119쪽.
43_남해명, 「무엇으로부터 시작할 것인가?」(1929), 배성찬 편역, 1987, 230쪽.
44_「동방노력자 공산대학 조선·일본반 합동회의 속기록」, 이정 박헌영전집편집위원

에서는 이미 1929년 말부터 노동총동맹을 아주 부정적으로 평가하고 새로운 노동운동을 펼쳐야 한다고 주장하기 시작했다.

> 노동총동맹은 대중을 동원할 수 없으며 진정한 의미에서 노동자 계급의 이해와 아무런 공통점을 가지고 있지 못하다. 따라서 만약 우리가 노동조합을 혁명화하기를 바란다면 하부로부터 시작하지 않으면 안 된다. 우리는 진보적 노동자들 가운데에서 공산주의자 세포를 조직하고 노동자 대중 가운데에서 그들을 일상적 삶의 문제들과 결부시키면서 직업적인 운동을 벌여야 한다. 실제적 투쟁으로 대중을 끌어들이는 방법으로, 투쟁을 통해서 우리는 노동조합을 재조직할 수 있다. 현재 노동총동맹의 상태는 노동총동맹의 집행위원회의 성원들이 신간회 중앙위원회의 성원인 상태이다. 이곳에서 뚜렷한 경계는 없으며, 정치적 시각에서 신간회와 노동총동맹 사이에는 아무런 차이가 없다.45

사회주의자들은 시간이 지날수록 "노동총동맹이 개량주의적이며 합법적 청산주의에 빠졌다"고 비판하기 시작했다. 프로핀테른 중앙소비에트 8차 총회에서 연설한 '조선대표'는 노동총동맹이 파업깨기꾼 노릇을 하는 것으로 보았다. 사회주의자들은 "투쟁의 폭풍우 속에서 혁명적 노동조합을 확립하고, 그 활동을 합법화해야 한다"면서, '산업별 노동조합의 전국적 확립'을 대안으로 내세우기 시작했다.46 사회주의자들이 노동총동맹보다 지역의 단위 노동조합을 더욱 부정적으로 평가하고 '관료노동조합'이라고 심하게 비판하는 사례는 많다. 생산

회, 『이정박헌영전집』 4권, 역사비평사, 2004, 200쪽.

45_「동방노력자공산대학 조선·일본반 합동회의 속기록」, 이정 박헌영전집편집위원회, 2004, 215쪽.

46_김민우, 「조선에 있어서 (혁명)적 앙양과 (공산)당의 임무」(1931), 배성찬 편역, 1987, 331~332쪽.

현장에서 혁명적 노동조합운동을 벌이는 가운데 각 지역의 노동조합이 문제가 되었기 때문이었다. 또 개별 파업투쟁 사례를 분석하면서 파업 지도부의 개량주의와 노동조합 관료주의를 문제 삼기도 했다.47

혁명적 농민조합운동가들은 어떠했던가. 그들의 조직론에서도 합법공간을 적극 활용하려 했음이 드러난다. 보기를 들면, 양평과 여주 혁명적 농민조합운동의 경우, 변홍대는 농민을 계급적으로 교양·훈련시켜 부락마다 비합법적인 반을 조직하고, 그 성과를 토대로 면단위의 지부를 설치하며, 그 위에 군 단위로 혁명적 농민조합을 완성해야 한다고 주장했다. 그러나 이성출은 합법공간을 활용하여 혁명적 농민조합을 준비해야 한다고 보았다.48 이재유는 1933년 7월 무렵 경성제국대학 법문학무 뒷산에서 이성출과 변홍대를 만나 이들에게서 합법, 비합법의 이론이 서로 대립되고 있는 까닭을 들었다. 이재유는 "농민조합의 조직방법은 시기마다 객관 사정에 따라 바뀌기 때문에 미리 잘라 말할 수 없으니 서로 자기 이론을 고집하지 말고 서로 손잡고 조직의 촉진을 위해 온 힘을 다해야 한다"는 뜻을 전했다.49 그 밖에 합법농민조합을 혁명적 농민조합으로 전환할 때 대회를 열거나 집행위원회 또는 서면 대회의 결의 등의 합법적 방식을 썼다는 것은 혁명적 농조 자체는 합법 조직으로 출범했음을 뜻하는 것이라는 해석도 있다.50 또 혁명적 농민조합운동 활동가들은 야학, 독서회 말고도 농촌진흥회·계·금주단연회·친목계 그리고 미조직 대중과 상설적·비상설적 공동투쟁위원회를 결성하는 데 많은 노력을 했다.51

47_최규진, 1996, 241~249쪽.

48_이애숙, 「이재유 그룹의 당재건운동(1933~36년)」, 한국역사연구회 1930년대 연구반, 『일제하 사회주의운동사』, 한길사, 1991, 191쪽.

49_「조선공산당재건 경성지방협의회 사건」, 조선총독부 고등법원 검사국 사상부, 『사상휘보』 16호, 1938, 265쪽.

50_이준식, 『농촌사회변동과 농민운동』, 민영사, 1993, 123쪽.

3) 사회주의진영의 '대중작업'과 합법공간

(1) 혁명적 노동조합, 혁명적 농민조합과 합법투쟁

1930년대에는 전국을 아우르는 전위조직이 없었다. 각 그룹 사회주의자들은 저마다 당건설 투쟁에 나서거나 혁명적 대중운동에 뛰어들었다. 그들은 '당 대중화 사업'을 하려고 비밀 기관지를 내기도 했으며, 선전·선동으로 대중에게 투쟁 방향을 제시하려 했다. 사회주의자들은 대중의 일상투쟁에 짜임새 있게 개입하여 투쟁을 활성화하려 했다. 이것이 1930년대 사회주의자들이 현실 정치에 참여하는 방식이었다. 사회주의자들은 이러한 정치참여 과정에서 새로운 투사를 획득해 자신의 조직을 확대하려 했다. 한 사회주의자는 그 논리를 다음과 같이 제시했다.

> 우리들은 노동자·농민의 모든 사소하고 작은 일상의 정치적 불평과 반항을 최대한도로 주시하며 노동자 농민대중의 모든 일상투쟁을 적극 지지, 원조하고 그것에 의해 더욱 큰 반항과 투쟁을 격발시킴으로써 관념적 절개론자와 태도를 달리하지 않으면 안 된다. 그러나 동시에 모든 일상 정치투쟁과 동원은 '일본제국주의 통치의 완전한 타파', '노농민주독재의 실현' 등의 근본적 슬로건과 결부시킴으로써 타협적 개량주의와 확연히 구별하지 않으면 안 된다[52]

이 말은 정치투쟁과 경제투쟁의 결합을 강조한 것이지만, 여기에는

51_지수걸, 『일제하 농민조합운동 연구』, 역사비평사, 1993, 400쪽.
52_이철악, 「조선에 있어서 볼셰비키당의 결성과정과 사회투기주의의 박멸」, 임영태 편, 1985, 495쪽.

합법투쟁과 비합법투쟁을 결합하는 문제도 포함되어 있다. 사회주의자들이 '관념적 절개론자'가 되지 않으려면 합법영역을 활용하여 대중의 일상투쟁을 지지하고 원조해야 했다. 지역운동에서 어떻게 합법영역을 활용했는지, 한 사례를 살펴보자. 1930년대 초 김철주 등은 '전북운동 지도부 핵심'을 조직하여 당재건운동을 하고, 적색노동조합과 적색 농민조합 운동을 했다. 김철주 등의 '조선공산당 재건 전북지방위원회'53는 공장반(班), 농촌반, 가두반, 학교반, 플랙션반 등을 건설하려 했다. 이 가운데 비합법주의를 경계하면서 프랙션반의 임무를 다음과 같이 설정해 두고 있었다.

> 프랙션반은 민족개량주의 집단과 반종교단체, 보기를 들면 천도교, 전조선농민사, 형평사 등과 각 지방과 각 구역 안의 모든 반동적 또는 우익적 단체에 들어가 각자 해야 할 계획과 정책을 은밀하게 또는 공명정대하게 대중에게 제기하고 먼저 실천적으로 자체의 신망을 대중의 토대 위에서 건설하지 않으면 안 된다. 특히 반으로서 주의해야 할 점은 어용과 극우로 침투하는 활동과 조직자 활동이 비합법 활동으로 흘러서는 안 된다.54

조선 사회주의자들에게 커다란 영향을 미친 코민테른의 1928년 '12월 테제'에서는 사회주의자들이 지식인 서클 조직에서 벗어나 공장과 노동조합에서 '볼셰비키 대중작업'을 해야 한다고 강조했다. "노동조합을 계급정신으로 고무하고 재조직·강화할 것"도 권했다.55 '12

53_ 이에 대해서는 지중세 역편, 『조선사상범 검거 실화집』, 돌베개, 88~97쪽, 김준엽·김창순, 『한국공산주의운동사』 5, 청계연구소, 1986, 334~343쪽을 참고.
54_ 「전북운동테제」, 조선총독부 고등법원검사국사상부, 『사상월보』 4권 2호, 1934, 53쪽.
55_ 「조선문제에 대한 코민테른 집행위원회 결의」, 임영태 편, 1985, 362~364쪽.

월 테제'를 따랐던 조선 사회주의자들은 '볼셰비키 대중작업'을 하면서도 합법조직과 합법공간을 적극 활용하고 노동조합활동의 합법성을 쟁취하려 했다.56 보기를 들면, 충남 홍성에서는 기존 노동조합을 혁명적으로 만들려는 투쟁을 벌였다. 함남 홍원에서는 합법 단체인 홍원노조를 혁명적으로 바꾸고 그의 합법성을 이용하면서 비합법운동을 했다.57 그 밖에 사회주의자들은 "불교 포교소에 출입하며 모일 때마다 공산주의 입장에서 불교를 비난 공격하여 동지 획득에 노력하는" 식의 활동을 했다.58 철도국에 혁명적 노동조합을 건설하려 했던 일본 전협계 활동가들은 국제어인 '에스페란토'를 연구한다는 간판을 걸고 계급의식을 고무하고 조직을 확대하기도 했다.59

당재건운동과 짝을 이루며 진행했던 혁명적 노동조합운동의 목표는 세 가지였다. 첫째, 노동조합이 있는 곳에는 그것을 산업별로 다시 조직하고 공장위원회나 공장대표회 등을 세운다. 둘째, 노동조합이 없는 곳에는 반드시 노동조합을 만든다. 셋째, '국가기업'(연초 철도 전기 가스)처럼 합법적으로 노동조합을 만들 수 없는 곳에서는 비합법으로 만들며 합법성을 얻으려고 투쟁하는 것이었다.60 혁명적 노동조합을 만드는 과정에서도 합법조직을 활용하려 했다. 보기를 들면, 여수에서 혁명적 노동조합운동을 하던 이창수는 노동자들을 모아 친목

56_"적색노동조합은 모든 합법적 반(半)합법적 가능성을 최대한 이용하고 또 노동자들의 광범한 합법적 단체들을 토대로 해야 한다. 동시에 비합법적, 합법적 사업을 민활하게 연결할 줄 알아야한다." 상해 범(汎)태평양노동조합비서부, 「조선의 범태평양노동조합비서부 지지자에 대한 동 비서부의 서신」, 1931: 이반송 김정명 편저·한대희 편역, 1986, 267쪽.

57_강현욱, 『항일무장투쟁시기 노동운동』, 일송정, 1989, 163쪽.

58_조선총독부 고등법원 검사국 사상부, 『사상휘보』 21호, 1939년, 245쪽.

59_이기하, 『한국공산주의운동사』, 국토통일원, 1187쪽.

60_이정(박헌영), 「공장 내에 야체이카를 어떻게 조직할까」, 『콤뮤니스트』 2·3호, 1931년 5월, 22쪽.

계를 만들고 기회를 보아 적색노동조합을 조직하려 했다. 혁명적 노동조합 활동가들은 "공장주들이 1년에 한번씩 무슨 은혜처럼 소풍을 가도록 한 것"을 거부하고 '자주적인 소풍을 쟁취'하려 했던 사례도 있다.61 이재유그룹에서는 공장안에 '보조조직'을 만들어 활동할 계획을 가지고 있었으며, '피크닉'(소풍)을 이용해 대중에게 운동을 전파할 계획이었던 것으로 보인다.62 사회주의자들은 직장에서 3명 또는 5명으로 공장반(工場班)을 만들어 혁명적 노동조합운동의 알갱이를 만들고 공장 안에 있는 친목회나 계 같은 합법단체와 연락하면서 여러 그룹을 아울러 공장 분회를 세우는 방법으로 혁명적 노동조합운동을 펼치려 했던 사례도 많다.63

혁명적 농민조합운동 주체들도 합법공간을 확보하는 데 많은 관심을 기울였다. 가령 정평농민조합이 "합법운동 공간이란 주어지는 것이 아니라 전취하는 것"이라는 인식에서 집회 금지 반대시위를 했다. 명천농조가 합법적인 추계투쟁 과정에서 농민들을 조직해서 높은 수준의 투쟁을 벌이려고 했다.64 "활동의 자유가 용납되는 곳에서는 비합법운동은 없다"는 활동가의 말에서 알 수 있듯이, 할 수만 있다면 합법 활동을 한다는 것이 혁명적 농민조합 활동가들의 기본 방침이었다.65

혁명적 농민조합 활동가들이 합법 활동을 하여 대중과 결합하려 했다는 사례는 적지 않다. 단천 농민조합이 사방 공사를 둘러싼 활동에

61_변은진, 「1930년 경성지역 혁명적 노동조합연구」, 한국근현대사연구회, 『일제말 조선사회와 민족해방운동』, 일송정, 1991, 332쪽.
62_『이재유 조서』, 1405~1409쪽. 김경일, 『이재유연구』, 창작과비평사, 1993, 56쪽에서 재인용.
63_조선총독부 고등법원 검사국 사상부, 『사상휘보』 12호.
64_지수걸, 1993, 342~343쪽.
65_이준식, 1993, 453쪽.

서 군 당국과 협상을 벌였다거나,66 혁명적 농조가 기존의 마을 회의를 적극 활용하여 마을주민 전체의 의사를 합법적으로 관철시키려 했다는 것 등이 그것이다.67 "사회주의자들이 생활비를 얻기 위한 수단인 동시에 사회주의를 선전하기 위해 경영"했던 소비조합도 합법 영역을 활용했던 좋은 보기다. 혁명적 농민조합운동 주체들은 소비조합을 고리로 삼아 미조직 농민과 여러 계층의 대중과 접촉하면서 자신의 활동 영역을 넓혀갔다.68 일제 당국은 "함남·문천 협동조합은 '비밀결사 전위 분자당'이 노동자 농민에게 공산주의를 선전하고 운동자금을 얻기 위한 조직이었으며, 함남정평 지방의 소비조합은 "혁명적 농민조합의 별동단체로 활동하여 상당한 업적을 올렸다"고 했다.69 이우정 등이 중심이었던 '울진 공작당'은 강원도 울진·삼척, 경상북도 봉화군 경계에서 "실업 청년을 모아 양잠업을 경영하여 청년들을 공산주의 의식 훈련을 시키고, 혁명투사를 길러내면서 이익이 생기면 운동자금에 충당할 것"을 결의하기도 했다.70

(2) 사회주의자들의 선전·선동과 교육활동

비합법 공산주의 조직이 자신의 정치를 대중에게 퍼뜨리고 투쟁에 연루할 수 있는 방법 가운데 하나가 선전·선동이다.71 그들에게 선

66_이준식, 1993, 453쪽.
67_지수걸, 1993, 343쪽.
68_지수걸, 1993, 223쪽. 飛田熊一,「정평농민조합의 전개」, 竝木眞人 외『1930년대 민족해방운동』, 거름, 1984, 178쪽.
69_朝鮮總督府 警務局 編,『最近に於ける朝鮮治安狀況』, 1933, 52쪽.
70_조선총독부 고등법원 검사국 사상부,『사상휘보』4호, 1935, 울진공작당에 대해서는 조성운,『일제하 농촌사회와 농민운동』, 혜안, 2002, 127~157쪽 참조.
71_러시아 마르크스주의자인 플레하노프에 따르면, '선전이란 많은 사상을 하나 또는 소수의 사람들에게 전달하는 것이고 선동이란 몇 가지 사상을 많은 사람들에게 전달하는 것'이었다. 토니 클리프 지음·이태섭 옮김,『레닌』1, 책갈피, 1996, 63쪽.

전·선동이란 "모든 일상적인 문제와 정치적 조건을 발빠르게 포착하여 계급적 입장에 서서 널리 해설해 줌으로써, 피압박 대중의 분개와 반항을 최고도로 고양시키고 대중투쟁을 최대한으로 전개"시키는 것이었다.[72]

1930년대 초에 각 공산주의자 그룹은 선전·선동을 위한 '비합법 출판사업'을 주요한 과제로 삼았다. 그들은 이러저러한 기관지 또는 비밀잡지를 만들고 3월 1일이나 메이데이 등 여러 기념일에 '비밀 선포문', 다시 말하면 선동문을 뿌리기도 했다. 단위 공장 차원에서도 『공장신문』,[73] 『뉴스』 등의 발간물을 내어 대중을 교육하고 선전·선동했다.[74] 사회주의자들은 누구나 선전과 선동이 중요하다는 것을 강조했으며, 특별히 선전·선동위원회를 조직해야 한다고 주장하기도 했다. 그러나 다음 인용문에서 보듯이, 비합법 단위일 수밖에 없는 '선전·선동위원회'마저도 합법공간을 최대한 활용해야 한다고 생각했다.

> 선전·선동위원회는 최고 한도로 합법과 반합법성을 잘 이용해야 할 것이니 문화교양 사업기관 -운동부 독서회 음악부 야학 문답회 강좌반- 등이 그것일 것이며, 가장 먼저 대중단체인 상조회 개량주의적 조합 등을 이용해야 할 것이다. 이 모든 것을 통하여 인쇄물 배포 등 방법으로 넓은 군중 가운데 우리 좌익의 정치적·조직적 영향을 보급시킬 수 있다.[75]

72_ 이철악, 「조선혁명의 특질과 노동계급전위의 당면임무」, 배성찬 편역, 1987, 171쪽.
73_ 『공장신문』은 러시아에서 노동자들이 벽보로 자신의 의견을 밝히는 것에서 발전했다. 사회주의자들은 공장신문을 선전·선동·조직화의 중요한 수단으로 여긴다. 공장신문이란 '공장세포의 기관지'이다.
74_ 변은진, 1991, 330쪽.
75_ 러시아국립정치사회사문서보관소 문서군 495, 목록 135, 문서철 214, 이창수, 「선전 선동 작업을 어떻게 조직할까」, 상해기독청년회, 『기독청년회보』, 1932, 45쪽.

1930년대 초 사회주의자들이 부분적인 요구와 노동자 농민의 일상 투쟁을 강조한 것은 그들의 선전·선동론이 '정치주의적 편향'에 빠져있었던 것만은 아님을 보여준다. 또 합법공간을 활용했을 뿐만 아니라, 조직의 합법성 쟁취를 목표로 삼았던 것에서 알 수 있듯이 사회주의자들이 이른바 '비합법주의 만능주의'에 빠진 것도 아니었다.

곳곳에서 다양한 수준으로 벌어졌던 사회주의자들의 선동은 대중에게 강한 영향력을 미쳤던 것으로 보인다. 일제 당국은 그 사실을 다음과 같이 적었다.

> 지방 노동자나 농민 청소년 가운데 공산주의자 선동을 받아 그 사상이 점차 악화되고 첨예화되는 경향이 있다. 사회주의운동에서는 집요하고 악랄한 극좌분자가 여전히 농촌과 공장과 가두에서 쉴 새 없이 마수를 뻗쳐서 공산당과 그 밖의 비밀결사를 조직하고 노동쟁의 소작쟁의를 선동하거나 또는 청소년의 사상을 해치는 일이 많다.76

1931년 9월 만주 사변이 일어나자 사회주의자들은 반전 선동에 앞장섰다. 일제는 "반제 반전운동의 기세를 올려 곳곳에서 반제동맹을 결성하거나 각종 기념일에 즈음하여 반전 데모를 기획하고 격문을 뿌려 일반민중에게 반전의식을 선동하려는 경향이 갑자기 두드러졌다"고 판단했다.77

사회주의자들은 선전·선동과 함께 대중에게 사회주의 의식을 전파하는 수단으로서 교육활동에 많은 주의를 기울였다. 교육활동에서

76_朝鮮總督府 警務局 編, 『最近に於ける朝鮮治安狀況』, 1933, 2~3쪽.
77_朝鮮總督府 警務局 編, 『最近に於ける朝鮮治安狀況』, 1933, 171~172쪽. '반제동맹'은 혁명적 노동조합운동, 혁명적 농민조합운동과 함께 1930년대에 새롭게 나타난 사회주의자들의 조직운동이었다. 반제동맹의 의의와 한계에 대해서는 박한용, 「경성제대 반제동맹사건 연구」, 한국근현대사연구회 1930년대 연구반, 1991, 참조.

도 합법·비합법을 잘 배합하려 했다. 선진노동자를 대상으로 한 노동교육에서는 비합법이 많았다. 다음 글은 이 무렵 노동교육의 목적이 무엇이었는지 잘 보여준다.

> 중견분자의 결핍은 여전히 조선노동조합운동 좌익의 약점이다. 그다지 많지 않은 간부는 계속 검거되어 파괴되고 있다. 하층 노동자로부터 간부를 뽑아 그들을 강습소, 연구회 등을 통해 잘 양성하는 일은 여전히 혁명적 노동조합운동 앞에 가로 놓여 있는 긴급한 임무이며 아울러 노조운동의 성공에 진정한 보장이 되는 것이다.[78]

1930년대 활동가들은 비합법 상황에 맞추어 소규모 학습반, 독서반 등을 곳곳에 만들어, 선진 노동자에게 수준 높은 노동교육을 했다. "합법적 조합의 가면을 쓰고 비밀결사를 만든"[79] 정평적색농민조합의 경우, 야학활동이 아주 활발했던 곳으로 꼽힌다.[80] 사회주의자들은 서당교육을 이용한 야학을 열고 '무산자 교육'을 했으며, '노동학원'·'노동 야학원'·'장학계' 등 갖가지 형태를 활용했다. '전남 영암 농촌 적화사건'을 보면 야학생들에게 "자본가 자제는 학교에서 공부하지만 무산자 자제는 야학에서 공부할 수밖에 없다. 공산주의 사회 건설에 힘써야 한다"는 교육을 했다. 또 그들은 야학생에게 「민중의 기」라는 창가를 가르쳐 사회주의 사회 건설을 선동했다.[81]

78_상해 범 태평양노동조합 비서부, 「조선의 범태평양노동조합 비서부 지지자에 대한 동 비서부의 서신(書信)」(1931), 이반송·김정명 편저, 한대희 편역, 1986, 270쪽.

79_飛田熊一, 「정평농민조합의 전개」, 並木眞人 외, 『1930년대 민족해방운동』, 거름, 1984, 173쪽.

80_飛田熊一, 1984, 176쪽.

81_조선총독부고등법원검사국 사상부, 『사상월보』 4권 1호, (1934년 4월), 17~18쪽. 「민중의 기」 가사는 "민중의 기, 적기 사체를 끌어안은 시신이 식는 사이 피는 적

일제는 사회주의자들이 교육활동을 하면서 자신의 영향력을 넓히려 한 것이 헤아릴 수 없이 많으며, "극좌 비밀결사 가운데 청소년에 대한 사회주의적 교육기관을 가지지 않은 것이 거의 없다"고 했다.[82] 지방소년동맹과 좌익 소년회 등은 모두 사회주의자들의 지도를 받아 소년의 집회 강연회 등에 원고를 주어 그들의 주장을 전달하여, "거우 12·3세의 소년 소녀들에게 민족의 압박 또는 사회조직의 결함을 들어 단결·항쟁을 부르짖게 하는" 사례가 많았다. 이처럼 사회주의자들은 웅변대회, 간담회 강연회 등을 합법공간으로 활용했다.[83]

3. 인민전선노선의 수용과 합법공간

1) 코민테른 7차 대회 노선과 인민전선노선의 수용

코민테른 6차 대회가 끝난 지 7년 만에 마지막 대회이자 가장 큰 대회였던 코민테른 7차 대회가 모스크바 노동조합회관에서 열렸다. 이 대회의 중심 주제는 반파시즘 인민전선이었다. 이 대회에서 디미트로프는 파시즘이란 "금융자본의 가장 반동적이며 가장 배외주의적이고 가장 제국주의적인 분자의 공공연한 테러독재"라고 규정했다. 그는 부르주아민주주의와 파시즘을 구별한 뒤에 "현재 많은 자본주

기를 적신다, 높이 내걸어라 적기를, 그 그림자에 전사한 비겁자가 가면, 남은 우리는 적기를 지킨다"는 내용을 담고 있다.

[82]_朝鮮總督府 警務局 編, 『最近に於ける朝鮮治安狀況』, 1933, 38쪽. 1930년대 후반에도 농촌소년을 대상으로 한 '프로칼운동'은 계속되었다. 1935년 이동익 나윤상 등의 사회주의자들이 겉으로는 풍속을 교정한다는 모임으로 위장하여 '공화계'를 만들고 사회주의 사상을 교육했으며, 1938년 4월에 평남 용강서에서 검거되었다. 朝鮮總督府 警務局 編, 『最近に於ける朝鮮治安狀況』, 1938, 337쪽.

[83]_朝鮮總督府 警務局 編, 『最近に於ける朝鮮治安狀況』, 1933, 36~37쪽.

나라들의 근로대중은 프롤레타리아독재인가 부르주아독재인가가 아니라, 부르주아민주주의인가 아니면 파시즘인가에 대한 선택을 강요받고 있다"고 했다. 그리고 자신이 내건 정책은 부르주아민주주의를 옹호하는 새로운 정책이라고 말했다.[84]

디미트로프가 내린 파시즘 정의에 따른다면, 자본가계급 가운데 '반동적 분파'를 뺀 나머지 분파와 광범위한 반파시즘 동맹을 맺는 일이 무엇보다 중요했다. 식민지·반식민지 국가에서도 공산당은 반제국주의 인민전선을 결성하기 위해 활동해야 했다. 그리고 "민족개량주의자가 지도하는 대중적인 반제국주의운동에 적극 참가하고 구체적인 반제국주의적 강령에 입각하여 민족혁명조직과 민족개량주의 조직의 공동행동을 이룩하는 데 노력할 필요"가 있었다.[85]

이런 결정을 내린 코민테른 7차 대회에서 김하일이 민족 부르주아지 가운데 일부를 '반제민족통일전선'으로 끌어들여야 한다는 연설을 했다.[86] 다시 조선에 들어와 활동하던 김하일(박창순)[87]이 '코민테른 직속 연극단'을 만들어 활동하려 했던 김우현 허전 등에게 조선 인민전선운동의 전략과 전술을 다음과 같이 설명했다. 일제 관헌 자료에 나타난 그의 설명은 인민전선 노선의 핵심을 뚜렷하게 보여 줄 뿐만 아니라, 사회주의자들이 어떻게 합법공간을 활용하려 했는지 잘 보여주기 때문에 좀 길지만 그대로 인용한다.

84_加藤哲郎, 「코민테른 제7차 대회의 정책전환」, 김운영 편저, 『통일전선의 전략과 전술』, 아침, 1987, 98쪽.

85_「파시즘의 공세와 파시즘에 반대하고 노동자계급의 통일을 지향하는 투쟁에서 코민테른의 임무(결의)」, 편집부 엮음, 『코민테른 자료선집』 3, 동녘, 1989, 147쪽.

86_水野直樹는 김하일의 연설이 민족개량주의에 반대하고 프롤레타리아 헤게모니를 확립해야 한다는 것을 지나치게 강조하고 있어 반파쇼인민전선 구상과는 아직 먼 거리에 있었다고 평가했다. 水野直樹, 「코민테른 대회와 조선인」, 임영태 편, 1985, 343쪽.

87_박창순 또는 김하일은 뒷날 전평 위원장이 된 허성택이다.

〈박창순이 설명하는 조선 인민전선운동의 전략 전술〉

1. 인민전선운동의 전략

　종래의 섹트주의를 포기하고 유일 인민전선을 수립해야 한다. 1930년대 초반 사회주의운동가들이 조선 각 계급의 혁명역량을 분석할 때 노동자계급이 주도권을 쥐고 중농 빈농층을 동맹자로 해야 한다고 했다. 그 밖의 계급은 다음과 같이 판단했다. 첫째, 지주와 상업자본가는 절대 반동분자이다. 둘째, 토착자본가와 부농은 반동적 민족개량주의자이다 셋째, 지식인과 소시민층은 중간에 운동을 그만두거나 크게 동요하기 때문에 함께 운동을 할 때 신중해야 한다고 했다. 그러나 코민테른 7회대회의 새로운 방침에 기초하여 모든 섹트정책을 포기하고 모든 계급을 아울러 전민족의 힘을 반제국주의전선에 집중해야 한다.
　반파쇼·반제국주의전쟁과 자본주의 공격을 정책적 투쟁목표로 하여 민족해방전선을 강화해야 한다. 1930년대 초반 혁명임무는 노농독재 수립, 노농 소비에트건설, 토지혁명 완성, 8시간노동제 확립 등을 목표로 했지만, 인민전선을 수립해야하는 지금 단계에서는 이들 여러 문제를 제출하지 않고 민족해방전선의 강화를 유일한 목표로 삼아야 한다.

2. 인민전선운동의 전술
1) 각 계급의 반동성에 대한 투쟁을 회피하고 일본제국주의에 대한 그들의 불평불만을 이용하여 적극 협동하고 손을 잡아야 한다.
2) 유일 민족전선 발전 과정에서 객관 정세가 무르익지 않았을 때는 민족해방 슬로건을 내걸지 말아야 한다.
3) 공산주의자는 모두 합법적 공개단체로 들어가야 한다. 단 예전과 같이 프랙션운동 또는 좌익그룹 등을 만들지 말아야 한다.
4) 조선의 민족단체는 그 성질이 어떠하든 객관적으로 일본제국주의에 대립하는 것이므로 공산주의자는 그 단체를 조장 발

〈박창순이 설명하는 조선 인민전선운동의 전략 전술〉

1. 인민전선운동의 전략

　종래의 섹트주의를 포기하고 유일 인민전선을 수립해야 한다. 1930년대 초반 사회주의운동가들이 조선 각 계급의 혁명역량을 분석할 때 노동자계급이 주도권을 쥐고 중농 빈농층을 동맹자로 해야 한다고 했다. 그 밖의 계급은 다음과 같이 판단했다. 첫째, 지주와 상업자본가는 절대 반동분자이다. 둘째, 토착자본가와 부농은 반동적 민족개량주의자이다 셋째, 지식인과 소시민층은 중간에 운동을 그만두거나 크게 동요하기 때문에 함께 운동을 할 때 신중해야 한다고 했다. 그러나 코민테른 7회대회의 새로운 방침에 기초하여 모든 섹트정책을 포기하고 모든 계급을 아울러 전민족의 힘을 반제국주의전선에 집중해야 한다.
　반파쇼·반제국주의전쟁과 자본주의 공격을 정책적 투쟁목표로 하여 민족해방전선을 강화해야 한다. 1930년대 초반 혁명 임무는 노농독재 수립, 노농 소비에트건설, 토지혁명 완성, 8시간노동제 확립 등을 목표로 했지만, 인민전선을 수립해야하는 지금 단계에서는 이들 여러 문제를 제출하지 않고 민족해방전선의 강화를 유일한 목표로 삼아야 한다.

2. 인민전선운동의 전술
1) 각 계급의 반동성에 대한 투쟁을 회피하고 일본제국주의에 대한 그들의 불평불만을 이용하여 적극 협동하고 손을 잡아야 한다.
2) 유일 민족전선 발전 과정에서 객관 정세가 무르익지 않았을 때는 민족해방 슬로건을 내걸지 말아야 한다.
3) 공산주의자는 모두 합법적 공개단체로 들어가야 한다. 단 예전과 같이 프랙션운동 또는 좌익그룹 등을 만들지 말아야 한다.
4) 조선의 민족단체는 그 성질이 어떠하든 객관적으로 일본제국주의에 대립하는 것이므로 공산주의자는 그 단체를 조장 발

조선 사회주의자들의 운동노선과 '합법공간' 진출(1929~1945) · 285

나라들의 근로대중은 프롤레타리아독재인가 부르주아독재인가가 아니라, 부르주아민주주의인가 아니면 파시즘인가에 대한 선택을 강요받고 있다"고 했다. 그리고 자신이 내건 정책은 부르주아민주주의를 옹호하는 새로운 정책이라고 말했다.[84]

디미트로프가 내린 파시즘 정의에 따른다면, 자본가계급 가운데 '반동적 분파'를 뺀 나머지 분파와 광범위한 반파시즘 동맹을 맺는 일이 무엇보다 중요했다. 식민지·반식민지 국가에서도 공산당은 반제국주의 인민전선을 결성하기 위해 활동해야 했다. 그리고 "민족개량주의자가 지도하는 대중적인 반제국주의운동에 적극 참가하고 구체적인 반제국주의적 강령에 입각하여 민족혁명조직과 민족개량주의조직의 공동행동을 이룩하는 데 노력할 필요"가 있었다.[85]

이런 결정을 내린 코민테른 7차 대회에서 김하일이 민족 부르주아지 가운데 일부를 '반제민족통일전선'으로 끌어들여야 한다는 연설을 했다.[86] 다시 조선에 들어와 활동하던 김하일(박창순)[87]이 '코민테른 직속 연극단'을 만들어 활동하려 했던 김우현 허전 등에게 조선 인민전선운동의 전략과 전술을 다음과 같이 설명했다. 일제 관헌 자료에 나타난 그의 설명은 인민전선 노선의 핵심을 뚜렷하게 보여 줄 뿐만 아니라, 사회주의자들이 어떻게 합법공간을 활용하려 했는지 잘 보여주기 때문에 좀 길지만 그대로 인용한다.

84_加藤哲郎, 「코민테른 제7차 대회의 정책전환」, 김운영 편저, 『통일전선의 전략과 전술』, 아침, 1987, 98쪽.

85_「파시즘의 공세와 파시즘에 반대하고 노동자계급의 통일을 지향하는 투쟁에서 코민테른의 임무(결의)」, 편집부 엮음, 『코민테른 자료선집』 3, 동녘, 1989, 147쪽.

86_水野直樹는 김하일의 연설이 민족개량주의에 반대하고 프롤레타리아 헤게모니를 확립해야 한다는 것을 지나치게 강조하고 있어 반파쇼인민전선 구상과는 아직 먼 거리에 있었다고 평가했다. 水野直樹, 「코민테른 대회와 조선인」, 임영태 편, 1985, 343쪽.

87_박창순 또는 김하일은 뒷날 전평 위원장이 된 허성택이다.

전하는 것에 힘써 그들의 신임을 얻는 것에 유의해야 한다.
5) 예전처럼 정치 선전에 치우치지 말고 일반대중의 일상생활 문제를 포착하여 그들에게 다가가도록 해야 한다.
6) 예전처럼 단체를 새로 만들어 대중을 획득하려 하지 말고 기존 공개단체에 가입하여 대중을 획득해야 한다.
7) 공개단체는 정치·경제·문화·종교·예술 그 성질이 어떠하든 대중적 집단이라면 거기에 가입해야 한다.
8) 작가단체는 좌우익 그 밖의 어떠한 파벌이라 할지라도 대동단결을 꾀하여 문화전선을 수립해야 한다.
9) 좌익적 노농단체를 조직하지 말고 합법적 기존 노농조합에 가입해야 한다.
10) 언론기관은 반동, 개량 등 그 성질을 가리지 말고 참가해야 한다.
11) 반전투쟁은 노골적인 전쟁반대의 슬로건을 쓰지 말고 대중의 일상생활 문제에 관련시켜 전쟁에서 비롯된 대중의 궁핍과 원인을 인식시켜야 한다.
12) 소비에트 옹호 문제를 노골적으로 시사하지 말고 민족이익 옹호 문제와 연결시켜 친소의식을 주입해야 한다.
13) 민족주의자 수령급과 적극적인 제휴를 꾀해야 한다.
14) 조선 운동은 일본공산당과 긴밀한 연락을 가지고 그 적극적 원조를 받아야 한다.
15) 공산주의자의 일반적 사회활동은 그 소속 공개단체의 이름으로 행동해야 한다.
16) 농촌진흥조합, 금융조합 등에 가입할 때에는 그 조합의 자발적 대중요구문제를 포착하여 차츰 투쟁으로 이끌어 가야 한다.
17) 기독교, 천도교 등 대중적 종교단체에 가입할 때에는 신앙의 자유에 대한 당국의 탄압정책에 맞서 신도 대중을 동원해야 한다.[88]

---

[88] 강혜경, 「1930년대 후반 '왜관 그룹'과 인민전선전술 수용」, 역사학 연구소, 『역사

박창순(김하일)이 설명한 것에서 볼 수 있듯이, 인민전선운동의 핵심은 '민족해방전선'을 강화하여 여러 계급의 힘을 모아 일본제국주의에 맞서 싸운다는 것이었다. 그러려면 이른바 '비합법주의'를 버리고 더욱 합법영역을 활용해야 하며, 대중의 정서를 헤아려 그들의 수준과 이익에 맞는 투쟁 전술을 개발해야 한다고 했다.

코민테른 7차 대회의 인민전선론은 코민테른과 관계 맺은 사람이 직접 지도하거나 일본과 중국의 영향 그리고 유학 등의 방법으로 조선에 수용되었다. 코민테른 7차 대회나 1936년 스페인 인민전선정부에 대한 기사가 신문이나 잡지에 실리기도 했다.[89]

조선 사회주의자들은 국제 공산주의운동의 노선 전환에 어떻게든 반응해야 했다. '이재유그룹'의 '조선공산당재건 경성준비그룹'은 1936년 10월에 발행한 기관지 『적기』 창간선언에서 파시즘을 "반동적 배외적 공포적 독재"로 규정했다. 나아가 세계 곳곳에서 인민전선운동이 확대되고 있다고 소개하면서 코민테른 7차 대회를 승인했다. 또 '행동 슬로건'으로 "반파쇼 반제 인민전선 확립"과 "스페인 인민전선 지지"를 내걸어 인민전선을 받아들이고 있음을 분명히 드러냈다.[90]

이주하를 지도자로 하는 '적색노동조합 원산좌익위원회'는 처음에 인민전선을 수용하지 않았으며, 권력구상도 '노동자·농민의 정권'이었다.[91] 그러나 1937년 7월 중일전쟁이 터지고 지도부를 확대·개편하면서 전술을 일부 바꾸기 시작했다.[92] '원산 그룹' 기관지 『노동자

연구』 3, 겨울, 1994, 76~77쪽. 朝鮮總督府警務局, 『高等外事月報』 8호, 1940, 16쪽.

89_강혜경, 1994, 45쪽.

90_『적기』 제1호(1936), 김경일, 1993, 294쪽.

91_『노동자신문』 5호, 한홍구·이재화 편, 『한국민족해방운동사자료총서』 4, 경원문화사, 1989, 440쪽.

92_이강국에게서 코민테른 7차 대회의 인민전선방침을 들은 이주하는 '원산그룹'의 운동방침을 바꾸어 "조선의 공산주의자는 조선에서 반일적 요소를 규합하여 광범

신문』은 속간호인 7호부터 "일상투쟁에서 민족부르주아지까지도 일본제국주의 타도투쟁으로 유도하기 위해 노력해야 한다"하여 민족부르주아지를 배격했던 1930년대 초반의 사회주의자들과는 다른 인식을 보였다.[93] 또 '민족해방전선'을 강화하려면 '소부르주아·인텔리겐치아·애국적 민족부르주아지 일부까지 포함한 광범한 인민 층을 끌어 들여야 한다고 했으며,[94] "스페인 인민전선을 지지한다"[95]하여 코민테른 7차 대회의 인민전선을 받아들이고 있음을 『노동자신문』 곳곳에서 보여주었다.

일제 관헌 자료에는 정평, 북청, 영흥, 홍원 등 함경남도 지방에서 혁명적 노동조합운동과 혁명적 농민조합운동을 재건하려는 운동이 잇따르고 있으며, 거기에는 "인민전선이론에 따라 후방 교란을 꾀하는 운동이 포함되어 있다"고 쓰여 있다.[96] 보기를 들면, 홍원적색농민조합 재건운동에서는 "합법 비합법을 민활하게 결합하고, 반동적 어용단체, 다시 말하면 농촌진흥회, 방공단, 국민정신총동원연맹, 애국부인회, 국방부인회 등에 침투하여 이들 단체를 운동에 이용해야 한다"는 방침을 세워두고 있었다. 또 사회주의운동가들은 민족의식을 지닌 사람을 획득 규합하여 일시적 반제조직을 결성하려는 생각을 가지기도 했었다.[97]

한 조선민족에 의한 민족해방전선결성을 긴급한 임무로 한다"고 했다. 신주백, 「1930년대 반일민족통일전선운동의 전개과정」, 한국역사연구회, 『역사와 현실』 2, 한울, 1989, 244쪽.
93_『노동자신문』 7호, 한홍구·이재화 편, 1989, 509쪽. 그러나 민족부르주아지에 대한 그들의 이런 태도가 일관된 것은 아니었다.
94_『노동자신문』 8호, 한홍구·이재화 편, 1989, 543쪽. 『노동자신문』 33호, 앞의 책, 641~645쪽.
95_『노동자신문』 23호, 한홍구·이재화 편, 1989, 400쪽.
96_조선총독부 고등법원 검사국 사상부, 『사상휘보』 23호, 1930, 55~56쪽.
97_조선총독부 고등법원 검사국 사상부, 『사상휘보』 23호, 1930, 58쪽.

코민테른 7차 대회 노선이 널리 알려져 감옥에서도 '통일전선'을 이루려 했다는 기록도 있다. 그 기록에 따르면, 이문홍으로 추정되는 한 사회주의자는 허성택을 통해 코민테른 7차 대회 내용을 알았다. 또 간수에게서 중국공산당과 중국국민당이 협동전선을 이루고 있다는 사실을 전해 듣고 중국 공산당의 반일전선에 대한 선포문도 받았다. 그 결과 사회주의자들은 "광범한 반일민족해방전선을 이룩해야 한다"는 생각을 했고, 감옥에서도 민족주의자나 기독교인을 가리지 않고 '옥중투쟁 통일전선'을 조직하려 했다.98

경성콤그룹은 인민전선부를 두어 코민테른 7차 대회노선을 수용하려 했으며, '인민정부 수립' 문제까지도 고민했던 것으로 보인다.99 경성콤그룹의 박헌영은 "기독교 천도교 속에 반제적 반전적 색채가 있을 경우, 위로부터의 통일전선에 주저할 필요가 없다"고 했다. 경성콤그룹은 코민테른 7차 대회의 인민전선전술의 요체가 비공산주의 그룹과 위로부터 통일전선을 허용한 점이라고 이해했다. 이러한 인식을 바탕으로 인민전선전술을 두 가지 방향으로 구사하려 했다. 첫째, 민족주의 그룹, 특히 자기 대중을 가진 종교계의 반제 반전그룹과 공동투쟁강령에 따라 위로부터 공동전선을 펴는 방식, 둘째, 도시 소부르주아 지식인을 중심으로 소부르주아적 대중조직(반제동맹)을 만들고 노농 대중조직들과 아래로부터 통일전선을 구성하는 방식을 고려했다.100

98_「일제하 전향공작에 대한 옥중투쟁기」, 역사문제연구소, 『역사비평』 1993년 여름호, 373~374쪽.

99_경성콤그룹의 성원이었던 이관술은 법정에서 "'인민정부 수립' 뿐만 아니라 '조선독립', '토지혁명', '대기업의 국가관리' 등의 문제는 추상적인 것일 따름이고 구체적인 것은 조선공산당에서 하나하나 결정해야 할 문제"라고 진술했다. 신주백, 「박헌영과 경성콤그룹」, 『역사비평』 13, 역사비평사, 1991, 288쪽.

100_이애숙, 「반파시즘 인민전선론 – 일제 말기 경성콤그룹을 중심으로」, 방기중 편, 『일

그러나 조선 사회주의자들은 주·객관 상황 때문에 인민전선정부론을 그대로 받아들이기 힘들었다. 첫째, 혹독한 비합법 상황에서 1920년대 중·후반과 같은 계급동맹을 할 수 없었으며, 인민전선정부를 함께 구성해야 할 부르주아지가 전혀 정치세력으로 되지 못했다. 생산 현장의 경우, 연대할 '개량주의자'도 적었으며, 있다 해도 그들은 너무 개량적이었다. 둘째, 조선 사회주의자들마저 전략이나 전술을 체계적으로 구사할 주체를 형성하지 못했다. 그리하여 사회주의자들은 먼저 주체를 형성하려고 당재건운동에 나서야 했으며, 당재건의 기초가 될 혁명적 노동조합운동과 혁명적 농민조합운동을 계속할 수밖에 없었다. 셋째, 조선 사회주의자들은 대중봉기 노선을 포기하지 않았으며, 대중봉기를 성공으로 이끌 소비에트도 포기할 수 없었다. 따라서 그들이 보기에, 소비에트의 기초가 될 여러 위원회를 만들려면 혁명적 대중운동도 계속해야 했다. "노동자·농민의 혁명적 민주독재를 소비에트 형태로 이룩한다"는 옛 변혁론도 그대로 유지했다.

조선 사회주의자들은 인민전선을 그야말로 하나의 전선(front)으로 생각하여 1930년대 초반과는 다른 "광범한 통일전선전술"로 여겼다. '이재유 그룹'처럼 인민전선을 반전운동에 적용한 일도 있으며, 경성콤그룹처럼 인민전선부를 두어 인민전선운동을 하나의 부문운동으로 바라보기도 하는 등 국내 사회주의자들은 인민전선론을 전술 차원에서 수용했다. 그러나 조선 사회주의자들은 '원산 그룹'처럼 무엇보다 먼저 주체를 형성하려는 데 힘을 기울였으며, 그것은 '이재유 그룹'이나 경성콤그룹도 마찬가지였다.[101]

제하 지식인의 파시즘체제 인식과 대응』, 혜안, 2005, 395쪽.

[101] 자세한 내용은 최규진, 「식민지시대 조선 사회주의자들의 소비에트론」, 고려사학회, 『한국사학보』 9, 2000, 294~295쪽 참조. 이애숙은 경성콤그룹이 민족주의자들과 접촉한 흔적이 있고, 지식분자를 적극 포섭하는 모습을 보이고 있지만, 그들이 상층통일전선을 적극 실천했다기보다는 조선공산당을 재건할 토대를 마련하는

2) 일제 탄압과 사회주의진영의 합법공간 진출

사회주의자들은 식민지 조선에 휘몰아치는 '전시파시즘체제'에 새롭게 대응해야 했다. 일제는 1936년 말 조선사상범보호관찰령을 만들어 민족해방운동가들을 철저히 감시하기 시작했으며, 1938년에는 전향자들의 단체인 시국대응전선사상보국연맹을 조직했다. 사상보국연맹을 1941년 대화숙으로 개조하고, 사상범으로 지목된 사람을 가입시키고 전향을 강요했다.102 중일 전쟁 뒤부터 일제는 "후방이 안정되어야 한다"면서 전시 치안관계 법령을 정비하고 조선농민사 등 개량적인 농민운동 조직과 민족개량주의자들의 합법적인 사회운동 조직들마저 모두 해산시켰다.103 1941년에는 조선사상범예방구금령을 공포하여 실정법을 위반할 우려가 있다고 판단되는 사람은 언제든지 구금할 수 있도록 했다. 특히 사상범예방구금령은 비전향자들에게 엄청난 위협이었다. 1939년 말부터 사상범예방구금령이 조선에도 곧 시행될 것이라는 소문이 돌면서 사상 전과자들, 비전향자들은 지하로 잠복할 것인가, 아니면 전향할 것인가의 갈림길에 서게 되었다.104

1930년대 후반부터 일제는 민족해방운동이 활발한 곳에 '사상정화공작'을 했다. 일제는 대중에게 '좌담회', '계몽강연' 등을 했으며, '온건단체'와 '자위단'·'방공단' 등을 만들어 사회주의자들의 활동 영역을 미리 차단하려 했다. 일제는 '사상전과자'가 주민과 만나지 못하게 할 뿐만 아니라, 완장을 붙이게 하여 표시가 나게 함으로써 감시하기

데 더 힘을 쏟았다고 했다. 이애숙, 2005, 397쪽.
102_이애숙, 2005, 377쪽.
103_지수걸, 1993, 160쪽.
104_이애숙, 2005, 377쪽.

쉽게 하고, 전향 공작을 강화했다.105

이처럼 일제가 전시동원체제를 가동하고 '방공방첩'과 '사상전'을 강화하는 '암흑의 시대'를 만들 때조차, 사회주의 진영은 비합법 조직을 유지하면서 새로운 방법으로 대중과 만날 공간을 찾았다. 이러한 사실을 놓고 일제는 곳곳에 "불량분자가 숨어 남몰래 활약하고",106 "코민테른 운동 방침인 인민전선전술에 따라 합법을 가장하여 대중 확보를 꾀하고 있다"고 판단했다.107 일제 당국은 코민테른 7차 대회 뒤에 조선 사회주의자들이 변화한 모습을 다음과 같이 요약했다. 첫째, 겉으로 적극적 행동을 피하고 합법공간을 더욱 활용하려는 경향이 늘고 있다고 보았다. 일제는 조선 사회주의자들이 "노동쟁의·소작쟁의 또는 사회문제에 대해서도 종래의 적극적인 태도를 버리고 검거의 단서가 되는 망동을 철저히 자제"하고 있다고 여겼다. 또 "인민전선운동이 팽배해지면서 조직에서 뿐만 아니라, 활동에서도 광범한 합법공간을 이용하여 비합법 행동을 적발하기 어렵게 만들고 있다"고 판단했다. 둘째, 민족주의자와 공산주의자가 합작하려는 경향이 있다고 보았다. 셋째, 위장전술을 쓰는 경우이다. 일제는 "사회주의자가 전향을 위장하여 일반의 신용을 얻음으로써 농촌진흥운동이나 그에 따르는 청년단 야학회 등 각종 시설 기관에 다가가 합법을 이용하여 동지 획득과 터다지기에 힘쓰고 위장전술을 쓰는 사람이 차츰 많아져서 적발과 검거가 더욱 곤란하다"고 했다.108 넷째, 한편으로는 전향자가 속출하고 있지만,109 다른 쪽에서는 '패전투쟁'을 목표로 내세우

105_ 미즈노 나오키(水野直樹), 「1930년대 후반 조선에서의 사상통제」, 방기중 편, 『일제 파시즘 지배정책과 민중생활』, 혜안, 2004, 120~122쪽. 변은진, 1991, 25쪽.

106_ 미즈노 나오키(水野直樹), 2004, 142~143쪽.

107_ 朝鮮總督府 警務局 編, 『最近に於ける朝鮮治安狀況』, 1938, 328쪽.

108_ 朝鮮總督府 警務局 編, 『最近に於ける朝鮮治安狀況』, 1938, 13쪽.

109_ 통계 숫자로만 본다면 전향자 수가 크게 늘었다. 松田利彦, 『植民地末期朝鮮におけ

면서 비합법조직을 확대하려는 그룹이 있다고 보았다.110

일제의 이런 판단은 꽤 정확한 것으로 보인다. 인민전선기 사회주의운동에 관련된 연구 성과가 그다지 많은 것은 아니지만, 선행연구에서도 그 내용을 확인할 수 있다. 차례대로 보기를 들겠다.

먼저 사회주의자가 합법공간을 활용하는 경우를 보자. 정평지역 활동가들은 "각자 직장에서 일상의 불평불만을 중일전쟁에 대한 반전의식과 결합시켜 반일인민전선에 규합하도록 선전·선동할 것, 노동 직장에는 친목회·저축계를, 가두에는 상조회·사망계를, 학교 안에는 독서회·반제동맹 등을 조직하고, 될 수 있으면 합법조직의 형태로 영도할 것" 등의 방침을 가지고 있었다.111 또 이들은 방호단(防護團), 사상범보호관찰소, 시국대응전선사상보국연맹 등에 대해서는 겉으로 반대하지 말고 오히려 이 집회 등에 출석하여 이를 이용 위장하고 뒷면에서 공산주의운동을 벌이도록 했다.112 그뿐만 아니었다. 원산지역 활동가들은 대중이 있는 어느 곳에서나 사업을 벌여야 한다고 생각했다. 또한 대중의 정서를 헤아려 특별히 지원병제 실시 반대투쟁을 선동하는 것을 중요하게 여겼다.113 원산그룹은 '독서그룹', '스포츠 그

る 轉向者の運動」, 京都大學人文科學硏究所, 『人文學報』 79, 1997, 132쪽. 조선에서 '사상범(치안유지법위반)' 전향인원 수는 1930년 143명, 1931년 115명, 1932년 361명 1934년 614명이었다(「轉向者にして再び治安維持法に違反したる者に關する照査」, 『思想彙報』 6, 1936년 3월, 94쪽). 그러나 일제는 1938년 현재, "전향자 수가 차츰 늘고 있는 것은 사실이지만, 미전향자와 심경에 변화가 없는 사회주의자가 절대 다수를 차지하고 있다"고 했다. 朝鮮總督府 警務局 編, 『最近に於ける朝鮮治安狀況』, 1938, 14쪽.

110_'패전투쟁'이란 "제국주의 전쟁을 내란으로 전화시키자"는 사회주의 진영의 반전운동 방침을 일컫는 말이다.

111_지수걸, 1993, 240쪽.

112_「반일인민전선조선지도기관 결성과 무장봉기 후방교란기획 사건」, 고등외사월보 6호(1939년 12월 1940년 1월).

113_임경석, 「원산지역의 혁명적 노동조합활동」, 한국역사연구회 1930년대 연구반,

룹'과 같은 일상적 합법적 외곽조직을 두루 조직하려 했다.114 그들은 '독서그룹 활동', '스포츠 그룹 활동', '상호부조 활동' 등의 합법영역에서 큰 성과를 거두었다. 특히 스포츠 활동은 "예상 밖의 환영과 지지를 얻어 직장별 대표자 회의로까지 나아갔다."115 원산그룹은 철도부분의 대중적인 조직인 철우회와 화학부문 금속부문에서 친목회를 만들기도 했다. 철우회는 '반합법의 반일 노동자 조직'으로 1938년 5·6월 무렵부터 준비활동을 하여 7월 28명의 구성원으로 닻을 올렸다. '철우회' 등의 대중 조직은 반제 반전투쟁 의식을 드높이고 임금인상 투쟁 등의 일상적인 경제투쟁을 벌였다.116

조선 사회주의자들이 "비합법운동을 적발하기 어렵게 활동했던" 사례는 많다. 1930년대 후반 '재동경 조선인 유학생 연학회(研學會)'는 겉으로는 학술연구를 목적으로 삼았지만, 사실은 좌익 이데올로기에서 출발한 민족해방운동의 지도체"가 되려 했다. 객관 정세나 뉴스 등을 표현할 때는 추상적이고 암시적이었고, 조직도 단순한 학술연구 단체 모습을 띠었지만, 정치적으로 학생을 지도하는 것을 목표로 삼고 있었다.117 이처럼 조선 사회주의자들이 합법공간에서 '감추어진 활동'을 하려 했던 것은 분명 코민테른 7차 대회의 영향을 받은 것이었다. 일본 공산주의운동도 이러한 경향을 보였다. 일본 공산주의자들

1991, 311~312쪽. 안태정, 「1930년대 후반 혁명적 노동조합의 제국주의 전쟁에 대한 인식과 대응」, 한국노동정책이론연구소, 『현장에서 미래를』 107, 2005.

114_임경석, 1991, 324쪽.
115_『노동자신문』 14호, 한홍구·이재화 편, 『한국민족해방운동사자료총서』 5, 경원문화사, 1989, 135쪽.
116_안태정은 1930년대 원산지역 혁명적 노동운동이 이룬 가장 귀중한 성과가 철우회를 조직한 것으로 보았다. 자세한 내용은 안태정, 「1930년대 원산지역의 혁명적 노동운동(1930~1938)」, 한국역사연구회, 『역사와 현실』 2, 1989, 114~121쪽.
117_강혜경, 1994, 74쪽.

은 코민테른 7차 대회가 채택한 인민전선 전술에 자극받아 합법적 노동조합, 합법적 정당과 다른 합법 조직에 스며들었다. 경찰의 탐지를 피하려고 당을 분산화하고, 합법·비합법을 결합시켰다. 공산주의자들은 옛 슬로건을 버리고 '감세', '노동조합법 제정', '노동자 퇴직금 개정' 등 새로운 합법 슬로건을 썼다.[118]

조선 사회주의자가 민족주의자와 합작하려는 의지도 곳곳에 나타난다. '원산그룹'은 『노동자 신문』에서 민족주의자와 손을 잡아야 한다고 주장했다.

> 현재 소부르주아지 인텔리겐치아는 백색테러가 두려워 일본 제국주의 제안을 감히 반대하지 못하고 있다. 그들 속에서 우리의 활동은 중요하다. 그들이 적의 진영으로 넘어가는 것은 강력한 지도가 없다는 점에도 기인한다. 우리는 일상투쟁에서 민족 부르주아지까지도 일본제국주의 타도투쟁으로 유도하기 위해 노력해야 한다.[119]

1940년 10월 무렵, 박헌영은 저명한 한글학자로서 조선어학회 핵심 인물인 신명균과 회견했다. 신명균은 "양심적 민족주의자"로 알려졌다. 경성콤그룹의 지도자인 박헌영은 조선어학회와 같은 민족문화 단체 또는 민족주의자 그룹을 대표하는 신명균과 반제 반파시즘 공동투쟁 방안을 논의했을 것으로 추정된다.[120]

다음으로 '어용기관' 또는 '파시스트 조직'을 활용하려 했던 경우를 보자. '왜관그룹'은 "조선에서 농민운동을 할 때 농촌진흥조합과 그 부설 야학회 등의 어용기관을 통해서 농민을 의식적으로 계몽하여 기

---

[118] 리차드 H. 미첼 지음·김윤식 옮김, 『일제의 사상통제』, 일지사, 1982, 197~198쪽.
[119] 한홍구·이재화 편, 1989, 509쪽.
[120] 이애숙, 2005, 387쪽.

초를 광범한 대중 층에 두어야 한다"고 생각했다.121 일제는 이 '왜관 그룹'이 "합법을 위장하고 농촌진흥운동을 온상으로 하여 조직운동을 벌인 것이 큰 특징"이라고 지적했다. 원산지역 활동가들은 "모든 파시스트 조직으로 침입해야 한다. 주저는 금물이다. 파시스트 조직 속에 있는 대중을 반파시즘운동으로 이끌려면 혁명적 분자가 그곳으로 침입해야 한다"고 주장했다.122 이러한 내용을 조선 사회주의자들이 얼마나 실천했는지는 알 수 없지만, 1930년대 초반에 견주어 전술을 크게 바꾼 것만은 분명하다.123 만주 항일무장투쟁의 국내 기반이었던 함경남도 갑산 지방의 '조선민족해방동맹'은 운동회나 조기회, 결혼식 같은 기회를 활용하던 예전의 방침에서 한 걸음 더 나아가 일제의 어용단체인 진흥회, 청년단, 자위단뿐만 아니라 학교, 소방대, 경찰 등에 조직원들을 침투시키고 구장 촌장 등의 지위를 얻도록 했다. 농촌진흥회를 이용하여 하부조직을 만들기도 했다.124 일제는 "일부 사회주의자들 사이에 예전의 불온 과격한 운동을 잠시 중단하고 합법운동 차원에서 지방 의회를 장악하고 민중의 정치적인 훈련을 쌓게 함으로써 뒷날을 대비하려는 사람이 있다"면서 사회주의자들이 합법공간에 진출하려는 것에 신경을 곤두세웠다.125

사회주의자들은 반전운동을 할 때에도 대중의 일상 활동과 긴밀하게 연관지었다.126 사회주의자들은 "노골적이고 과격한 언동을 피하

121_강혜경, 1994, 72~73쪽.
122_『노동자 신문』 32호, 623쪽. 임경석, 1991, 311쪽.
123_이 무렵 일본에서도 공산주의자는 우익단체나 전향한 사상범을 돌보는 보호단체 에조차 스며들었다. 그들의 선전은 합법 출판물 속에 교묘하게 스며들었다. 리차드 H. 미첼 지음·김윤식 옮김, 앞의 책, 198쪽.
124_이준식, 「항일무장투쟁과 당건설운동」, 한국역사연구회 1930년대 연구반, 『일제하 사회주의운동사』, 한길사, 1991, 452~469쪽.
125_朝鮮總督府 警務局 編, 『最近に於ける朝鮮治安狀況』, 1938, 35쪽.

고 합법을 이용하여 대중을 계몽하고 생활 속의 경제 문제를 포착하거나 또는 전쟁의 잔학성을 암시하여 대중을 반전·반군으로 유도"하려 했다.[127] 그러나 조선 사회주의자들은 코민테른 7차 대회에서 주장한 '평화를 위한 투쟁'을 내건 것이 아니라,[128] 1차 세계대전 때 레닌이 제기했던 "제국주의 전쟁을 내전으로 전환시키자"는 '혁명적 패배주의'를 슬로건으로 제시했다. 베트남의 경우, 스탈린주의자들은 '평화를 위한 투쟁'을 주장하고 트로츠키주의자들만이 '혁명적 패배주의'를 내걸었던 것에 견주면 자못 흥미롭다. 그것은 조선 사회주의자들이 트로츠키주의자이거나 또는 인민전선의 핵심을 불철저하게 인식해서가 아니라, '혁명적 패배주의'야말로 야만적인 일본제국주의의 침략전쟁에 가장 올바른 대응이라고 판단했기 때문이었을 것이다.

4. 맺음말

1930년대 식민지 조선의 사회주의자들은 비합법 상황에서도 대중과 관계 맺으려고 끊임없이 합법공간을 모색했다. 그러나 합법공간으로 진출하거나 활용하는 문제는 주객관 정세에 제약 받았다. 무엇보다 사회주의자들의 합법 투쟁은 식민지 지배 방식에 크게 규정될 수밖에 없었다. 사회주의 진영이 민족주의 진영과 통일전선을 이루려 해도 민족주의자 실체가 모호하다면, 계획은 그야말로 계획으로 끝날

126_ 자세한 내용은 안태정, 「1930년대 후반 혁명적노동조합의 제국주의 전쟁에 대한 인식과 대응」, 한국노동정책이론연구소, 『현장에서 미래를』 107호, 2005, 참조
127_ 임경석, 1991, 238쪽.
128_ 코민테른 7차 대회에서는 '평화를 위한 투쟁'이 평화유지에 관심이 있는 모든 사람들을 통일전선으로 끌어들일 수 있다고 보았다. 그러나 트로츠키주의자들은 '평화를 위한 투쟁'은 사회민주주의보다 더한 계급협조주의이며, 최대의 식민제국인 영국과 프랑스에 노동운동과 민족해방운동을 예속시키는 것으로 여겼다. 던컨 핼러스 지음·오현수 옮김, 『코민테른역사』, 책갈피, 1994, 210~212쪽.

뿐이다. 대중이 수동적이거나 대중 활동 영역이 아주 좁을 때에도 사회주의자들의 합법공간 진출은 제한될 수밖에 없다.

　사회주의 진영의 역량에 따라 합법공간을 만들어내고 활용하는 모습이 달랐다. 초기 선전과 보급 단계에서 사회주의자들은 '교양 단체' 활동에 힘을 더 쏟았다. 그러나 이 때에도 대중 활동과 적지 않게 관계를 맺었다. 사회주의가 보급되자 노동운동·농민운동·청년운동·여성운동이 더욱 조직적인 모습을 띠면서 부문운동으로 분명하게 자리 잡았다는 사실은 사회주의 진영과 대중의 관계 맺기가 풍부하게 진행되었음을 보여준다. 1925년 조선공산당이 결성된 뒤에는 '대중적 비밀사업'을 좀 더 짜임새 있게 진행하여 사회주의자들이 6·10만세운동 같은 대중투쟁을 앞장서 이끌기도 했다. 6·10만세운동 뒤에 신간회를 결성한 것은 합법공간 창출 면에서 보면 커다란 성과였다. '볼세비키 당을 창조하기 위한 투쟁기'였던 1930년대 초는 "가라 공장으로 광산으로 농촌으로"라는 슬로건에서 보듯이, 사회주의자들이 현장에 더욱 가깝게 다가가려 했다. '혁명적 정세관'으로 무장한 사회주의자들은 '투쟁을 통한 조직건설'과 '아래로부터의 통일전선' 사상을 실천했다. 흔히 이때 사회주의운동이 비합법주의에 빠졌었다는 평가를 하곤 하지만, 정작 사회주의자들은 늘 합법공간을 활용하려 했다. 오히려 그들은 정세가 좋아지고 힘이 닿는다면, 비합법에서 합법으로 자신의 영역을 넓히고 싶어 했다. 혁명적 대중운동 활동가들은 합법공간을 활용하여 대중과 만났다. 혁명적 대중 조직을 만들 때조차도 할 수 있다면 합법 조직을 활용하려 했다.

　사회주의자들은 운동노선에 따라 합법공간에 대한 태도를 달리했다. 1930년대 초중반 조선 사회주의자들은 대중봉기로 '소비에트형태의 노동자 농민의 혁명적 독재'를 이룩한다는 노선을 지니고 있었다. 그들은 공장위원회 파업위원회를 비롯한 노동자위원회와 농민위원회 등을 건설하여 소비에트로 발전시키려 했다. '노동자 농민의 혁명적 민주독재'를 준비하려면, 반드시 민족 개량주의자를 배제해야 했다. 따라서 한때 '민족단일당'이 될 것이라고 생각했던 합법공간인 신간회도 해소해야 했다. 그러나 신간회 해소 문제를 둘러싸고 사회주의자들은 일정한 차이를 보였다. 혁명적 대중조직 건설 과정에서도 합법공간을 활용하는 문제를 둘러싸고 서로 다른 생각을 하기도 했다.

인민전선전술을 받아들였던 1930년대 후반기에 국내 사회주의자들은 1930년대 초반의 기본 전략을 완전히 바꾸었을까. 그렇지 않다. 그들은 코민테른 7차 대회가 말하는 인민전선정부를 목표로 삼지 않고, 여전히 '노동자 농민의 혁명적 독재 국가 건설'을 내걸었다. 세계 공산주의운동에서 완전히 자취를 감추었던 혁명적 노동조합운동과 혁명적 농민조합운동도 계속했다. 왜 그런가. 조선 사회주의자들이 인민전선을 올바로 이해하지 못해서가 아니라, 주·객관 상황이 인민전선을 제대로 실천할 수 없게 만들었기 때문이다. 연대해야 할 민족주의자들은 개인으로 분산되었고 그나마 세력이 미약했다. 사회주의자들마저 아직 당을 건설하지 못한 탓에, 인민전선전술을 체계적으로 구사할 수 없었다. 사회주의자들은 무엇보다 먼저 당을 건설해야 했고, 그 당의 토대가 될 혁명적 노동조합운동과 혁명적 농민조합운동을 계속할 수밖에 없었다.

프랑스 식민지였던 베트남의 경우는 어떠한가. 조선과 마찬가지로 인도차이나 공산당도 코민테른의 인민전선 정책을 곧바로 받아들이지 않은 채, 1936년 5월까지 옛 방침을 그대로 지켰다. 그러나 곧 상황이 바뀌었다. 프랑스 총선거에서 인민전선이 승리하여 1936년 6월에 레옹 블룸 내각이 닻을 올렸다. 블룸 정부는 베트남 정치범 석방과 노동조건 개선 등 '전진적이고 유화적인' 지배정책을 펼쳤다. 나라 안팎의 상황을 간파한 인도차이나 공산당은 "프랑스 인민전선과 타협"129하기로 결정했다. 그들은 '프랑스 제국주의 타도', '지주 토지 몰수와 농민분배' 슬로건을 접고, '모든 계층을 포괄하는 인도차이나 반제 인민전선'을 결성했다. 이것은 나중에 '인도차이나 통일전선'으로, 뒤이어 '인도차이나 민주전선'으로 바뀌었다. 이 무렵 그들은 대중 조직 형태를 모두 합법·반합법 형태로 바꾸었다. 합법 반합법의 수단을 이용하여 대중교육을 하고 민주주의운동을 발전시킬 것을 강조했다. 인민전선이라는 말이 유행어가 되다시피 했고, 적색 노동조합과 적색 농민조합을 해소하여 '원조회'·'우호협회'로 만들었다.130

인민전선을 고리로 삼아 잠깐이나마 '유화국면'을 펼쳤던 프랑스, 그리고 전시 파시즘 체제로 줄달음치면서 '암흑시대'를 강요했던 일제, 그 둘의 식민지 지배정책은 완전히 달랐다. 따라서 조선 사회주의자들은 베트남 공산주의자들처럼 식민본국과 '타협'할 수 없었다. 조선 사회주의자들에게 전향과 투쟁 사이에 제3의 길은 없었다. 민족해방운동을 계속하기로 마음먹은 사회주의자들로서는 1930년대 초반의 기본 전략을 바꾸어야 할 특별한 까닭이 없었다. 그럼에도 조선 사회주의자들은 급변한 국제 정세와 새로운 이론에 발맞추어 부분적인 변화를 꾀하기도 했다. 그들은 합법공간을 더욱 폭넓게 활용해야 하며 민족주의자와 연대해야 한다고 주장하기 시작했다. 이것은 국제 공산주의운동의 방침 전환과 맥락을 같이 하는 것이었다. 그러나 구체적인 활동 과정에서 그러한 주장을 풍부하게 실천했는지 의문이다. 객관 정세가 더욱 불리해짐에 따라 합법공간으로 진출했던 성과는 그다지 크지 않았다. '전시파시즘 체제'에서 국내 사회주의자들은 자신의

129_오구라 사다오 지음·박경희 옮김, 『베트남사』, 일빛, 1999, 238쪽.
130_유지열 편역, 『베트남 민족해방운동사』, 이성과현실사, 1978, 108~113쪽. 그러나 1939년 9월 유럽에서 제2차 세계대전이 일어나고 프랑스 정부가 탄압정책으로 바꾸면서 프랑스 식민본국과 인도차이나 공산당 사이의 '유화국면'이 끝났다.

조직을 비밀스럽게 보존하면서 조건에 맞게 일부 합법공간으로 진출했을 따름이다. 이 무렵 민족주의자들에 대한 태도는 분명 바뀌었지만, 그마저도 실천에서 눈에 띄는 성과를 거둔 것은 아니다. 사회주의자들이 민족주의자들과 연대하려는 했던 것은 어디까지나 주관적인 의지로 끝나고 말았다. 전시 파시즘 체제에서 사회주의자 진영은 연대해야 할 민족주의 진영을 찾기 힘들었다. 연대의 손길을 뻗어야 할 사회주의자들마저 스스로를 조직하지 못한 채, 분산적인 활동을 하고 있었다. 조선 사회주의자들이 다른 세력과 연대하지 않음으로써 '계급편향주의' 또는 '좌편향'에 빠졌다는 일반적인 평가는 이러한 역사 상황을 전혀 고려하지 않은 것이다.

찾아보기

【ㄱ】

간디(Gandhi, M) 32, 77, 88, 91, 197, 199, 204, 205
갑자구락부 250
개혁위원회(화이트위원회) 63
갤러거-로빈슨 협력이론 105
경성일보 209
경성콤그룹 290
국민협회 22, 39, 209, 213, 222, 232, 233, 234, 236, 239, 250
국제혁명기념일 163
그리피스 217
급진사회당 158
김명준 249, 250, 251
김상회 213, 222
김성수 207
김환 209, 249, 251

【ㄴ】

나오로지(D. Naoroji) 77
내지연장주의 232, 238, 242
네루보고서(Nehru Report) 96, 98

노동교육 283
노동총동맹 273
노트르 브와 183

【ㄷ】

당 타이 마이(Dang Thai Mai) 167
대동방주의 212
대일전쟁계획(Orange War Plan) 113
더퍼린 경(Lord Dufferin) 82, 83
도바마(Dobama. 우리 버마) 67
도바마 아시아용(Dobama Asion) 50, 67, 69
독립 196, 198, 203
독립위원회(The Commission of Independence) 110
동광회 223
동아일보 198, 206, 207, 208, 217, 221
동화주의 17, 18, 22, 25, 28, 39
동화주의정책 228, 231, 242
디미트로프 노선 36

【ㄹ】

라뤼뜨 36, 164
러크나우협정(Lucknow Pact) 96
레 홍 퐁(Le Hong Phong) 161
르 프로그레 소시알(Le Progres Social) 171
르트라바이 36, 155
리튼 경(Lord Lytton) 80
리폰 경(Lord Ripon) 79, 81, 82

【ㅁ】

마르크 블로흐(Marc Bloch) 16
마츠야마 조지로 233
마키야마 코조 234
매킨리(William Mackinly) 111
모틸랄 네루(Motilal Nehru) 77
몬태규-쳄스포드(Montagu-Chelmsford) 49, 59, 60
무단통치 39, 228, 243
미국-스페인 전쟁 112
미국의 독립 24
민원목록 166
민원식 211, 232, 239
민족자결주의 205, 243, 247
민족해방 157
민주전선 155, 177
민중 155, 182

【ㅂ】

바마우(Ba Maw) 28
박영효 207
박창순 286
반제동맹 282
백남운 219, 220
버마 전쟁 55
버마의 나날들(Burmese Days) 45, 46
버마인단체협의회(General Council of Burmese Association 31, 32, 48, 50, 61, 62, 63, 64, 65, 66, 67, 68, 70
벵골분할 84, 87, 93
보 응우옌 지압(Vo Nguyen Giap) 167
보천교 250
불교청년회(Young Men's Buddhist Association) 31, 48, 50, 56, 57, 59, 63, 68, 70

【ㅅ】

사상단체 259
사상정화공작 292
사이토 마코토 229, 235
사회당 158
상가(Sangha) 53, 54
상대적 등가성 197
상좌(上座)불교(Theravada Buddism) 52, 69
선우순 211

선전·선동   280
소식   155, 175
소에지마 미치마사   250
속령자치   40, 252, 253, 254
송진우   208
스와라지   199, 203, 205, 207, 218
시어도어 루즈벨트(Theodore Roosevelt)   111
식민지의회   24, 25, 31, 32, 38
신일본주의   39, 239, 241, 242
실력양성운동   205

【ㅇ】

아기날도(Aguinaldo)   105
아나방(En Avant)   171
아담 스미스(Adam Smith)   201
아래로부터의 통일전선운동   269
아메드(Sayed Ahmed)   77
아베   210
아웅산(Aung San)   28
아폴리나리오 마비니(Apolinario Mabini)   129
안재홍   219
안창호   213
알리가르(Aligarh) 대학   77, 78
양근환   232
양두체제(Dyarchy)   31, 32, 48, 50, 57, 58, 60, 61, 64, 67, 68
영국 상품 불매운동(swadeshi)   85, 87
와카츠키 레이지   234
우드-포브스사절(Wood-Forbes Mission)의 보고서   136
우오타마(U Ottama)   55, 65
우위자라(U Wissera)   55
우호단체(Hoi Ai Huu)   170
워렌 하딩(Warren Harding)   136
윌리엄 카메론 포브스(William Cameron Forbes)   136
윌리엄 하워드 태프트(William Howard Taft)   125
윌슨(Wilson)   111, 205
유민회   222
윤갑병   250, 251
응우옌 반 띠엔(Nguyen Van Tien)   169
이광수   28, 193, 210, 211, 214, 224
이동우   234, 250
이재유   275
인도공산당(Communist Party of India)   101
인도-파키스탄의 분단   33
인도국민회의(Indian National Congress)   32, 33, 34, 50, 55, 65, 88, 100, 101, 203
인도차이나공산당   155, 156
인도차이나대회   166
인도통치법(the Government of India Act)   49, 50, 59, 63
인민대표원(Vien Dan Bieu)   169
입법참사회(Legislative Council)   32, 34, 49, 58, 59, 60, 65, 66, 67, 75

【ㅈ】

자치권 195, 196
자치론 37, 40, 192, 205, 209, 216, 249, 250, 251, 255
자치운동 22, 38, 265
자치의회 25
자치주의 17, 22, 28
자치파 251, 252
장덕수 206
전인도무슬림대회(All-India Mohammedan Conference) 94
전인도무슬림연맹(All-India Muslim League) 78, 95
정우회 232, 233
제2차 헤이그평화회의 115
조선공산당 299
조선총독부 39
조지 듀이(George Dewey) 121
조지 오웰(George Orwell) 45
존 스튜어트 밀(John Stuart Mill) 200, 201
중재조약체제 116
지나(M. A. Jinnah) 78, 97, 99
쩐 후이 리에우(Tran Huy Lieu) 164
쩐 반 푸(Trinh Van Phu) 169

【ㅊ】

참정권청원운동 38, 39, 40, 208, 227, 228, 230, 232, 234, 235
최린 28, 207, 210, 211, 215

【ㅋ】

케존(Manuel Quezon) 110
코민테른 7차 대회 36, 41, 155

【ㅌ】

타이딩스맥더피(Tydings-McDuffie) 법 103
타킨당 32, 33, 50, 51, 67, 68, 69
텔러 수정안(Teller-Amendment) 129
토마스 앤더슨(Thomas Anderson) 124
토착어 신문 금지법(Vernacular Press Act) 81
투도바마(Thudo-bama. 그들의 버마) 67
트로츠키주의자 36, 160
틸라크(Bal Gangadhar Tilak) 86, 88

【ㅍ】

포스트 식민주의(Post Colonialism) 104
폰지(Pongji) 54, 66
프랑스사회당 북인도차이나지부 180
프랑스혁명 24, 183
프랭크 맥인타이어(Frank McIntyre) 139
프랭클린 루즈벨트(Franklin D. Roosevelt) 111
프로핀테른 266

필리핀위원회(Philippine Commission) 126

【ㅎ】

하 바 깡   177
하 후이 떱   161
하라 다카시   232, 238
하성시보(Ha Thanh Thoi Bao)   171
한국병합   236, 237, 238, 242, 244, 245, 253
헤어-호즈-커팅법안(Hare-Hawes-Cutting Act)   144
혁명적 노동조합운동   278
혁명적 농민조합운동   279
혁명적 패배주의   298
현시대   183
협성구락부   239
황화(Yellow Peril)   124
힌두 스와라지   203
힐라파트(Khilafat) 운동   92